新时代中国
哲学自主知识体系构建的探索

全国哲学博士后论坛（2022）文集

中国社会科学院哲学研究所　编

中国社会科学出版社

图书在版编目(CIP)数据

新时代中国哲学自主知识体系构建的探索:全国哲学博士后论坛(2022)文集/中国社会科学院哲学研究所编.
—北京:中国社会科学出版社,2023.11
ISBN 978-7-5227-2639-7

Ⅰ.①新… Ⅱ.①中… Ⅲ.①哲学社会科学—中国—文集 Ⅳ.①C53

中国国家版本馆CIP数据核字(2023)第189463号

出 版 人	赵剑英
责任编辑	彭 丽 涂世斌
责任校对	赵雪姣
责任印制	王 超

出 版	中国社会科学出版社
社 址	北京鼓楼西大街甲158号
邮 编	100720
网 址	http://www.csspw.cn
发 行 部	010-84083685
门 市 部	010-84029450
经 销	新华书店及其他书店

印刷装订	三河市华骏印务包装有限公司
版 次	2023年11月第1版
印 次	2023年11月第1次印刷

开 本	710×1000 1/16
印 张	13.5
字 数	223千字
定 价	75.00元

凡购买中国社会科学出版社图书,如有质量问题请与本社营销中心联系调换
电话:010-84083683
版权所有 侵权必究

目 录

中国特色社会主义建设的早期渊源
  ——毛泽东时期的探索和经验 ………………………… 吴妍林（1）
从"物化时间"到"自由时间"
  ——马克思时间观的政治经济学批判 ………………… 李 源（13）

容肇祖泰州学派研究的历程 ……………………………… 胡士颍（29）
论章太炎伦理思想中的民族性 …………………………… 朱 浩（42）
转型与整合
  ——儒家思想与马克思主义对话下的贺麟 …………… 林慧川（58）

诸侯与王臣
  ——早期中国政治伦理演变及其对经学阐释的影响 ……… 郭羽楠（72）
战国诸子尚贤思想的三种模式探讨 ……………………… 王瀛昉（87）
"性伪合而天下治"
  ——平等与等级关系的再思考 ………………………… 曹成双（103）

王阳明致良知工夫论的"分限"与"所及"
  ——基于王学流弊的逆向把握 ………………………… 孙德仁（114）
《文子》的"自然"观 ……………………………………… 罗启权（128）
庄子与程颢的"万物一体"论辨析
  ——兼谈儒道互鉴的可能与意义 ……………………… 刘蒙露（142）
原初与根据
  ——王弼论无的形而上学 ……………………………… 段重阳（160）

疯癫与政治
　　——重新思考疯癫在霍布斯理论中的意涵 ………… 张　楠（178）
论海德格尔对早期费希特哲学主体性格局的超越
　　——基于1794年版《全部知识学基础》的分析 ……… 赵　瑜（196）

中国特色社会主义建设的早期渊源

——毛泽东时期的探索和经验

吴妍林

（中国人民大学哲学院）

摘　要：中国特色社会主义建设处在一个历史探索过程中，迄今已走过 70 余年艰难历程，实现了中国人民从"站起来"到"富起来"再到走向"强起来"的伟大转变。不忘初心、牢记使命，中国特色社会主义崛起的历史经验弥足珍贵，警示人们不忘相关建设经验，坚定中国特色社会主义自信，深化改革开放，着力实施"四个全面"战略布局，着力解决新时代主要社会矛盾问题，开创新时代中国特色社会主义建设新局面。

关键词：中国特色社会主义　历史经验　不忘初心牢记使命　四个自信　历史虚无主义

习近平总书记在党的二十大报告中指出："高举中国特色社会主义伟大旗帜，全面贯彻习近平新时代中国特色社会主义思想，弘扬伟大建党精神，自信自强、守正创新，踔厉奋发、勇毅前行，为全面建设社会主义现代化国家、全面推进中华民族伟大复兴而团结奋斗。"[1] 这是继往开来的目标要求，也是中国共产党百年奋斗历程的经验总结。以毛泽东为核心的中国共产党人团结带领全国人民"弘扬伟大建党精神，自信自强、守正创新"，确立具有中国特色的社会主义基本制度，"踔厉奋发、勇毅前行"，努力地推进中国特色社会主义建设，完成"中华民族有史以来最为广泛而

---

[1]　习近平：《高举中国特色社会主义伟大旗帜　为全面建设社会主义现代化国家而团结奋斗》，人民出版社 2022 年版，第 1 页。

深刻的社会变革",从根本上"为当代中国一切发展进步"奠定了坚实的社会基础。① 从这个意义上看,毛泽东时期的探索不仅为中国特色社会主义建设打开了局面,奠定了坚实基础,而且积累了弥足珍贵的历史经验,是我们在新时代继续推进中国特色社会主义建设的历史优势,也是我们与时俱进地开创新时代中国特色社会主义建设新局面的现实底气。

一 毛泽东时期社会主义建设的根本经验

毛泽东时期的社会主义建设是中国特色社会主义的早期渊源,这一时期的努力和付出确保中国特色社会主义有了成功的开局,而且为后续发展打下了坚实基础、积累了丰富经验。其中的根本经验是"以自己的方式定义社会主义"②,从中国国情出发,坚持科学社会主义原则,运用中国智慧和中国价值,独立自主地探索出早期的社会主义。

第一,探索了早期的发展道路和中国社会发展的根本方向。在20世纪的中国历史上,以毛泽东为核心的中国共产党人团结带领中国人民经过几十年民族解放斗争,推翻了长期压在中国人民头上的"三座大山",结束了百余年的半殖民地半封建社会,赢得了民族独立,建立了新中国,尤其是通过广泛的社会主义改造运动,彻底地扫荡了几千年的私有制生产方式,在中国历史上开天辟地地确立了现实的社会主义政治经济文化制度,不仅为新中国社会政治经济生活的发展提供了可靠的制度性保障,而且从根本上坚定了全体中国人民走社会主义道路的自信。与中国相比,其他发展中国家都没有进行过类似的社会主义改造运动,因此它们也就不可能把本国农民从土地私有化的囚牢中解放出来,也不可能彻底铲除长期存在的私有制及其导致的不平等发展问题,更谈不上引导本国全体人民走社会主义发展道路。所以说,毛泽东时期对新中国发展首要的贡献是通过社会主义革命,引导中国人民成功地走上社会主义发展道路。

第二,确立了中国共产党是中国全社会的核心领导力量,为中国社会

---

① 习近平:《决胜全面建成小康社会 夺取新时代中国特色社会主义伟大胜利》,人民出版社2017年版,第14页。
② [埃及]萨米尔·阿明:《欧亚:走向新的际遇》,载俞可平、黄平、谢曙光等主编《中国模式与"北京共识"》,社会科学文献出版社2006年版,第66页。

的发展提供了根本政治保障。中国共产党集合了中国最优秀的力量，历史地成为中国革命、建设和改革的组织者、领导者和实施者，是中国的国家治理和社会治理的核心领导力量。我国《宪法》从一开始就明确规定：坚持中国共产党的领导；中国共产党是中国无产阶级的先锋队组织，是我国革命、建设和改革的领导力量。"党对一切工作的领导"这一原则，早在毛泽东时期的革命和建设理论、指导思想、制度以及政策上就确立了。20世纪以来的中国历史有力地证明，长期以来，中国共产党人自始至终地承担着中国革命、建设和改革的领导、组织和执行工作，坚强有力地带领中国人民艰难但安全地度过了从20世纪到今天的一次次危机和风险，已经成为中国人民最信赖的"主心骨"。与中国越走越强相比较，苏联最后走向解体，其根本原因是苏联人非但不努力与时俱进地加强党的领导反而做了许多削弱党的领导的错误改革，造成苏联共产党的领导力和凝聚力迅速衰退，因此，必须坚定党的领导自信，与时俱进地强化党对一切工作的领导，这是我们的社会主义事业能够取得成功的核心政治保障。

第三，确立了以工农联盟为基础的国家社会发展的依靠力量。众所周知，我国《宪法》从一开始就明文规定：我国是工人阶级领导的、以工农联盟为基础的人民民主专政的社会主义国家，国家一切权力属于人民。可以说，这是毛泽东时期的又一个重要贡献。从那时起，中国共产党人就一直加强工农联盟建设，坚持群众观点，走群众路线，长期取得人民群众对社会主义革命和建设的坚定支持。毛泽东说过，一切为了人民，一切依靠人民；人民，只有人民，他们才是历史的真正创造者。人民群众使我们的事业不断走向胜利之本，是我们革命、建设和改革事业的根本依靠力量。赢得广大人民群众的衷心拥护和支持是中国革命、建设和改革事业取得胜利的力量基础。

第四，实实在在地开启中国工业化进程，创建中国式的现代化建设模式。我国作为人口大国，又是世界上最古老的文明国家，却长期依靠农业立国，社会发展方式原始，效率低下，这种状况越来越不适应世界历史进步的要求，也不能满足中国自身发展需要，从根本上推动中国社会从农业立国向工业立国的转型就成了毛泽东时期新中国发展的必选项。由于新中国立国之时刚刚摆脱半封建半殖民地社会状态，还是一个名副其实的贫穷、落后的农业大国，工业基础一穷二白，这样的国情决定了中国既不能照搬苏联工业化模式，也不能照抄欧美工业化道路，以毛泽东为核心的中国共产党人团结带领中国人民独立自主地借鉴、探索和创新了一条中国式的社会主义工业化发展道路。首先，根据中国国情特点协调好农、轻、重三者发展关系，在狠抓重工业发展的同时，不放松农业和轻工业发展；其次，始终把农业发展放在首位，强调农业是国民经济的命脉，通过大力发展农业来保障工业的发展；再次，借助工业的进步促进农业机械化和现代化发展；最后，出现的是全方位、全局性的新中国工业化布局，既建起了一批重工业基地，也发展起来一大批轻工业，同时农业机械化也有了一定的规模。正因如此，毛泽东时期新中国用27年的努力成功地建起一套相对完备的工业体系和国民经济体系，胜利地实现了中国社会主义现代工业从无到有、从小到大、从弱到强、从不发达到比较发达的历史性进步。根据国际资料显示，毛泽东时期中国工业化发展将一个农业人口占绝对多数的落后的农业大国建设成为当时世界上第六大工业国，这一成就毫无疑问从根本上扭转了我国社会发展方式，尤其为改革开放后的中国现代化发展奠定了坚实基础，同时也为广大发展中国家追求自主工业化发展树立了一个成功的典范。

第五，从整治不良社会环境和规范社会治理模式出发，推进毛泽东时期社会主义社会文明建设。毛泽东时期社会主义建设不仅发展基础薄弱，而且遭遇旧社会遗留的不良风气，社会环境非常混乱，各种丑恶现象和冲突频繁发生，严重地干扰和阻碍了新社会的发展。为此，新中国在立国之初，以毛泽东为核心的中国共产党人就着眼于整治不良社会环境，创建一个祥和、稳定、统一、安全、充满生机活力的新社会，以期提升中国共产党人的国家和社会治理能力。首先，着手从根本上消除中国社会长期存在的"地区间冲突"问题。为此，党和政府制定实施了一系列举措，包括实施"大三线战略"、治理大江大河、大规模兴修水利工程和栽植防护林、因地制宜地发展各地独具特色的工农业生产等，都极大地消除了地区间的发展冲突，在一定程度上实现了工农、城乡、内地和沿海的协调发展。其次，制定和实施民族区域自治制度和平等的民族政策，推动民族区域自治建设，积极地促进民族团结、和睦共处、共享发展，从而创建了一个高效的、常态化的中国边疆地区稳定和持续发展局面。最后，不遗余力地打击各种各样的贪污、腐败等不良社会现象，铲除黄、赌、毒和黑社会势力造成的各种社会冲突,一扫旧中国沉积日久的社会痼疾,净化社会空气,理顺社会关系,弘扬正气,倡导正义,树立新风尚,从而营造了一个长期稳定、安全、自由和充满生机活力的社会环境。

简而言之,毛泽东时期社会主义建设坚定地开启中国式的工业化发展历程,高效地"加强整个民族的社会主义团结",着力提升中国"社会主义蓝图的组织形式及觉悟进步的能力",创建崭新的社会主义风气,从而夯实了中国社会经济长远发展的战略性基础。生活在新时代的人们必须牢记,如果"没有前一阶段的经济、政治和社会的基础",那么改革开放的成功"就是不可能的"。[①]

二 毛泽东时期社会主义建设经验的"中国风格"

萨米尔·阿明曾说过,如何看待中国特色社会主义建设,只要我们"回过来看中国与苏联的比较"就不难发现:中苏两国的社会主义建设呈现出两种截然不同的景象,是"由两个共产主义国家和两种革命的发展历史条件决定的"[②],从根本上讲,中国社会主义建设胜在"中国风格"上,苏联社会主义建设败在"苏联风格"上。

第一,国民经济建设上的"中国风格"。首先,表现为工业化的"中国风格"。在20世纪50年代以后,与多数新兴市场国家一样,中国也开启了工业化建设。在工业化发展上,印度和其他第三世界国家的工业化依附于欧美工业化体系,既缺乏自主性和完备性,又缺乏核心创新能力,属于"边缘性"工业化发展;苏联则拥有独立的工业化体系,也具备很强的核心创新能力,可是苏联追求高度集权的工业化体系,尤其是优先发展重工业(特别是军工业),轻视轻工业发展,造成其工业体系严重失衡和畸形发展。与上述两种情况不同,早期社会主义建设走了一条独特的工业化发展道路。中国汲取苏联和其他发展中国家的工业化经验教训,既不照抄

[①] [埃及]萨米尔·阿明:《欧亚:走向新的际遇》,载俞可平、黄平、谢曙光等主编《中国模式与"北京共识"》,社会科学文献出版社2006年版,第66页。

[②] [埃及]萨米尔·阿明:《世界一体化的挑战》,任友谅等译,社会科学文献出版社2003年版,第182页。

西方模式，也不照搬苏联模式，根据中国国情确立了一条独立自主的工业化发展道路，合理地协调农、轻、重三者关系，构建配套性、协调性、自主性的工业体系，加强工业创新能力建设。其次，表现为计划经济建设的"中国风格"。毛泽东时期新中国也实行高度集中的计划经济体制，但是毛泽东不相信高度集中的体制是万能的，也不相信"市场能够解决所有问题"①，而是在坚持计划经济体制的同时又赋予人民以最大限度的自主权利，发展集体所有制经济，并且允许在适当范围内的个体经济，予以补充、调节和活跃人民日常生活。正因如此，这个时期的中国国民经济整体上长期保持了协调、稳定发展局面，到毛泽东逝世时，已经建起了比较完备的国民经济体系。与中国不同，苏联在斯大林逝世后为应对冷战的军事竞赛而进一步强化计划经济的集权，从而为不断扩张军事工业发展提供强力支持，最后导致苏联国民经济比例严重失调，全社会物质生活资料生产停滞不前，造成苏联人民日常生活资源日渐短缺；而印度等依附于欧美经济体系的国家信奉"市场万能"，虽然经济自由度高，可是它们却掉进了欧美市场经济体系的"陷阱"，其经济主权被欧美大国所控制，其剩余价值也被这些大国无情地掠夺一空。

第二，社会主义建设进度上的"中国风格"。20世纪50年代以后，世界上有十几个国家开展社会主义建设，不过，多数国家基本上遵循了苏联社会主义发展规划，最后都陷入困境，这是因为他们对社会主义建设的长期性、艰巨性和复杂性的认识不足，在实践中急于求成和急功近利，导致其社会主义建设出现了方向性错误。比如，苏联在1936年12月的苏维埃第八次非常代表大会通过的《宪法》就宣布苏联已经建成了社会主义，在斯大林逝世后不久又不切实际地宣布建成了"共产主义"。与苏联情况形成鲜明对比的是，以毛泽东为核心的中国共产党人早就认识到，社会主义发展是一个漫长的渐进式过程，并且一再向全党和全国人民重申中国社会主义建设是新长征，建立新中国是"万里长征第一步"，今后全党上下"要准备过苦日子"。于是，在毛泽东时期中国共产党人就确定了"通过'分步不间断革命'的方式，引导根本的资本主义改革（如土地改革）"，或者说，"在一些方面放

---

① ［埃及］萨米尔·阿明：《世界一体化的挑战》，任友谅等译，社会科学文献出版社2003年版，第184页。

慢步伐，另一些方面则加快速度"，① 以此来推进社会主义建设。正因此，"在毛泽东时代的 30 年（1950—1980）中，中国异常的增长率已经是超纪录的，是印度和其他第三世界地区的两倍"，迄今"世界上没有哪个地区会做得这么好"。②

第三，弘扬伟大建党精神的党的建设上的"中国风格"。坚持共产党的领导，是社会主义国家的最高政治原则。中国共产党领导的"中国风格"体现在团结带领中国人民坚定社会主义自信以及自身领导建设的自信上。早在毛泽东时期，中国共产党就确立了组织建党、思想建党、制度建党，与此同时还着力加强党的组织生活、完善党员管理监督制度，尤其是与时俱进地加强党员干部的纯洁性和先进性教育，大力倡导共产主义思想道德品质，教育广大党员干部站在时代前列，拒腐防变，敢于牺牲，勇于创新，团结带领全国各族人民努力建设早期社会主义事业。与中国有别，苏联人从未质疑"党员干部特权"和官僚主义、从未开展党的先进性教育，造成苏联共产党内弥漫着官僚主义和严重的"家长制"作风，各种特权和腐败现象泛滥成灾，不仅破坏了社会公正平等，而且严重地损害了苏联共产党的形象和威信，导致苏联共产党和政府的公信力受到重大损伤，苏联共产党也因此丧失了社会凝聚力和感召力。

第四，坚持人民至上原则的工农联盟建设上的"中国风格"。在苏联历史上，虽然提出过工农联盟建设，可是"从 1917 年起，工农联盟、在社会主义建设过程中发展生产力的条件和方式一直是辩论的中心问题"，苏联人认为，在"一个以农民为主导的落后国家现代化建设取得成功"，不是取决于工农联盟而是取决于高度集权化发展模式对"现代化建设所带来的改变"。③ 这一错误直接导致苏联一直没有建立起巩固的工农联盟，在斯大林逝世后苏联共产党上层完全放弃了工农联盟建设，大搞特权和官僚主义，致使苏联党群、干群、城乡和工农关系严重分化和紧张，造成苏联

---

① ［埃及］萨米尔·阿明：《世界一体化的挑战》，任友谅等译，社会科学文献出版社 2003 年版，第 266—267 页。
② ［埃及］萨米尔·阿明：《欧亚：走向新的际遇》，载俞可平、黄平、谢曙光等主编《中国模式与"北京共识"》，社会科学文献出版社 2006 年版，第 66 页。
③ ［埃及］萨米尔·阿明：《世界一体化的挑战》，任友谅等译，社会科学文献出版社 2003 年版，第 182 页。

共产党后期执政丧失广泛的群众基础。可以说，没有成功的工农联盟是苏联走向覆灭的一个主要根源。与苏联相反，毛泽东时期的中国共产党人就十分重视加强工农联盟建设，并且把它作为中国共产党人一以贯之的主题性任务。在革命时期，中国共产党人在农村建成了广泛的农村革命根据地，有效地组织起农民革命队伍，在城市建成了工人组织，积极整合工农革命力量，为中国革命的胜利展开积累了广泛的群众基础；在建设时期，中国共产党人在新中国最初30年间积极加强工农联盟建设，积极开展土地革命，创建社会主义经济政治文化制度，最大限度地调动了工人和农民当家做主的积极性和创造性，为新中国社会主义建设提供了重要的支撑力量。简而言之，由于在中国革命和建设时期，中国共产党领导下的"'工农联盟'问题解决"是成功的，这个时期的"中国的农业和工业内部交流关系从来没有出现俄罗斯历史上的那种极度恶化"。① 可以说，拥有成功的工农联盟，能够为中国革命、建设和改革提供强大的支持力量。

第五，走"和平崛起"的国防建设上的"中国风格"。中国加强自身的国防建设是增强自我保护能力，不是追求所谓"世界霸权"，中国无意称霸世界。这与后期苏联不同，与美国更不同。苏联早前在斯大林时期因落后的国力基础和特殊的世界形势所迫，优先发展重工业，尤其是军事工业得到了优先扶持。可是，苏联在斯大林逝世后因冷战而兴起与美国为首的西方军事集团的军备竞赛，不得不维持既有工业化发展格局，大力扩张军事工业的规模以及在国民经济中的比例，造成大量宝贵的资源浪费和闲置，造成苏联国民经济体系长期失衡、失序，严重地制约了社会生产力发展、人民群众生活改善，更是从根本上瓦解了苏联社会和谐进步的现实基础。可惜的是，苏联人从未质疑集全国之力发展庞大的军事工业、同美国为首的西方集团大搞军备竞赛的做法是否正确、是否符合国情。与苏联不同，毛泽东时期中国社会主义建设拒绝军备竞赛，拒绝优先扶持军事工业，根据中国国情特点确立了适度发展军事力量的主张，保持一定的国防力量，担负起保家卫国的重任，尤其是在军事现代化建设上，量力而行，循序渐进，把大量的宝贵资源优先用于国民经济发展和工业化建设上。正

---

① ［埃及］萨米尔·阿明：《世界一体化的挑战》，任友谅等译，社会科学文献出版社2003年版，第183页。

因为如此,毛泽东时期中国社会主义建设用27年时间建起了比较完备的国民经济体系和工业体系,而且建设了一支适度的防御性国防力量,有效地拒止了外部敌对势力。

总之,只要从"中国风格"切入,我们对毛泽东时期社会主义建设的历史价值就"会有茅塞顿开的感觉"①,毛泽东时期社会主义建设的历史经验贵在"中国风格",体现了中国智慧、中国价值、中国精神的优势。

三 毛泽东时期社会主义建设经验的现实意义

镜鉴历史经验,弘扬伟大建党精神,自信自强、守正创新、踔厉奋发、勇毅前行、群策群力地推进新时代中国特色社会主义建设。

第一,镜鉴历史经验,自信自强、守正创新、踔厉奋发、勇毅前行,全面贯彻新时代中国特色社会主义思想,坚决抵制和反对任何形式的历史虚无主义理论和做法。过去一段时间,我们语境中竟然弥漫着历史虚无主义思潮,滋生了各种割裂新中国历史的错误做法。有人刻意把改革开放时代与毛泽东时代切割开来,边缘化、贬斥和否定毛泽东时期中国社会主义建设经验的历史价值;有人刻意制造"两个三十年相互否定论",以极端的手法一面贬低毛泽东时期的社会主义建设经验,一面孤立地赞美改革开放的举措。无论是历史虚无主义,还是"两个三十年相互否定论",其核心目的就是贬低毛泽东时期中国社会主义建设经验。毋庸置疑,这类图谋不仅是错误的而且是不得人心的。只要人们稍微回首追问一下就不难发现毛泽东时期中国社会主义建设取得巨大历史进步是客观事实。纵向上看,1949年后的新中国远远好于1949年前的旧中国;横向上看,经过毛泽东时期社会主义建设,中国用27年时间上升为世界第六个工业大国,成为第三世界发展中国家的领袖和中心。习近平总书记说得好,"历史不是任人打扮的小姑娘",决不能搞"两个三十年"否定论和历史虚无主义。虽然毛泽东时期中国社会主义建设曲折艰难,走过弯路,但是在根本上坚守了科学社会主义原则,推进了中国历史进入现代世界历史,提升了国家综

---

① [埃及]萨米尔·阿明:《世界一体化的挑战》,任友谅等译,社会科学文献出版社2003年版,第189页。

合国力和人民群众生活水平。要抓住毛泽东时期中国社会主义建设经验而不是"鸡蛋里挑骨头",纠缠细节;不能立足于在构想中总结历史经验,应当以历史事实为依据;更不能片面地解读历史事实,也不能割裂历史联系去解读历史事实,应该运用唯物主义辩证法解读毛泽东时期社会主义建设经验,抓根本,抓主流,抓方向。

第二,坚定社会主义道路自信,"踔厉奋发、勇毅前行",推进新时代中国特色社会主义高质量发展。历史告诉我们,毛泽东时期社会主义建设不仅遭遇大量国内历史遗留困难而且遭遇外部反华势力的封锁、打压和干扰,造成这个时期中国社会主义建设陷入困境,中国人民在中国共产党的领导下坚定社会主义自信,不畏强暴,独立自主,自力更生,攻坚克难,实现中国社会主义建设胜利前进。历史经验告诉我们,要坚定社会主义道路自信,结合中国国情,自主创新发展模式,不照抄西方模式,也不模仿苏联模式,走出一条中国式的社会主义发展道路,这是我们的前进方向,也是我们的底气所在。苏联社会主义建设的失败告诉我们,苏联模式是有限的,不具有普遍性意义;西方模式也不适合中国国情。毛泽东在新中国成立后告诫人们,苏联做法在很多方面不适合中国,中国必然探索出适合国情的社会主义建设道路,同样,中国也不能搞资本主义发展,即便想搞也搞不过西方国家,他们是搞资本主义的先生,我们是小学生,必然受其所制。萨米尔·阿明在2018年5月来中国参加马克思诞辰200周年大会时说过,虽然中国搞资本主义能够取得一时成就,可是西方国家不会让中国长期高水平发展下去,必然想方设法地阻止和压制中国发展,中国只有发展社会主义才有前途。只有坚定中国特色社会主义道路自信,走自己的路,才能在风云多变的国际环境下稳坐钓鱼台,任凭风吹浪打,有信心、有办法应对和化解危机,有信心在改革开放中"把握发展主动权"[①],积极地实施"五位一体"总体布局和"四个全面"战略布局、落实"创新发展、协调发展、绿色发展、开放发展、共享发展"等新发展理念,创造新时代社会经济生活发展新常态。

第三,在新时代弘扬伟大建党精神,坚持"党对一切工作的领导",并且全面从严治党,增强党的号召力、执行力、公信力。中国共产党的领

[①] 《习近平谈治国理政》第2卷,外文出版社2017年版,第201页。

导是中国特色社会主义的本质特征，也是我们政治建设的最大优势。毛泽东时期社会主义建设能够有效地克服众多艰难险阻，就在于我们有一个坚强有力的政治领导力量，是中国人民的"主心骨"，在大灾大难时刻团结带领中国人民凝聚人心，攻坚克难，这是中国社会主义建设成功的秘密。正如习近平总书记在党的十九大报告中所重申的那样，我们的治国理政的最高原则是"坚持党对一切工作的领导"，就是坚持"党政军民学，东西南北中，党是领导一切的"。① 苏联社会主义建设也坚持党的领导，为什么最后覆灭了？其原因是多方面的，不可否认的是苏联共产党在执政过程中不断丧失其领导力、凝聚力、向心力。其根本原因又是，中国共产党不断加强党的自身建设，苏联共产党一直忽视这一建设，其结果必然是不同的。因此，为了适应新时代发展要求，必须坚定不移地强化党的领导，而要强化这一领导，就必须全面从严治党。其一，通过增强"四个意识"，推进党员干部的纯洁性和先进性教育，严肃党性锻炼，引导广大党员尊崇党章和党纲标准的党性要求，争做合格党员；其二，严格执行新时代下党内政治生活若干准则，严肃党的政治生态，推进党的思想建设、组织建设、制度建设；其三，抓住"关键少数"②，"把好干部标准落到实处"③，任人唯贤，从严加强党的队伍建设；其四，严肃党的纪律，"带动廉洁纪律、群众纪律、工作纪律、生活纪律严起来"④，对违纪腐败"零容忍"⑤，坚定地"做到有案必果、有腐必惩，让腐败分子在党内没有任何藏身之地"⑥；其五，严格党的监督制度的执行，"加强对权力运行的制约和监督，让人民监督权力，让权力在阳光下运行，把权力关进制度的笼子"⑦。

---

① 习近平：《决胜全面建成小康社会　夺取新时代中国特色社会主义伟大胜利》，人民出版社2017年版，第20页。
② 习近平：《决胜全面建成小康社会　夺取新时代中国特色社会主义伟大胜利》，人民出版社2017年版，第26页。
③ 习近平：《决胜全面建成小康社会　夺取新时代中国特色社会主义伟大胜利》，人民出版社2017年版，第64页。
④ 中共中央办公厅：《党委（党组）落实全面从严治党主体责任规定》，人民出版社2020年版，第7页。
⑤ 习近平：《决胜全面建成小康社会　夺取新时代中国特色社会主义伟大胜利》，人民出版社2017年版，第26页。
⑥ 习近平：《在庆祝中国共产党成立95周年大会上的讲话》，人民出版社2016年版，第24页。
⑦ 习近平：《决胜全面建成小康社会　夺取新时代中国特色社会主义伟大胜利》，人民出版社2017年版，第67页。

第四,坚持以人民为中心,继续加强工农联盟建设,落实好"群众路线",保障人民在新时代当家作主。历史是人民群众的事业,需要依靠人民群众的参与和支持,人民是中国特色社会主义建设的依靠力量。加强工农联盟建设,从根本上讲就是强化这一依靠力量。习近平总书记在党的十九大报告中指出:"我国是工人阶级领导的、以工农联盟为基础的人民民主专政的社会主义国家,国家一切权力属于人民。"① 在新时代,加强工农联盟建设仍然是党的领导的重要组成部分,加强新时代工农联盟建设,是落实以人民为中心、全心全意为人民服务的根本宗旨,也是保障人民群众当家做主权利得以落实的途径。苏联在历史上有过工农联盟建设,但是没有坚持下来,也没有切切实实推行,导致人民当家做主流于形式,停留纸面,严重地伤害了人民群众的积极性和自主性。中苏历史情况从正反两面告诫我们,无论在何时何处,工农联盟建设都是社会主义建设中的必备环节,不能丢掉,只有做好工农联盟建设,创造条件,"必须发挥人民主人的精神,更好保证人民当家作主"②,让人民群众有效地参与国家治理和社会治理事务,实现人民决策、人民管理、人民监督,同时着力"保障群众基本生活",使得人民的"获得感、幸福感、安全感更加充实、更有保障、更可持续",③ 我们的事业才能得到人民群众的拥护和支持,才有胜利的希望。

---

① 习近平:《决胜全面建成小康社会 夺取新时代中国特色社会主义伟大胜利》,人民出版社2017年版,第35页。
② 中共中央文献研究室编:《十八大以来重要文献选编》(上),中央文献出版社2014年版,第78页。
③ 习近平:《决胜全面建成小康社会 夺取新时代中国特色社会主义伟大胜利》,人民出版社2017年版,第45页。

从"物化时间"到"自由时间"

——马克思时间观的政治经济学批判

李 源

（中国人民大学马克思主义学院）

摘 要：马克思从社会历史切入时间，在"现实的人"的基础上揭示时间之于人的存在意义，指出时间是人的积极存在和生命的尺度，也是人的发展的空间，确认了人的活动与生命本质的内在一致性。在资本主义社会中，时间本应是人的生命尺度，却物化为可量化的尺度和抽象时间，工人自由时间随着剩余劳动时间的增多而减少。由此，马克思对资本主义展开政治经济学批判，从人类历史发展演进过程的视角把时间作为本体论维度凸显出来，使时间真正成为人的自由自觉的活动的载体。从"物化时间"到"自由时间"，马克思的时间观从根本上把时间与人的活动、生存关联在一起，从政治经济学批判领域建构了时间的场域，为拓展人的生存境遇、反思全球化下的现代性社会问题提供指向。

关键词：马克思 资本逻辑 政治经济学批判 自由时间 人的解放

马克思关注从时间去把握"唯物主义观点的直接理论前提"，重建关于生命、劳动和语言的话语，剥除黑格尔时间辩证法的"诡辩性"，即黑格尔的历史时间性本身是观念总体的同时性逻辑存在的观点。马克思将历史时间作为考察资产阶级社会的内在线索，运用从抽象上升到具体的方法，通过"前现代—现代—未来"的历史考察方法，从资本主义社会生产出发揭示历史发展的规律，回溯性地阐明中世纪、古代社会和原始社会。通过对资本主义社会的批判，马克思从人类社会历史发展演进过程的角度揭示了时间的异化和物化：本应是人的积极存在与生命尺度的时间，在资本主义社会中却被物化为客体化劳动的尺度和抽象时间。马克思通过对资本主义社会的批判，把时间的本体论维度凸显出来，使其真正成为人的生命尺度，复归于人的自由解放。因而，马克思对资本逻辑下时间观的政治经济学批判是历史唯物主义时间观的进一步展开、丰富和深化，揭示了时间范畴的历史唯物主义意义。

一 物化时间：资本逻辑对时间的异化与操控

时间是人的生命的表征。如何理解时间意味着如何理解人本身。而要理解人本身，需要从"物质生产实践"即劳动出发深入资本主义社会内部探索。时间本身也是社会生活建构的组成部分。马克思把唯物史观运用到研究资本主义生产方式中，强调以时间为尺度研究社会有机体。马克思以商品生产为切入点，揭示了资本逻辑与时间规划的内在关系，展开了资本逻辑的时间境域。马克思提出："时间是人的积极存在，它不仅是人的生命的尺度，而且是人的发展的空间。"[①] 时间是具有张力性的存在，人可以在其中充分发挥生命的价值，使得人的生命同时持存历史的厚度和社会的广度，真正实现人的生命的价值。马克思的劳动辩证法使得劳动转化为自主劳动，因而直接形式的劳动不再是财富的尺度，社会必要劳动时间缩短到最低限度也为个人在成长、艺术和科学方面腾出了时间、创造了手段。马克思从资本的逻辑和历史中总结出人的发展的三种形态，从人类社会历史发展演进过程的角度去寻求解决问题的方式，把人的全面发展的"自由人联合体"作为自由时间实现的目的。

（一）时钟时间的生成与时间商品化

从社会历史的意义上来说，时间经历了从农耕文明的自然时间观到工商文明的商品时间观的转变。在以自然时间为主要计时方式的农耕文明中，人们依照四时运转、时序更替生存。随着机器大工业的兴起，商品时代充斥着对时间的安排和控制，在技术上则通过钟表来表征，可以称之为

[①] 马克思：《1861—1863年经济学手稿》，马克思、恩格斯：《马克思恩格斯全集》第37卷，人民出版社2019年版，第161页。

"时钟时间"（clock time），它的出现是资本主义兴起的典型特征。时钟使利用机械建立一种崭新的生产体系成为可能，这是一种线性、可计算的时间。时钟时间的普及正是时间商品化的表现，作为"衡量延续性"的时间是一种商品化的时间，它与具体的生活内容相分离。① 虽然时钟时间表面上是以物理时间的形式出现的，但从本质上讲，它是人为分割和建构的，是人工时间。② 这样，时间不再只是依照自然世界的变化来衡量，变成了社会生活中的一种基础。教堂的钟表和资本家手中的怀表让工人和工业化城市的节奏紧紧地绑在一起。传统社会中凝固化的时间在资本作用下流动起来，时间从先验的存在状态转变为可控制的存在状态。

从自然时间到钟表时间的转变深刻地改变了整个社会，尤其是其中的经济关系。时间变成了一种商品，可以被保存、被使用、被浪费、被赚取。③ 虽然自然规律在工业革命的过程中并没有发生改变，但人类和时间的关系却改变了。我们从一种以事件和物品为主的经济模式过渡到一种以时间为本的经济模式，在这种模式中工人以单位时间出售自己的劳动力。在技术的"座驾"中人逐渐沦为无差别的"常人"，失去了个性与自由。时间商品化（及其与空间商品化的分离）不仅为理解资本主义内部有机构成提供了线索，而且还为理解其制度性的转变提供了线索。时间商品化意味着时间也进入作为每一种商品本质属性的"双重存在"状态，作为生命的时间与"无形持续"的、可分离的时间维度同时存在。随着资本主义的扩张，时间与货币一样成为量化尺度的衡量标准，即一种纯粹普遍的、公共的表现模式。而时间商品化的制度性前提是劳资契约。依照马克思的观点，存在于商品和劳动力背后的根本性因素是时间。商品（包括劳动力）是"物化的劳动时间"，"社会必要劳动时间"决定了商品的价值和交换的基础。时间单位使得商品的价值趋于量化，时间量成为交换价值的基准。可以用马克思所举的例子来解释：三英尺麻布可以交换多少面包？需要有一种实际的媒介，实现

---

① ［英］安东尼·吉登斯：《历史唯物主义的当代批判》，郭忠华译，上海译文出版社 2010 年版，第 63 页。
② 张海燕：《从自然时间到商品时间——农耕文明到工商文明时间观的嬗变》，《新东方》2012 年第 5 期。
③ ［美］菲利普·津巴多、约翰·博伊德：《时间的悖论》，张迪衡译，中信出版社 2018 年版，第 85 页。

这种抽象。那么，应该把面包和麻布的价值换算成特定的劳动时间量。在这一过程中，基于劳动时间的量化关系，商品成为"非我"的存在，处于交换关系当中的商品只有作为交换价值才能存在，交换价值反过来又依赖于单位劳动所付出的时间量。[①] 以劳动时间来计算和衡量交换价值成为经济关系商品化的典型特征。而时间商品化以及进一步发展起来的空间商品化过程，随着资本主义来临，不仅构成了生产过程组织、工作场所的深刻转型，也在心理层面带来了日常社会生活体验的转型。

（二）资本逻辑与物化时间的同构性

时间不是独立于人的活动之外的抽象存在，作为人的存在的基本形式，时间能够体现人的生命特点和价值。这是自然的规定，更是社会历史的规定。因为人不仅以自然生命的样态生存，也以创造自身历史的社会时间的样态生存。理解马克思的时间概念应从社会实践的本质中去理解。历史归根结底是人类的实践活动形成的，而人的实践活动又无往不在时间之中，不断超越时间的限制。马克思运用"从抽象上升到具体"的方法，研究资本主义生产方式及其运动规律，这是讨论政治经济学批判维度的时间观的前提。"从历史中来，到历史中去"也可以被理解为"从时间中来，到时间中去"。这是一种深入的历史解读模式，摆脱了传统的二元分离封闭的概念模式，避免了将抽象"实体化"而作茧自缚。马克思从黑格尔逻辑学中把包含着辩证法的合理内核剥离出来，使辩证方法彻底摆脱了它的唯心主义的神秘外壳，使他的唯物史观完美地与辩证法结合起来。黑格尔认为：从抽象到具体到再抽象，分别对应逻辑学、自然科学、精神哲学，体现了它的辩证法，是绝对精神扬弃与超越的过程。而马克思以从具体到抽象再到具体的方法做研究，从具体的商品与劳动出发，得出了劳动力转换为商品是货币转换为资本的前提，进而抽象出劳动价值论与剩余价值学说，构建起《资本论》的核心体系。同时，"人体解剖对于猴体解剖是一把钥匙"[②]。正如只有在高等动物本身已被认识之后才能理解一样，头脑按

---

① ［英］安东尼·吉登斯：《历史唯物主义的当代批判》，郭忠华译，上海译文出版社2010年版，第421页。

② 马克思：《1857—1858年经济学手稿》，马克思、恩格斯：《马克思恩格斯全集》第30卷，人民出版社1995年版，第47页。

照思维的逻辑重新建构起来的现实也更好地揭示了客观世界的规律与本质。"从抽象上升到具体"的方法贯穿运用于马克思政治经济学批判和对时间问题的研究始终，马克思从资本主义社会自由时间的匮乏这一现实入手，将劳动时间概念带入劳动二重性的分析当中。他发现工人的自由时间异化为剩余劳动时间，随之人的发展的"物质空间""精神空间""关系空间"丧失。

马克思立足实践理解时间的本质，通过对商品的生产和资本的流通与再生产的考察，将劳动时间概念带入劳动二重性的分析当中，带来了政治经济学意义的革命。人不仅生存于时间之中进行着生产活动，而其生产活动本身就是社会历史时间的构成。资本逻辑与物化时间具有同构性。以商品交换的普遍化为基础的社会，其内核是资本逻辑。在前资本主义社会，商品虽然存在但不具有普遍性；到资本主义社会，商品的生产与交换才普遍化。商品的普遍化实际上就是资本的普遍化。从根本上说，资本逻辑决定了社会存在的自我抽象过程；在这一过程中，物的质性被抽离，成为可比较的商品，也即物化时间的社会存在基础。[1]

其一，马克思在《资本论》中，从商品二重性出发，阐发了劳动二重性学说，把劳动过程看作是具体劳动与抽象劳动的辩证统一。"劳动本身的量是用劳动的持续时间来计量，而劳动时间又是用一定的时间单位如小时、日等作尺度。"[2] 所有的物质生产活动都是人类一定时间的凝结和固定化，而时间又是可以直接加以计量的单位，所以生产实质就是起对象化作用的劳动时间。马克思注意到劳动时间构成客体化劳动的尺度，劳动量的大小由物化在使用价值中的时间来计量，[3] 其中包含人的存在的内在要求，即"劳动时间是劳动的活的存在"[4]。马克思认为时间是生命本身的尺度，就如重量是衡量金属的尺度一样，所以，工人劳动能力的日价值是维持再

---

[1] 仰海峰：《资本逻辑与时间规划——基于〈资本论〉第一卷的研究》，《哲学研究》2013年第2期。
[2] 马克思：《资本论》，马克思、恩格斯：《马克思恩格斯文集》第5卷，人民出版社2009年版，第51页。
[3] 马克思：《1861—1863年经济学手稿》，马克思、恩格斯：《马克思恩格斯全集》第32卷，人民出版社1998年版，第38页。
[4] 马克思：《政治经济学批判序言》，马克思、恩格斯：《马克思恩格斯全集》第13卷，人民出版社1998年版，第18页。

生产工人平均所需要的劳动时间[①]，在商品与商品交换意义上，资本主义社会的社会存在从本质上来说是由物化的劳动时间规定的，并通过商品交换强化着这种物化时间观念。物化时间在现代社会就转化成了衡量一切劳动价值的标准和尺度。

其二，从资本生产的过程看，在剩余价值的生产中，即绝对剩余价值的生产与相对剩余价值的生产，量化的时间的规划与榨取对资本主义社会的作用充分显现。根据人们活动的社会内容和历史特征，马克思把资本主义社会的时间划分为劳动时间以及可以自由支配的时间。劳动时间（包括必要劳动时间和剩余劳动时间）是为维持人生存的劳动时间，是第一性意义的社会时间要素。而剩余劳动时间是劳动者超出必要劳动而劳动的时间，这一部分时间用于生产剩余产品。剩余产品把工人的自由时间剥夺，无偿割让给了资本家。物化时间合乎资本逻辑的内在要求，隐藏着价值转移与新价值的生产。自由时间（包括闲暇时间和从事高级活动的时间）是人自由选择、支配的时间。用于闲暇、非直接的生产活动（如战争、国家的管理），或是发展潜力（如艺术、科学等）的时间。只有在自由时间特别是从事高级活动的时间内，人的生命活动及其所经历的时间才是整体性的。因此，整个人类的发展实质和前提就是对"自由时间的运用"[②]。自由时间是人类真正的存在形式，而不是与必要劳动时间的"绝缘"。

（三）自由时间异化为剩余劳动时间

劳动本身是积极的、创造性的活动，在前共产主义社会里，生产力的发展落后，劳动者绝大部分时间都是为了生存。而在资本主义社会，资本家追求价值增殖使得生存时间转化为剩余劳动时间。通过雇佣劳动，工人出卖给资本家的不是劳动，而是劳动力。工人的劳动能力的使用价值并不是由维持、生产或再生产它自身所必需的劳动时间决定的，而是由它本身能够劳动的时间决定的。工人的活劳动时间远大于资本家在预付工资中的

---

① 马克思：《1861—1863年经济学手稿》，马克思、恩格斯：《马克思恩格斯全集》第32卷，人民出版社1998年版，第57页。
② 马克思：《1861—1863年经济学手稿》，马克思、恩格斯：《马克思恩格斯全集》第32卷，人民出版社1998年版，第215页。

时间,资本家按照劳动能力的交换价值所需要的时间买入,但是却得到的是本身能够最大限度劳动的劳动时间。他的利润的大小,完全取决于工人把他的劳动能力交给资本家支配的时间的长短。马克思举了个例子:如果一个工人劳动能力的使用价值是一个工作日,而它的交换价值只有半个工作日。即使资本家支付了半天的工资,他得到的却是一整天的劳动力。所以资本家将工人全部的劳动时间彻底占有,包含工人阶级生活的时间再加上维持再生产劳动能力价值的时间。其中,剩余劳动时间,在资本家贪婪的眼中,也是必要劳动时间。如果为了每天再生产劳动能力,每天需要10个劳动小时,那么,资本家就会让工人劳动12小时。资本家实际上是以10小时物化(物化在工资中的)劳动时间与12小时活劳动时间相交换。这体现为工人本身的劳动时间的分裂——有酬的劳动时间和无酬的劳动时间。剩余劳动是资本家超过工人劳动能力、本身的价值而对劳动能力的使用。因而,它是无报酬的劳动时间,资本家无偿地得到这一切,完全是由于工人把劳动预付给资本家,而资本家只是在劳动物化以后才支付这种劳动。资本增殖的秘密在"时间"尺度中被揭露。

因此,由于工人的整个劳动时间分为必要劳动时间和剩余劳动时间,也就构成工人劳动时间的绝对量——工作日,[①] 包含了必要劳动时间(即生产劳动力的补偿价值的时间)以及工人无偿生产剩余价值的时间(包括了资本家窃取的剩余劳动时间)。因此资本家把工人劳动能力的日价值的等价物支付给工人,但是他从而获得使劳动能力超过它本身价值进行增殖的权利。尽管国民经济学家对此进行考察,如李嘉图把"工作日"视为一个恒常的、固定不变的量。但马克思认为"工作日"是一个可变量,它自身存有一个变化的幅度。"工作日"本身存有的最低、最高界限约束着资本家的剥削活动。

在资本增殖的诱惑与外在竞争的压力下,资本家总是想方设法地把劳动者的全部生存时间转化为剩余劳动时间,进而侵吞工人的自由时间。在工厂制度下,时间的分配成了亟待解决的问题。随着资本的侵入,工人就在资本家规定的工作日内一刻不停地拼命劳作,剩余劳动时间成了对工人

---

① 马克思:《资本论》,马克思、恩格斯:《马克思恩格斯文集》第5卷,人民出版社2009年版,第266页。

精神生活和肉体生活的侵占,①榨取了工人生活的物质条件和可供他们支配的自由时间,为上层建筑提供了生存条件。

这就是说,工人创造了自由时间,却无法享用自由时间。马克思指出,整个人类发展的前提和基础就是对"自由时间"的运用。②自由时间这一由劳动者共同创造的人的全面发展的可能性,就像劳动者所创造的生产力一样,以同样异己的性质在他们的意志之外发挥作用。剩余劳动时间不仅创造社会物质存在的基础,而且给资本家创造自由时间,创造他们的发展的空间。因此,一方的自由时间的享有对应的是另一方的被奴役。③工人的自由发展以全部时间以及发展空间为代价。因此,资本主义剥削程度的准确表现在于工人的自由时间被异化为剩余劳动时间。无产阶级的贫困化在于自由时间被占有,人的全面发展的可能性丧失。由此,马克思从时间中生发了其内在机制,即衡量社会主义的标准——以自由时间来衡量社会发展进步的状态与时代的发展,为人的自由全面发展指明了现实的道路。

二 自由时间是衡量社会发展进步状态的标尺

从纵向历时性上讲,社会形态的历史转变揭示了时间对于人的发展和解放的意义,这是分析马克思时间观念的内在逻辑的重要前提。从横向共时性角度分析,自由时间带来了人的发展空间的拓展,转变了时间的社会意义的可能性。因之,自由时间的生成塑造世界历史的进程,人的生命同时持存历史的厚度和社会的广度。

(一)自由时间历时性地塑造人类社会的历史

关于自由时间重建社会关系的逻辑,马克思在《1857—1858年经济学

---

① 马克思:《1861—1863年经济学手稿》,马克思、恩格斯:《马克思恩格斯全集》第37卷,人民出版社2019年版,第161页。

② 马克思:《1861—1863年经济学手稿》,马克思、恩格斯:《马克思恩格斯全集》第32卷,人民出版社1998年版,第215页。

③ 马克思:《1861—1863年经济学手稿》,马克思、恩格斯:《马克思恩格斯全集》第32卷,人民出版社1998年版,第214页。

手稿》中把人的发展阶段分为三种形态，"人的依赖关系""以物的依赖性为基础的人的独立性""建立在个人全面发展和他们共同的、社会的生产能力成为从属于他们的社会财富这一基础上的自由个性"。① 社会形态的历史演进本质是人与时间关系的变迁，从"自然时间""物化时间"到"自由时间"的历史逻辑，揭示了时间对于人的自由解放的意义，是分析马克思时间观的内在逻辑的重要前提。前资本主义社会是追求使用价值的质量经济；资本主义社会是一种转化为交换价值的数量经济，因而是劳动时间经济；共同体社会是一种建立在生产力高度发展和社会化基础上的自由时间经济，② 指向了未来社会的可能性。

首先，自由时间在人的依赖关系基础上具有封闭性。"人与物"的关系是一种"为我性"的关系，这是最初的社会形态，相对应的是前资本主义社会。此时生产力水平低下，产品和活动的交换范围狭小而孤立，整个社会处在自给自足的自然经济状态下，人与人的关系建立在统治关系之上。先民的时间都消耗在为维持生存的劳动之上，自然时间的形成与生产生活紧密相连。劳动不是依靠时间作为计量单位，而是根据产品的不同使用价值来衡量。那时，劳动还没有分化到完全的程度，尚没有区分剩余劳动时间，因为一切的生产都是为了生存的需要而进行的。由于生产力低下，个人之间的关系通过血缘、家族、部落结合，原始社会的时间对每一个成员来说都是同一的。人的依赖性社会可以分为两种类型：一种是原始所有制形式及其共同体。如古代公社所有制、日耳曼所有制等；另一种是派生所有制和共同体，也就是在原始所有制形式解体之后所形成的，如奴隶制、农奴制以及城市中的行业工会等。马克思认为原始所有制形式已经是历史的产物，他在给查苏利奇的复信中，说明了三种原始公社也是次生形态过渡的阶段。马克思考察了公社制的生产关系的局限性，认为公社制之所以发展，其所依赖的基础是个人对公社的关系和他们的再生产，这种关系是前定的、客观的存在，由历史变为传统。人最初表现为类存在物部落体和群居动物，单个人在共同体中作为所有者的客观存在的前提就是使

---

① 马克思：《1857—1858 年经济学手稿》，马克思、恩格斯：《马克思恩格斯全集》第 30 卷，人民出版社 1995 年版，第 108 页。
② ［美］卡罗尔·C. 古尔德：《马克思的社会本体论：马克思社会实在理论中的个性和共同体》，王虎学译，北京师范大学出版社 2009 年版。

之成为共同体锁链上的一环。而古代人尽管处于落后生产力和狭隘的、民族的情况下，却总是为了生产的目的而行动，而不是财富。现代人引以为傲的财富在古代只是表现为物的形态或是物的中介。此时，个人与社会的关系十分匮乏，自然经济下劳动者与劳动条件形成天然的统一关系，人与自然、人与社会呈现出一体化的状态，个体的人在自然和社会面前都缺乏自主性和独立性，只是在画地为牢的共同体中生存和发展。这一时期人的个性与自由仍处于萌芽状态，时间对于先民来讲，只是丈量劳作、休养生息的自然时间，无法与创造性和自主性联系起来，自由时间在人的依赖关系基础上呈现出封闭性的特征，生产力的发展逐渐使得人对于时间的运用或者说人对自由时间的追求向外扩展。

其次，自由时间在"以物的依赖关系"为基础上呈现为异化形态。随着生产力水平的提高和交往的扩大，生产能力水平突破了"地域局限性"，产生了阶级的分化，进入了具有"以物的依赖性为基础的人的独立性"的社会关系，主要指以雇佣劳动制为基础的资本主义社会。劳动产品成了可感觉而又超感觉的物。商品拜物教颠倒了商品形式和其价值关系，在人们面前采取了物与物的关系的虚幻形式。人们的生产能力虽然发展到更高水平，形成普遍的社会物质交换，个体在解放了的自然共同体中也获得了自由和独立。但在马克思看来，这看似自由却不是完全的，其实质上是一种依赖性关系，表现为从人与人的依赖关系变成了以物为中介的依赖关系。工人虽然从统治与奴役的依附关系中解放出来，获得了自由和独立，但是他却依旧被资本裹挟。人们之间的关系表现为单子一样的分离，人受物的奴役。物与物的关系成为异己的力量与人对立。物的依赖性社会以物与物之间的关系掩盖了人与人的关系，也掩盖了资本家对工人的剥削关系和程度。劳动财富作为异己的力量，不归工人所有，而归资本家，即人格化的生产条件所有，财富"归巨大的对象［化］的权力所有"，这种对象化的权力作为异己的存在把社会劳动本身同自己对立。在此基础上形成的思想观念也成了统治人的精神力量。时间成了抽象化的时间，不是生命活动体认的时间，也不是人作为人的活动的自由时间。工人创造了自由时间，但尚未享有自我决定、自我筹划的权利，人的自由全面发展的可能性被剥夺了。

虽然资产阶级在历史上也曾有过革命性作用，为物的依赖性社会创造了条件。但是资产阶级把人的尊严变成了交换价值，把家庭关系变成了纯粹的金钱关系；资本主义生产方式在榨取工人的剩余价值、追求资本的无限增长时，也不断扩大生产范围，改进交通工具，开拓世界市场，生产出新的需要，各民族相互往来相互依赖；城市化逐步推进，精神产品成了公共财产，推动了政治的集中和科学的发展。然而，资产阶级社会内部存在瓦解的根源。正如马克思所比喻的那样，资产阶级不能像"魔法师"一样再支配呼唤自己的"魔鬼"了。[①] 面对商业危机周期性的重复，及其所带来的普遍意义上的生产过剩，资产阶级便要求夺取新的市场，驱使人们利用资本本身来消灭资本，从而生产了自己的掘墓人——无产阶级。资本主义社会将在内在矛盾的不断发展中走向衰亡。

最后，自由时间是在人的自由个性发展阶段的人的复归。从本体论看，时间是人的解放和发展的必要条件，人的自由发展状况是社会历史进程的基本表征。自由时间较早可以从亚里士多德的"惊奇、闲暇和自由"来理解，而马克思将其含义扩展为发展个性和能力的时间：比如"用于休闲娱乐""受教育、发展智力""履行社会职能""进行社交活动"的时间，[②] 自由时间的含义涉及社会生活的方方面面。马克思从劳动时间生发出内在机制，转变了时间的社会意义，从而以自由看待历史、以自由看待发展，真正以自由支配时间。人的自由与解放是马克思研究时间概念的理论归宿。可以说，可支配的自由时间的多少标志着一个社会发展进步的状态，自由时间的生成一定程度上塑造世界历史的进程，其结构方式指向了历史自由的可能性，给出了过去、现在和未来之间的关系。

（二）自由时间共时性地形成人类发展的空间

人的自由发展状况是社会历史进程的基本表征。时间是一种具有张力性的存在，人可以在其中充分发挥生命的价值，使得人的生命同时持存历史的厚度和社会的广度。对于人类的发展来说，时间本身就是空间，人们是不能简单地用物理时空的四维性来理解社会时间与社会空间相互之间的内在关系的。人是通过自己在时间中的积极存在与实践活动，搭建自己的

[①] 马克思、恩格斯：《共产党宣言》，人民出版社2014年版，第33页。
[②] 马克思：《资本论》，马克思、恩格斯：《马克思恩格斯文集》第5卷，人民出版社2009年版，第305页。

社会空间。劳动使人的生命活动和社会历史进程的时空结构发生了范式转换，具有了能动性与创造性。马克思说如果一个人完全没有运用自己的自由时间的能力，除了生理需求其他时间都在从事劳动，为资本家服务，那么他不过是一台机器，甚至说还不如动物。① 时间是人类发展的空间。资本家剥削了工人的劳动，工人因此丧失了时间，同时也丧失了精神发展的空间。②

资本主义社会创造了巨大物质财富，却是在掠夺工人的劳动时间中完成的。在资本主义社会中，时间成了抽象化的时间，不是生命活动体认的时间，也不是人作为人的活动的自由时间。在资本主义生产方式下，工人生产出大量的剩余劳动时间，这部分时间没有被工人自由利用，而是被资本家无情剥削，资本家榨取工人剩余价值的同时还将这部分剩余时间游离出来为资本家的自由创造条件。而这些剩余劳动时间为资本家提供新的物质生产资料、开辟新的自由空间。工人劳动的异化带来了劳动时间的异化，人降到仅仅是工人的地位，只是从属于劳动。人类主体被紧紧捆绑到作为谋生手段的生产劳动中。财富是由"偷取"他人劳动时间获得的。③ 与此相反，自由时间不是对立于必要劳动时间，而是整体性地属于人的生命活动的时间，它是以自身的发展作为目的。

从社会关系层面上分析，对象化劳动在资本主义社会中被空间化。本应是人的存在方式的时间，被物化为可量化的尺度即抽象时间，由此带来的人的发展的"物质空间"的丧失，作为"死劳动"的物化劳动吞噬了工人的活劳动；人的发展的"精神空间"的丧失，人的生命物化为谋生的工具，智力、个性、思考、社交趋于麻木状态；人的发展的"关系空间"的丧失，人和人之间的关系只是作为赤裸裸的利益关系而存在。资本主义制度剥夺了人的一切"发展的空间"，限制了人的自由。从人的主体活动上说，工人的剩余劳动时间增多，资本家从中剥削大量剩余价值，自由劳动

---

① 马克思：《工资、价格和利润》，马克思、恩格斯：《马克思恩格斯文集》第 3 卷，人民出版社 2009 年版，第 70 页。

② 马克思：《1861—1863 年经济学手稿》，马克思、恩格斯：《马克思恩格斯全集》第 32 卷，人民出版社 1998 年版，第 343 页。

③ 马克思：《1857—1858 年经济学手稿》，马克思、恩格斯：《马克思恩格斯全集》第 31 卷，人民出版社 1998 年版，第 101 页。

时间减少，人的自由发展受到限制。

　　时间决定了人类发展空间的广度和深度。资本扩张带来了剩余劳动时间延长，塑造了人类发展的空间。但其中不可避免地出现了内部矛盾，空间的延展反过来又挤压了工人自由劳动的时间。所以马克思认为，自由需要通过缩短必要劳动时间作为前提，以延长自由支配时间来实现，"用时间去消灭空间"。随着发达工业资本主义的发展，生产潜力越来越大，经济全球化加速了资本"时空压缩"，削弱着当下的必然要素，推翻并超越旧有关系，获取新的积累空间。这样，马克思把时间作为空间维度凸显出来，使之真正成为人的生命尺度，实现时间向自由的"复归"，社会性的时间具有了"空间意义"。把社会必要劳动缩减到最低限度，与此相适应，给每个人"个性得到自由发展"创造了时间和手段，"狭隘地域性"的存在转变为"世界历史性的存在"。联合起来的个人将按照符合人的需要的方式来支配世界性的普遍联系。这样，时间空间化转化为了时间的人的自由化，作为人类发展空间的自由时间，成为衡量社会发展进步程度的标尺。

三　自由时间实现的可能路径

（一）缩短必要劳动时间：增加闲暇时间在自由时间中的比例

　　随着生产技术的提高，劳动生产率的发展，缩短必要劳动时间，增加工人工作之外的自由时间，为人的个性的自由发展提供了一种可能性的境域。"一切节约归根到底都是时间的节约。"[①] 节约劳动时间，工作日的缩短是根本条件。所谓缩短工作日，就是缩短工人的劳动时间，即劳动时间的节约＝生产力的发展＝增加自由时间＝发展空间拓展。资本主义经济规律的"铁的必然性"恰恰为人的个性自由发展的时间解放创造了条件。当社会生产力发展到一定水平，社会必要劳动时间在一定的限度之内，人们才能逐渐增加闲暇时间，即工作日之外的、以休息和消遣为主要内容的时间。这时，闲暇时间具有普遍的社会意义，而不只是少数上层阶级所享有

---

① 马克思：《1857—1858 年经济学手稿》，马克思、恩格斯：《马克思恩格斯全集》第 30 卷，人民出版社 1995 年版，第 123 页。

的特权。"真正的自由王国"是源自超历史的社会必要性的自由。① 如同日本学者内田弘所说,马克思的"时间经济",可以说是节约劳动时间,为个人提供了更多的生活时间来进行肉体的再生产,更多的自由时间从事精神活动,成为享受文化、艺术和体育的主体。同时,人们重新思考所给予的社会制度以及政策有效性的问题,从本质上质疑产生这种问题的制度,构想社会前进的道路,从而掌握自主选择和掌控命运的能力,为共同生产创造条件。

但是值得注意的是,缩短社会必要劳动时间不会必然地使得自由时间增加。劳动生产率的提高对劳动时间具有双重效果:一是产生延长劳动时间的要求。这突出表现在机器对于现代生产的作用,为了最大限度地发挥机器的生产职能,工人也无法休息。二是劳动力的高度紧张。劳动生产率的提高使得劳动时间更为密集,工人在同样的时间内无疑增加了更多的消耗。不过,随着工人可支配的时间增多,时间量的积累会导致社会质的变化,催生社会存在层面的结构性转变。马克思指出,直接的劳动时间本身不可能永远同自由时间处于抽象对立中。必要劳动时间的缩短才会带来自由时间的增加。随着劳动时间内的劳动性质变化,逐渐超越"谋生性",劳动便成了一种需要,变成人的自由的、创造性的活动,体现人的个性与本质力量。马克思以自由时间所超越的不仅是资本主义的生产关系,而且是这种生产关系所支撑的社会政治结构,其中伴随着文明样式的转变。在资本逻辑达到了自己的极限、无产阶级意识到自身的革命性力量时,必要劳动时间的缩短才能真正成为人的自由、个性发展的时间之维。

(二) 变革资本主义制度:实现自由时间与劳动时间相统一

马克思以自由时间衡量标志社会发展进步的状态,设想了未来社会发展逻辑的可能性。在资本主义社会,劳动时间是衡量价值的标准;在共产主义社会,社会的个人的需要将成为必要劳动时间的尺度。

正如"自我异化的扬弃与自我异化走的是同一条道路"一样,对自由时间问题的解决需要从自由时间的分配本身中找到答案。人类的繁衍进

---

① [加]莫伊舍·普殊同:《时间、劳动与社会统治》,康凌译,北京大学出版社2019年版,第441页。

步，就超出本能的需求之外，更多的是对于自由时间的运用，创造和发展一种全新的人的样态成为可能，成为衡量社会发展进步状态的标尺。因此，马克思认为，其一，将前提设定为"社会财富从属于人"。发展阶段的变更，使得必要劳动时间缩短到最低限度，人才可能创造出相当多的自由时间。在社会生产力高度发展时，"雇佣劳动才能够把时间游离出来"成为历史的产物。[①] 只有在物质领域的真实解放，才有可能实现"个性的自由全面的发展"，消除生产力和自由时间的自发性使它们受联合起来的个人支配和使用。那时，自由时间的多少成为财富的衡量标准。[②] 其二，资本主义内部具有商业危机和生产过剩的"瘟疫"的内部矛盾。随着时间的流逝，总生产大于总消费，社会已经不能再承担资产阶级所有制的发展时，资本主义制度将慢慢走向消亡。因此，资本主义社会形态的历史具有一种内在的逻辑，作为社会中介形式的结果，一种历史必然性的方式成为资本主义社会的标志。马克思对于人的发展的阶段的研究指向了一种运动，从不同的历史走向了历史——走向了一种必然的、日益全球化的、方向性的动力。

深层社会的辩证法在于，自由时间是人类塑造世界的方式，资本主义指向了超越自身的未来社会的可能性。当社会生产力高度发展，普遍交往不断扩大，劳动将成为人类社会生活的第一需要，私有制也随之消亡，个人得到全面发展，那时"各尽所能，按需分配"，"联合起来的、社会的个人所有制"是未来社会的发展形态，全面发展的个人作为历史的产物出现。[③] 传统意义上的劳动时间终将趋于消失，转变为人人所必要的、实现其价值的形式，构成自由时间的有机组成部分。每个人的自由时间与劳动时间相吻合，达至"自由人联合体"阶段。共产主义既应该是对生产商品的决定，也应该是对社会发展速度的一种控制形式。综上，马克思从劳动时间中生发的内在机制，以自由时间衡量标志社会发展进步的状态、时代

[①] 马克思：《1857—1858年经济学手稿》，马克思、恩格斯：《马克思恩格斯全集》第31卷，人民出版社1998年版，第30页。
[②] 马克思：《1857—1858年经济学手稿》，马克思、恩格斯：《马克思恩格斯全集》第31卷，人民出版社1998年版，第104页。
[③] 马克思：《1857—1858年经济学手稿》，马克思、恩格斯：《马克思恩格斯全集》第30卷，人民出版社1995年版，第611页。

的发展，更新了人的解放的条件，成为唯物史观的"希望空间"。

结　语

"时间"存在于每一种文化和社会中，蕴藏着广阔的思想运动和深刻的社会变革，彰显着过去、现在和未来之间内在的矛盾关系。马克思从根本上将"时间"纳入人的生存论问题，实现了时间的"人学回归"。如果说马克思时间之矢指向政治经济学，那么马克思的时间观内含资本批判逻辑的主线。

通过对古典政治经济学家和黑格尔辩证法的批判，将唯物史观对于时间的理解运用到政治经济学批判中，认为人的活动是构成时间的基础，是工人的劳动构建或塑造了时间。然而，本应该是人的生命活动体认的时间，在资本主义社会中却物化为可量化的尺度，那些属于工人发展其自身能力和个性的自由时间则异化为剩余劳动时间，被资本家无偿占有和剥削。马克思敏锐地发现这一社会问题，从人类社会历史发展演进过程的角度去寻求解决问题的方式。自由时间是人类塑造世界的方式，带来了转变时间的社会意义的可能性。自由时间历时性地塑造人类社会的历史，共时性地形成人类发展的空间。因此，自由时间成为衡量社会发展进步的标尺。这样，马克思把时间真正作为人的生命尺度和发展的空间，人的活动成为自由自觉的活动，实现了时间向自由的"复归"。

在现代电子信息技术日益定义和塑造时间的当下，栖居于时间之中的我们通过反思马克思的时间观，实际上是在切入"时间"这个基础性的概念中，重新思考"自我—时间—世界"的内在关系，考察人的生命的限度、价值和意义，实现时间之中的自我认同；建立时间与生活世界之间的对话，真正运用自由时间进行科学、文化、艺术的创造活动，在全球化的"时间"秩序中探索多元文明的重建。虽然本文只是初步尝试，但可以肯定的是，在未来一段时间内，理解时间之于人的生存意义的过程将在"时间空间化"的场域中、在人与世界的关系中、在多元文明的共建中持续展开，为关于时间的当代思考提供新的思路。

容肇祖泰州学派研究的历程

胡士颍

(中国社会科学院哲学研究所)

摘 要：容肇祖治学涉及哲学、历史、思想史、文学史、文献学、民俗学等多个领域，很多成果在今天看来仍具有开创性、创造性和典范意义。他在数十年中，通过年谱、评传、思想史、学术论文等形式，呈现出泰州学派丰富的人物、思想、学脉及其历史，表现出治学笃实、超越前人、映照古今的学术特色。他研究泰州学派的历程、内容、特点及其成就，既以其深湛研究对中国传统经史学术进行了创新性发展，又受时代感召对历史人物思想进行了创造性阐释，体现出中国近代以来知识分子对中国式现代化学术研究的积极探索，在努力挖掘中华文化深厚资源、救亡图存和文化重建等方面具有开创性、开拓性意义。

关键词：泰州学派 明代思想史 中国哲学史

容肇祖治学涉及哲学、历史、思想史、文学史、文献学、民俗学等多个领域，很多成果在今天看来仍具有开创性、创造性和典范意义。他在数十年中，通过年谱、评传、思想史、学术论文等形式，呈现出泰州学派丰富的人物、思想、学脉及其历史，表现出治学笃实、超越前人、映照古今的学术特色。其泰州学派研究历程，大致可以分为三个阶段：第一阶段是20世纪30年代至40年代，容肇祖治学重心有所转变，先后发表了关于何心隐、焦竑、李贽等人物的思想研究文章，为《明代思想史》完成奠定坚实基础；第二阶段是新中国成立后，完善了对李贽的研究，出版了历数十年整理的《何心隐集》；第三阶段是20世纪80年代以后，容肇祖不断深化研究，出版了修订后的《中国历代思想史·明代卷》。可见，泰州学派研究几乎贯穿其整个学术人生，每个时期都取得了丰硕成果，是他倾力研究、毕生耕耘的结晶。因而，值得重新回顾、适时总结，在缅怀致敬的同时体会老一辈学人之学术观点、方法和精神。

一 拾寒琼于芳草，著潜德之幽光

20世纪20年代初，年轻的容肇祖就开始致力于思想史研究，文章得到胡适、张荫麟等人的肯定，展露出熟练的哲学思想研究的学术能力。20世纪30年代至40年代，容肇祖治学重心有所改变，从民俗学、历史和文学研究转为明代思想研究，先后发表了关于何心隐、焦竑、李贽等人的研究论著，这些都构成了《明代思想史》的重要内容。这一阶段是容氏泰州学派和明代思想史从开始到辉煌的最重要时期。

据查，容氏《何心隐冤死事考》[①]一文较早见刊，是他有关泰州学派研究的重要开端。容肇祖通过钩稽史料，仔细梳理有关何心隐和梁汝元文献，肯定何、梁本是一人，梁汝元即何心隐之本名。该文澄清了后人对黄宗羲《明儒学案》的误解，指出抓捕何心隐的王之坦和王艮的孙子王之坦同名，且因时间相近，以致"俗语不实，流为丹青"，演绎出王艮的孙子王之坦挺身就戮、收骨营葬、愤而隐逸的附会故事。这篇文章解决了围绕何心隐身份、死难等问题，为进一步深入的思想研究打下了很好的基础。

翌年，容肇祖发表了《何心隐及其思想》[②]，这篇长文分为两个部分，第一部分为《何心隐传》，展现何心隐跌宕起伏的人生际遇，包括颖异拔群、董理宗族事务、勇于社会事业、被诬下狱、北上活动、何张（居正）会见、参与倒严、南方游历、屡遭缉捕、冤狱经过等，对何心隐的死因、人物纠葛、师友高义、著作刊刻、后世评价等也述之详尽；第二部分为《何心隐的思想》，揭示了何心隐实践实行、淑世讲学、急人之难、养心寡欲等思想品质和主张。容肇祖剖析史料，精巧运思，何心隐的血肉精神在其笔下栩栩如生。他说：

> 泰州一派是王守仁派下最切实，最有为，最激励的一派，何心隐

[①] 容肇祖：《何心隐冤死事考》，《大公报·史地周刊》1936年6月26日第99期。
[②] 容肇祖：《何心隐及其思想》，《辅仁学刊》1937年第6卷第1、2期合刊。

是这派的后起,而亦是最切实,最有为,最激励中的一人。他抱着极自由极平等的见解,张皇于讲学,抱济世救民的目的,而以宗族为实验,破家不顾而以师友为性命,所谓"其行类侠"者。卒之得罪于地方官,得罪于时宰,亦所不惜。他是不畏死的,遂欲藉一死以成名。他的思想是切实的,所谓"不堕影响"。他以为欲望是可以寡而不可以无,可以选择而不可以废,欲以张皇讲学,聚育英才,以补天下的大空。他的目的太高,而社会的情状太坏,故此为当道所忌,不免终于以身殉道了!①

容先生对何氏发掘之功、辨析之劳自此启端,也奠定了对泰州学派的评价,可以说,有关何心隐与泰州学派的研究,逐步构成容氏明代思想史研究最有特色、最为精彩的部分。

1938年,《焦竑及其思想》刊发。该篇以年谱的形式,爬梳史料,令焦竑八十一年人生流变、师友关系、学脉流传、人事凋零尽在笔端。就焦竑的思想,容肇祖总结了几个方面:关于治学,焦竑赞同博学,反对泛滥支离;学问趋向上,焦竑以为心性之学,在明了空有二心,注重内性觉悟,具有儒佛融通特色;焦竑还注重实行,强调为学当济于实用。容肇祖认为:"焦竑是耿定向的门人,师事罗汝芳,而又笃信李贽,他可以说是王守仁、王艮一派的后劲。"② 因而容氏对其评价盛高:

> 焦竑是一位博学的学者,于佛经是深有研究,故此于向内的工夫,不特不排斥佛家,而且大胆的承认佛家为得其精,以为可以为孔孟说的心性之义疏。他是一位切实的学者,不专重玄谈,而主由下学而上达,由博学而返约。他又惩王艮一派的门徒,有任放自由,得于内而裂其外,故此亦反对"吐弃事物,索之窈冥之乡以为道",而推尊"古者礼乐行艺,靡物不举"。(《内黄县重修儒学记》《澹园集》二十)他又注重实用,赞同桑弘羊的理财计划,又以为居官以明习国朝典制为要,而治经次之,这是很切实的见解。很有王艮注重"即事

---

① 容肇祖:《何心隐及其思想》,《容肇祖全集》(二),齐鲁书社2013年版,第809—810页。下引全集,出版信息同此。
② 容肇祖:《焦竑及其思想》,《燕京学报》1938年第23期。

是学，即事是道"，注重实用的精神。①

容氏全面展现焦竑的现世生活与精神世界，以年谱叙事的方式，也颇有古风。这种将传统形式与现代叙述、思想研究结合的方式颇具创新意味，对当前年谱写作和哲学表达仍具有参考价值。

其间，容肇祖还出版了《李卓吾评传》②。该书包括三个方面的内容：《李贽年谱》《李贽的思想》《李贽的文学的见解》。容肇祖指出有关李贽的历史记录，有颇多失载和错谬，说明他当时已对李贽及其相关文献有了广泛的收集和深入的研究。《李贽年谱》是该书的主体部分，全面展现李氏学问传承、师友交往、活动轨迹、思想演变，其中李贽治学与时代的矛盾、波折较为突出，后期泰州学派的生活状况和精神世界也得到了很好地反映。他在《李贽的思想》中，重点阐述了李贽打破儒家偶像、良知本具、人伦物理、反对假道学、三教思想。容肇祖指出李贽是王守仁后学，也是出于王畿、王艮的一派，他说：

> 李贽的思想，是很自由的，解放的；并且是个性很强的，适性主义的；他的态度是批评的。他的思想是出于王守仁及王畿，王艮的一派。③

又说：

> 李贽的思想，是从王守仁一派解放的革命的思想而来，他几乎把一切古圣贤的思想或偶像打破了，到了极自由，极平等，极解放的路上，而他又是个自然主义，适性主义的思想家，在批评方面，贡献了不少创新的独特的见解。④

此外，容肇祖指出，李贽的文学思想也是值得注意，尤其与其哲学思想的

---

① 容肇祖：《焦竑及其思想》，《容肇祖全集》（三），齐鲁书社2013年版，第859页。
② 容肇祖：《李卓吾评传》，国学小丛书，商务印书馆1936年版。
③ 容肇祖：《李卓吾评传》，国学小丛书，商务印书馆1936年版，第69页。
④ 容肇祖：《李卓吾评传》，国学小丛书，商务印书馆1936年版，第99—100页。

关系，故专辟《李贽的文学的见解》加以论述。这是一般哲学研究者容易忽略的。他说：

> 要认识李贽在思想史上的地位，和他在文学史上的地位，他的思想和他的文学的见解是值得叙述的。这里所述李贽的思想，原来是我的《近世思想史》（在著述中）中的一章，录在这里，可以明白李贽重要的贡献。而他的文学的见解，也是值得叙述的。①

正如容肇祖所言，李贽的思想和行为在古代一度被视为异类，除了他的哲学思想外，其"童心说"对袁宏道、袁中道等人为代表的公安派有很大影响，在文学史上也具有重要地位。有关李贽的研究，此后仍在继续，倾注了容先生大量心力。

以上研究成果，都体现、汇聚于名闻海内外学界的《明代思想史》（开明书店1941年版），该书既是明代思想的系统研究成果，也是关于泰州学派的重要著作。根据《自序》可知，容肇祖于1935年任教辅仁大学、北京大学时，开始撰作是书，先完成和发表的有关何心隐、焦竑、李贽等人的文章，即被收入书中第七章《王门的再传及其流派》，成为该书内容的最大亮点。该书是一部拓荒性、奠基性的学术专著，它总揽明代思想全局，对明代思想的发展作了全面系统的论述。② 容肇祖作为一代思想史家的地位由此奠定。

自1935年至1941年《明代思想史》完成，实际是容肇祖在民国时期研究泰州学派最为集中、成果最为突出的时期，在很短时间内就完成了学术重心的变换、研究对象的转变，并且取得海内瞩目、海外知名的成果，达到这一阶段的最高峰，同时也标志着容氏哲学思想研究、风格、方法的成熟。因而，该时期容氏泰州学派研究的特色值得推究。

首先，"拾寒琼于芳草，著潜德之幽光"③，是容氏重要的治学方法和初衷。容肇祖《自传》回忆了撰写《廖燕的生平及其思想》一文的初衷，

---

① 容肇祖：《李卓吾评传序》，国学小丛书，商务印书馆1936年版，第4页。
② 姜国柱：《容肇祖与明代思想史研究》，载《容庚容肇祖学记》，广东人民出版社2004年版，第295页。
③ 容肇祖：《容肇祖集》，齐鲁书社1989年版，"前言"，第2页。

他说:"当时我见到他的《二十七松堂文集》,对这位压抑了二百多年的学者要为他的不幸而呼吁,同时也产生了一种要对进步文人潜德幽光进行发掘的想法。"[1] 从青年时期开始,在七十多年的学术生涯中,容肇祖都致力于发掘被历史隐匿的人物及其思想。在《容肇祖集》的前言中,他坦露心迹:

> 选印这些论文,是因为有些材料来之不易。有些思想家由于他们的著作被禁锢或散失,还没有得到他们在历史上应有的学术地位,长期不为人所重视。如吕留良,反对清朝贵族的专制统治,宣扬革命思想,受其影响的有曾静。曾静劝说岳钟琪反清,被揭发后,清朝发动曾静文字狱,吕留良被戮死灭族,门徒被杀,著作被禁毁,其有别人著书涉及吕氏名字的,亦被抽毁。吕留良的著作,传世不多,我努力搜求,实非容易。……又如何心隐,以自己的家财在家乡办学,得罪县官,竟以反抗皇木银两充军,后四出讲学,触犯权相,为巡抚王之恒所杖死。其人其事,湮没不传。李贽著《何心隐论》,倍加赞扬。我在天津《大公报》的《史地周刊》发表《何心隐冤死事考》一文,论述其冤死之故,伦明先生借给我何心隐《爨桐集》,何子培先生慨然寄我《梁夫山遗集》,我因得述其人的思想。[2]

从中可以看出容氏的治学动机与学术思考。衷尔钜指出,(此)"正是容肇祖先生研究中国思想史,尤其是明代思想史的写照。他从二十年代起,就一直注意搜罗材料,著书撰文,发掘先贤的潜德幽光,以启发学人","在容先生的发掘性、开拓性、求实性、创新性的学术活动中,我们可以清楚地看到,他非常注意从浩繁的古籍中,零星地发现那些具有叛逆精神,而又长期被湮没、压抑、禁锢,且鲜为人知的思想家的事迹、著作和思想"。[3]

其次,容氏发掘潜德幽光和对历史方法之运用,背后是现代历史学和中国哲学史史料学萌发和形成时期。胡适的学问及其《中国哲学史大纲》

---

[1] 容肇祖:《自传》,《容肇祖全集》(一),齐鲁书社2013年版,第7页。
[2] 容肇祖:《容肇祖集》,齐鲁书社1989年版,"前言",第1—2页。
[3] 衷尔钜:《为后学楷模的一代宗师——容肇祖先生生平和学术贡献》,载《容庚容肇祖学记》,广东人民出版社2004年版,第300—301页。

对青年容肇祖有较大影响，其中包括胡氏有关哲学史的史料、史料的鉴定、审定史料之法和整理史料之法，他还说：

> 哲学史有三个目的：一是明变，二是求因，三是评判。但是哲学史先须做了一番根本工夫，方才可望达到这三个目的。这个根本工夫，叫做述学。述学是用正确的手段，科学的方法，精密的心思从所有的史料里面，求出各位哲学家的一生行事，思想渊源沿革和学说的真面目。①

中国近代学人大都对清代乾嘉之学与中国经史之学有学习经历，同时胡适、冯友兰、朱谦之、顾颉刚、傅斯年等也多有海外求学经历，他们在文学、历史、哲学领域营造出融会东西学术的氛围，在哲学史料整理上兼采东西之长，把哲学史料从内在的信仰对象转变为物化的反思对象，就中国哲学史料的种类、搜集、校勘、辑佚、辨伪等问题都有深入探索。② 容肇祖史料运用稔熟，为其达到明变、求因、评判的哲学史研究目标，打下坚实基础，这种史料学与哲学理论的紧密结合，自中国哲学一开始建立，就成为哲学研究的主要发展方向和研究模式。

最后，《明代思想史》的出版具有鲜明的时代特色和容氏学术风格。除了更为全面呈现泰州学派面貌、完善学术界关于明代思想史与精神史的研究之外，容氏显示出一代哲学史家所具有的识力、工夫和韧性。

> 这本《明代思想史》，是我于民国二十四年在北平开始写的。那时，我在辅仁大学和国立北京大学任课，于明代思想，苦无专书叙述。空前的创作，大家承认的，有十七世纪中黄宗羲（西历一六一〇——一六九五）著的《明儒学案》，自然是很好的参考书。然一家一派，一时代，一地方的见解，在著者自不能不受种种的拘限。而尤使这书不能合今人之用的，则为时代见解的迁移……我们认识时代，不能靠二百数十年以前人的论述，以为观察更前人思想的标准。因

---

① 胡适：《中国哲学史大纲》，上海古籍出版社1997年版，"导言"，第7页。
② 曹树明：《中国哲学史史料学史论》，社会科学文献出版社2014年版，第282页。

此，我想要认识黄氏《学案》编述的好处，以及摆脱黄氏《学案》的束缚，想尽得黄氏所根据诸书读之。当时每每流连于各书坊，各图书馆，各家藏书中，搜罗与借阅，仍苦于不尽可得。由此直至民国二十六年夏，所搜集的材料，计已不少，亦颇有出于黄氏所根据之外，为黄氏所未见或未注意者。我很愿日夕细读各家著作，细大不遗，一家既毕，再看他家。其值得注意的述之，不值得注意的，放之过去。做成客观的叙述，使前人的思想，明白的显现在我们意识之前。由此一个朝代的思想，或者大概可以整理出来。当时我的搜集的目的，以及整理的范围，并不是限于明代的，正想每一个时代或一个朝代，都为系统的叙述，而成为一部较详细的"中国思想史"。①

这里是容氏撰著《明代思想史》的心路历程。该书具有多方面的学术意义。一方面，该书之撰明显受到近代以来学术风气的影响，适应时代精神之转换，从历史人物史料、著作、行为、思想等出发，突出泰州学派的学问境界、践履意志、淑世目的、平等观念、革命精神等多方面内容，从内容材料和写作立意上突破了《明儒学案》以来的书写方式，进行了前所未有的、蕴含时代新风的系统解读。另一方面，中国哲学研究与学科发展早期，一直存在"以西释中"的问题，致使中国哲学本来面目、问题、思想等难以凸显。不过，难能可贵的是，容肇祖能够发掘并紧紧围绕历史资料，对人物思想加以切合之解读，提出创造性的解释，既令人有耳目一新之意，又不觉其新思想、新视角、新词汇之运用有突兀之感，将新式学科、学术、话语与中国传统思想研究进行了较好的融合，为新的历史时期挖掘传统思想资源和创造新的思想史、哲学史的研究范式做出了十分重要的探索。

二 整理史料，接续研究

新中国成立后的 30 年里，容肇祖开始接受马克思主义思想，并在马

---

① 容肇祖：《明代思想史》，《容肇祖全集》（二），齐鲁书社 2013 年版，"自序"，第 925—926 页。

克思主义哲学指导下,完善了对李贽的研究,主要发表了《李贽反道学和反封建礼教的一生》①《李卓吾是怎样的一个人?》②,出版了《李贽年谱》③《何心隐集》④。

《李贽年谱》是在前著的基础上,受新中国意识形态思想影响,对李贽的生平经历、思想和著作等诸多内容予以重新梳理。该书收录了两篇文章:《"疑耀"考辨》《记李贽"九正易因"》。据学生姜国柱所言,容肇祖看到有学者把李贽的行年、事迹等信息都搞错了,所以撰《李贽年谱》并附《李贽著作考》,纠正把《四书评》《史纲评要》等伪书当作李贽的真作的现象。容肇祖在《自传》中指出:"在《李贽传》初稿中附《李贽著作考》,指出《四书评》是叶昼所作。"⑤容肇祖还完成《李贽传》文稿,可惜在动乱中因抄家而丢失。

《何心隐集》⑥乃首次整理出版,凝结了容肇祖数十年的心血。明天启五年(1625年),何心隐所著《爨桐集》曾被刊刻,但数量较少,长时间内都是以抄本流传,"容肇祖从1936年开始收集、抄录何心隐著作加以校勘、标点,又多方搜集有关何心隐的传记、序跋、祭文以及其他参考材料21篇,为之撰序,对何心隐一生事迹和思想作了详尽的考证和公正的评价,纠正了被歪曲的历史"⑦。容氏另附录传记、序跋、祭文、其他参考资料和反面资料,以补何心隐研究之用。可见该书不仅资料全面、整理精当,亦翔实可参,为学界提供了较扎实、全面的资料和古籍整理范本。

容氏对《明代思想史》的研究、修订仍在继续,但诸多牵系,未能完成。此外,他还参加了《中国哲学史资料选辑》的编订工作,其中就包括明代部分,为新中国哲学研究、教学提供了优秀读本。

这一阶段,容先生仍然延续之前的历史研究方法,但对人物活动、思

---

① 容肇祖:《李贽反道学和反封建礼教的一生》,《光明日报》1962年4月8日第2版。
② 容肇祖:《李卓吾是怎样的一个人?》,《北京日报》1962年8月30日第3版。
③ 容肇祖:《李贽年谱》,生活·读书·新知三联书店1957年版。
④ (明)何心隐:《何心隐集》,容肇祖整理,中华书局1960年版。
⑤ 姜国柱:《容肇祖与明代思想史研究》,载《容庚容肇祖学记》,广东人民出版社2004年版,第298页。
⑥ (明)何心隐:《何心隐集》,容肇祖整理,中华书局1960年版。
⑦ 衷尔钜:《为后学楷模的一代宗师——容肇祖先生生平和学术贡献》,载《容庚容肇祖学记》,广东人民出版社2004年版,第288—289页。

想解读和社会分析等方面,已主动接受马克思主义理论,并运用唯物主义哲学、唯物史观和当时较为流行的阶级分析、革命斗争理论,标志其思想史、哲学史研究的重大变革;尽管其写作不可避免地带有生硬的理论痕迹,但所采用的社会生产、政治变革和历史背景等视角,加深了对于新旧社会性质的理解,认识到古代文化精英的思想、活动和人民大众的关系及其局限,深化了对泰州学派成员及其思想的分析并予以辩证对待。此间,容氏学术工作,一则仍从事古籍整理工作,发力又多,贡献巨大,二则以新思想继续对古代哲学思想进行研究,多有新论。就该时期学术研究,有学者指出:"中华人民共和国成立以后,马克思主义成为官方意识形态,其不但在政治上指导一切,而且对于学术研究也有着全面指导的'话语权'。当时各个学科的研究都要以马克思主义的观点、立场和方法为指导来进行研究,中国哲学的研究也不例外。但当时对于马克思主义的理解存在着简单化、片面化和教条化的倾向,而且受到苏联学者对于马克思主义理解的影响甚重。因此,在运用马克思主义的过程中,'左'的教条主义倾向越来越明显,严重地脱离了科学研究的轨道。"[①] 此番评述,亦指出了容氏此间学术研究的特点与问题,值得深思。

不过,任何时期的历史发展都是复杂的,容肇祖的思想和研究转变亦非偶然。他在明代思想的研究和其他论著之中,已经表现出对前贤所具之淑世精神、平等思想、反抗精神的表彰和对旧社会的批判。其时,民国政治黑暗,社会凋敝,全面思安,容氏同情革命,心向新社会,故于1949年后参加新中国建设。在继续从事学术研究的同时,他感受到新中国建设的新变化和蓬勃气象,而后和当时大多数学者一样积极接受马克思主义和知识分子改造,从此在学术研究方面也积极适应新中国社会、文化、学术等发生的新转向。

三 走自己的道路

20世纪80年代以后,容肇祖不断深化研究,于90年代出版了修订后

[①] 任蜜林:《中国哲学"自我"觉醒的历程——四十年来中国哲学研究之反思》,《中国儒学》第十五辑,中国社会科学出版社2020年版,第227页。

的《中国历代思想史·明代卷》，融入新发现和新思考。容氏对之前泰州学派的研究也多有修订，代表了其最新研究成果。

改革开放以后，容先生年届高龄，仍研究不辍，同时指导学生。1993年，《中国历代思想史·明代卷》①经过长时间修订出版，该书乃应文津出版社之请，在学生姜国柱的帮助下完成的，也是容肇祖晚年关于泰州学派的更新、总结之作。

容氏在自序中显露颇多心迹，可以看到他研究明代思想史有着艰辛历程、无奈和坚持。他说：

> 我于一九三五年开始撰写《明代思想史》，到一九四〇年八月写就，一九四一年开明书店出版。《明代思想史》从出版至今，已经五十余年了，半个世纪多以来，我虽坎坷磨难，但始终没有离开教学研究工作，一直在这条战线上耕耘写作。我虽感到《明代思想史》有不少缺憾，应当修订补充，重新出版，但由于种种原因所致，而始终没有如愿。②

由此可见，容氏对明代思想史研究始终心有戚戚，在取得巨大成就的同时仍不满足，在大半个世纪中一直试图补充、修订和完善。此番修订，已值久经风霜之岁，因在20世纪六七十年代因抄家致使文稿丢失，更增其重，他说：

> 我家三次被抄，而使我三十多年来所积累的全部资料和四部书稿，至今下落不明，这给我造成了巨大的损失，并给写作带来了巨大的困难。在这种情况下，我只能根据原著，凭自己的记忆、回忆，把个人的想法、观点提出来，由我的学生姜国柱教授代笔。③

由此可见，容肇祖新订该书克服了重重困难，亦得益于学生相助。其自述毫不避讳，既体现其胸怀坦荡，亦足见其对学生的培养、信任和助立。

---

① 容肇祖：《中国历代思想史·明代卷》，台北文津出版社1993年版。
② 容肇祖：《容肇祖全集》（四），齐鲁书社2013年版，"后记"，第2015页。
③ 容肇祖：《容肇祖全集》（四），齐鲁书社2013年版，"后记"，第2015页。

他说:

> 姜国柱教授从一九七八年随我读研究生以来,我们过从甚密,他的为人、治学都是很好的,是一个正直有为的中年学者,十几年来,他出版了六部专著和许多论文。因此,请他帮助我完成《中国历史思想史》明代卷,是最为合适的。①

又说:

> 《中国历代思想史》明代卷,虽然署我的名字,但是全部书稿的撰写和钞清都由姜国柱教授完成,有些章节则是他的研究成果。因此,该书与其说是我个人所著,不如说是我们两人合著为确。在此,我对姜国柱的辛勤劳动和文津出版社出版该书表示感谢!②

据学者衷尔钜撰文介绍,容氏在哲学人才培养方面颇有方法,也可见其治学之道,"教学法上,容肇祖首重基本功,强调学文字、音韵、校勘、目录诸学,重视读书下苦功,作考证、笔记、写心得,对资料能辨别真伪,弄清时代和学术渊源,在大量掌握可靠的资料基础上,进行分析综合,得出如实的结论,既不拔高古人,也不无根据地妄贬古人,走自己研究的道路"③。

"走自己的道路"正是容肇祖该时期学术研究的重要特色,且体现于新著之中:

> 这个《中国历代思想史》明代卷的稿子,与开明书店出版的《明代思想史》是很不同的,是在《明代思想史》的基础上,结合发掘的新资料和我研究的新成果而撰写成的。两书比较在所写人物、思想内容上,虽各有增减,但旨在求新,故新书突出了王守仁等重要思想家,增加王廷相、吴廷翰等人物的思想。这就使新书稿以一个新面貌

---

① 容肇祖:《容肇祖全集》(四),齐鲁书社2013年版,第2015页。
② 容肇祖:《容肇祖全集》(四),齐鲁书社2013年版,第2016页。
③ 衷尔钜:《为后学楷模的一代宗师——容肇祖先生生平和学术贡献》,载《容庚容肇祖学记》,广东人民出版社2004年版,第279页。

出现在读者面前。①

该书完成于1992年，容肇祖时已96岁高龄，足见其用力之久、耕耘之深。从容肇祖的序文可以发现，他多次强调此番修订之"新"，便是在史料、资料上集中了他数十年来对泰州学派史料的苦心搜集和整理，在人物思想解读和阐释上经历了新中国前后变化与80年代以后的反思，修订原有叙述模式和框架，突出了有关宇宙观、无神论、认识论、人性论、知行观、人生论等哲学问题的讨论。由此，为中国哲学知识体系、学科体系、话语体系探索出具有容氏特色的中国哲学史研究范式。

容肇祖自20世纪30年代到90年代，一直关注泰州学派，陆续发表多种论著，自《明代思想史》出版后仍扩充不止、修订不辍。陈垣曾说："什么思想史、文化史等，颇空泛而弘阔，不成一专门学问。为足下自身计，欲成一专门学者，似尚须缩短战线，专精一二类或一二朝代，方足动国际而垂久远。不然，虽日书万言，可以得名，可以啖饭，终成为讲义的教科书的，三五年间即归消失，无当于名山之业也。"② 陈氏之说，当为从事学问研究的谆谆教诲，似乎正是以容肇祖与《明代思想史》为例，告诫学者，以切实求研究之实效，以切实得研究之超越。

综上所述，容肇祖是泰州学派研究的开拓者，其工作进行正值中国社会动荡不安、国家战火不止与政治大变革的特殊时期，但总能在避难、迁徙与困顿中坚持不懈，并以丰硕成绩助力民族独立解放和国家繁荣富强的伟大事业；其治学也是中国近代以来学术研究、话语体系、学科建设不断探索、调整、成熟的关键时期，有关泰州学派的论述集历史与史料、哲学与思想、学术与文化等多方面特点，既有深厚的时代烙印，同时又具有容氏多年积累沉淀而成的独特风格，它们都是构成中国古代思想史、哲学史和文化史学术研究的重要组成部分。

---

① 容肇祖：《容肇祖全集》（四），齐鲁书社2013年版，第2016页。
② 陈垣：《致蔡尚思》，《陈垣来往书信集》，生活·读书·新知三联书店2010年版，第383页。

论章太炎伦理思想中的民族性

朱 浩

（南京师范大学社会发展学院）

摘 要：民族性是章太炎伦理思想中的特色之一。在中国近代特殊的时代背景之下，章太炎认为，民族性是一种与生俱来的根性。国人伦理道德中的民族性在经历了较长历史周期后方才逐步得以确立。在此之后，即使时代发生了剧变，但这种民族性却保持了稳定。在中国人的民族性中，伦理思想领域体现出浓厚的人本主义色彩，这得益于儒家德教观念的深远影响，因此也就锻造出传统伦理观中温良、包容的气质。同时，章太炎也意识到，中国伦理思想的另一特色是，它重视自我的责任意识，关注世俗化的道德品行在完美人格塑造中发挥的作用，而佛道思想的融入，更弥补了这套伦理思想体系思辨理性不足的问题。此外，章太炎在论证传统伦理观念中的时代性时，他擅于挖掘其中的反抗精神，以之服务于社会革命的需要。

关键词：章太炎 传统 伦理思想 民族性

章太炎的伦理思想中折射出鲜明的民族性色彩，这不得不引起我们的关注。伦理道德观念并非漂浮于天上的空中楼阁，而是立足于特定的民族文化环境中，在经历过必要的历史沉淀之后，逐步成为人们行为规范的共识。关于这个观点，蔡元培先生在《中国伦理学史》中就已经意识到了，他说，先有伦理行为的广泛流行，进而成为普遍遵循的规范，才能终为"学者观察之、研究之、组织之"[①]，进而形成颇具学理色彩的道德观念。

---

* 本文是2021年江苏省研究生科研创新计划资助项目"近代中国道德哲学中的唯意志论思潮研究"（KYCX21_1280）的阶段性研究成果。

① 蔡元培：《中国伦理学史》，崇文书局2015年版，第3页。

章太炎的伦理思想彰显出的民族性特色，乃是在总结传统伦理习俗的基础之上，对之予以恰当的归纳、整合后形成的独具一格的有关人伦之常的学术观点。在这其中既体现出了章太炎对于民族性的深刻思索，也反映出了他力图以民族性为落脚点，不断寻求民族道德进步的方法，以之为救亡图存提供不竭的精神动力。

在中国近现代思想史研究中，有关民族性问题的探讨属于学界的热议话题之一，而针对章太炎伦理思想中的民族性特征，则更受到学者们的广泛关注。张志强先生指出，作为在中国近代思想界有影响的人物，章太炎的民族主义观念不是"尊己慢他的自恋的民族主义"，而是非常具有"道德内涵的民族主义"。[①] 这种"内涵道德的民族主义"概念成分众多，而目前比较一致的观点是，他立足于"修己治人"的角度，反对"谈天论性"的空谈。[②] 因为在清末思想家们的各类言论中突出民族性的认知已经是其中的共性。但在近代化浪潮此起彼伏的 19 世纪末与 20 世纪初，民族性的保持却是一项艰巨的历史任务。当时的国人迫于救亡图存的考量和近代化的双重压力，在面对维系传统物质和精神领域的国故遗产时，无疑需要付出艰苦的努力。正是基于此种考虑，有观点认为，在面对此大变局的时刻，章太炎伦理思想中的民族主义色彩渐渐趋向于淡去，而以"'五无世界'作为其最终的救赎目标"[③]。此论看似有理有据，但论者对"五无"思想的领悟明显有失当处，如果我们只是简单地将它与虚无主义并论，则很难想象在辛亥革命前，素来以革命自诩的章太炎如何会将自己的革命理想归入于消极的虚无世界？又如何以这种近乎消极衰颓的思想去鼓舞革命志士为理想和信念而奋斗？

可见章太炎伦理思想中的民族性不仅是从简单地保存种性和挽救国故而发，其深层次的用意非常值得关注。恰如有学者提出的，他之所以要坚持民族性，更多的是为了寻找"增进道德、推动革命"的精神力量[④]。并

[①] 张志强：《一种伦理民族主义是否可能——论章太炎的民族主义》，《哲学动态》2015 年第 3 期。

[②] 张天杰：《章太炎"新四书"的建构及其晚年的国学观》，《湖南大学学报》（社会科学版）2018 年第 4 期。

[③] 成庆：《历史进化论的瓦解与重构——从康有为、严复到章太炎》，《政治思想史》2021 年第 1 期。

[④] 萧萐父、李锦全编：《中国哲学史纲要》，外文出版社 2000 年版，第 574 页。

且在章太炎的伦理思想中，民族性的保持之道，不是简单地墨守成规以实现之，而更多的是通过汲取佛学、西学中的有益成分，使传统伦理思想中的民族性不断得以升华，以便更好地服务于现实的革命斗争和理论建设的需要。

一　民族性的形成

近代民族性概念的核心要义是突出民族共同体具备的独一无二的特征。如从道德哲学中考虑这个问题的话，则意味着在经历了自古至今漫长的社会发展后，一个民族逐渐形成的一以贯之的思想特性，且这种特有的性质在人们的道德意识、道德实践乃至于日常生活中处处体现出与异族不同之处。民族一词在近代已经逐步成为一个更加宽泛的概念了，它不仅仅是以狭隘的姓氏、血缘作为划分彼族和我族的依据，其更强调一致的民族道德心理认同的重要性。但与我们通常意义上对于民族性的理解略有不同的是，章太炎认定："民族主义，自太古原人之世，其根性固已潜在，远至近日，乃始发达。"[1] 这就意味着，民族性是一种与生俱来的特性，它被深刻地烙印在每个民族共同体成员的道德意识之内，并且随着时间的流逝，不断得到培养和传承，以至于成为民族国家共同体现出来的伦理道德追求。章氏的这番表述，实则揭示出了民族性根深蒂固的特点与挥之不去的特征。

欧洲启蒙时代的思想家认为地理环境会对于人们的气质产生影响，这种观点虽有不妥之处，但对于近代中国思想家而言，产生的启发却很不一般，他们以之作为解释民族性产生的依据。章太炎在《訄书》（重订本）的开篇即引用此论，以"寒冰之地""暑湿之地""瀛隅之地"的地形、气候的不同，解释民族性的由来。[2] 但与17、18世纪西方人的观点不同之处是，章氏认为，中国广大的疆土、多样的气候环境孕育出了诸子百家的多种多样的伦理意识，这些不仅没有使中国人的民族性出现分裂，反而在经历了较长时间的不同道德观念间的碰撞、融合之后，逐步形成了中国人

---

[1]　章太炎：《驳康有为论革命书》，徐复校点：《章太炎全集 太炎文录初编》，上海人民出版社2014年版，第176页。

[2]　章炳麟：《原学》，朱维铮编校：《訄书》（初刻本 重订本），中西书局2012年版，第114页。

固有的伦理价值信仰。这一点在章太炎早期的论著中不时有所体现，他的核心观点是，虽然近代民族国家的观念在中国形成甚晚，但是这并不意味着国人没有民族共同体的意识。反之，民族国家共同体的观念在历史上就实际的存在，且因民族与民族间的融合绵延不绝，加之国家内部人们不同思想观念间的互通，这一切逐步使人们对道德理性的认知日益达成一种共识。特别是到了1840年以后，国族观念成为联系个人与国家的纽带，谓："君子不耻不能御外侮，而耻不能仁种类；不耻海滨之不靖，而耻萧墙之无以自固。"① 自强、御辱是近代中国面临的两大历史任务，不团结亿万民众，使之意识中充斥着强烈的民族认同意识，以形成将个人与国家连接于一体的格局，就很难达到御外侮和靖海滨的目的。章太炎把他的伦理思想定位于民族性的激发，其用意是重在说明社会个体与民族国家之间存在的生死攸关的联系，所以每个中华民族共同体中的一员都应当为民族道德的昌明去奋斗，都应当为挽救民族危亡和振兴中华贡献力量。

人之被称作为人，不仅是从人的外形处言说，更是从人具备的德行处辨识，以认定其为伦理道德中的人。后者似乎更为重要，且倍加带有民族性的特征。伦理意识并非神授，也非出自学校教化，它是在伦理实践中逐步积累形成。章太炎也隐约地意识到了，人类的一切伦理道德观念"自情不自慧"②的道理。所谓"情"，指的是在寻常的生活中，随机发生的对于事物的道德认知、判断。每个人的道德意识显然不尽相同，随着社会群体的各种道德经验的不断累积，必然会逐渐形成被多数社会成员认可的伦理道德规范。但值得肯定的是，这些伦理价值观的共识又因不同的地域、民族"感情不同"，③造成了各自形成的，即使对同样事物的伦理价值判断也会产生诸多差异的现象，究其根源无疑可归于民族性的作用使然。所以民族性的存在是客观的事实，它来自人们共同的道德心理、行为模式，并且在较长历史周期中逐渐获得了约定俗成的地位。章太炎从区分"情""智"入手，将

---

① 章太炎著，马勇整理：《太炎文录补编〈正学报〉缘起并例言》，上海人民出版社编：《章太炎全集》，上海人民出版社2017年版，第54页。
② 章太炎：《思乡原（下）》，徐复校点：《章太炎全集 太炎文录初编》，上海人民出版社2014年版，第137页。
③ 章太炎：《经的大义》，章念驰编订：《章太炎演讲集》，上海人民出版社2011年版，第74页。

"智"作为普泛的人类共性,而将"情"视为民族性产生的根源。

自文艺复兴以后,特别是随着西方文明的崛起,人们对民族性概念的认可,逐步加入了优劣评价于其中。这在章太炎的言论中屡屡体现。特别是当中国步入近代以后,人们惊异于西方文明的发达,争相学习西方文明,以助力于国家的复兴和强盛。在此期间,先进的中国人不乏通过东西方文明间的对比,以衬托出西方文明的先进,这当然也包括对伦理道德在内的民族性差异的比较。章太炎的观点是:"盖文明即时尚之异名,崇拜文明,即趋时之别语。"[①] 他认为,不同文明之间固然有区别,但并不是说,每种文明的发展必然走上殊途同归的道路。反之,其各自都在特定的前行轨迹上迈进,并最终达到各自发展的制高点。若从伦理角度言之,民族性伦理道德自产生伊始并非被尘封和固化,而是在时代中、交往中不断变化其形态,以人们熟悉的面貌予以体现。自上古以至于今,民族性的伦理观念始终在自我更新中递进向前。若以中国为例,传统伦理思想的生命力源自国人对之本能的坚守,这是它能够保持生生不息生命力的根源。其中即使有物质生产力的突飞猛进,打破了人与人之间、不同文明之间的地理隔阂,这些也只是带动了不同地域之间人们的交往节奏,而某些公认的民族伦理规范却早已经成为特定人群的共识,其并不会因为先进文明的介入而发生根本性的动摇。

诚然在章太炎的思想中,民族性是自然而然的存在,他追求的是不同文明体系中固有的伦理观念能够得到必要的尊重,而事实却与章氏的设想相背离。在"文野不齐之见"的幌子之下[②],西方列强大行侵略之道,大肆欺凌落后国家,剥削其人民,毁弃其家园,并意图使强者的意识形态,成为普遍的信条。这种简单粗暴的做法不仅不能消除矛盾,反而更容易造成"起是非之见,于是无非而谓非,于彼无是而谓是"的结果[③]。从近代的历史发展来看,强势文明的这种做法不仅不会磨灭被压迫人民的民族性,反而会强烈地激发被压迫人民的民族性。

[①] 章太炎:《复仇是非论》,徐复校点:《章太炎全集 太炎文录初编》,第281页。

[②] 章太炎著,王仲荦校点:《齐物论释》(定本),上海人民出版社编:《章太炎全集》,上海人民出版社2014年版,第118页。

[③] 章太炎著,王仲荦校点:《齐物论释》(定本),上海人民出版社编:《章太炎全集》,上海人民出版社2014年版,第92页。

二 伦理观念中的民族性

民族性的形成具有必然性,特别是当社会群体的伦理觉悟向着更高层次迈进时,各种伦理意识中的民族性体现得也更加明显。当远古时代,因人类社会的组织简单,且道德认知能力有限。在此时期,无论生活在任何地域的人们"无不尊严鬼神"[1],以鬼神监理人类的说教揭示出伦理道德规范产生的来源,此时的民族性体现得尚不明显,人们的一切取决于神道设教,凡事皆听命于神祇降下的暗示。这在东西方伦理思想发展的早期都有着普遍的共性。但随着社会进化不断加速,诸多伦理观念中的民族性表现得更加鲜明了。

在东西方的不同文明体系中,民族性体现在伦理观念传承方式的差异。苏格拉底曾经有过这样的疑问:"虔敬是否因其为虔敬而见喜于神,或者因其见喜于神而为虔敬?"[2] 质言之,虔敬作为一种美德,无论行为者是为了取悦于神而刻意为之,还是因其与生俱来的虔敬品质,而受到神的眷顾,其中神作为权威主宰着人们的道德观念则始终指引着具体的伦理实践。与之形成鲜明对照的是在传统中国人的伦理价值观中,却体现出了浓厚的人本主义色彩。对于此点,章太炎有着清晰的论断,他指出,人们的行为举止固然是由于经验和习俗使然,但是人类各个世代积累形成的习俗观念的传承,却必然通过"自先觉者教化之"的方式[3]才能得到经久不息的流传。这也使得带有民族特征的伦理经验成为本族群的共识,并由此共识出发,带有民族性的伦理经验汇聚成系统的伦理观念体系,并逐步成为本族群区别于他族群的辨认标识。可见章氏认定,民族性的伦理观念的流传是一个先觉觉后觉,生生不息的传承过程。正是这个因素的存在,才使得中国人的伦理规范更加注重作为认识主体的人在其中的关键地位。

---

[1] 章太炎著,马勇整理:《太炎文录补编儒术真论》,上海人民出版社编:《章太炎全集》,上海人民出版社2014年版,第167页。

[2] [古希腊]柏拉图:《游叙弗伦·苏格拉底的申辩·克力同》,严群译,商务印书馆1983年版,第34页。

[3] 章太炎著,马勇整理:《太炎文录补编菌说》,上海人民出版社编:《章太炎全集》,上海人民出版社2014年版,第189页。

以礼乐之教为代表的伦理规范是中国传统伦理观念中必不可少的载体，更是中华民族之民族性不断得到强化的保障。随着民族伦理观念的提出，有学者认为，道德作为人类社会独一无二的特有现象，却因民族、文化传统的差异，而带有鲜明的个性特色，我们把它称之为"民族伦理道德的民族属性"①。社会伦理道德的变迁并非无根之木，它必然根植于深厚的文化土壤之中。即使每个人生活的时代发生了改变，生存的环境发生了变迁，但作为特定民族的一员，他们表现出的对于特定伦理规范的践行却不会发生根本性的转变。这个道理早已被中国古代先民熟知了。章太炎以古之丧礼为喻论证这个观点，他说如按照周礼丧事需三年，齐太公"五月而报政"，而鲁君伯禽"革其故俗，丧三年乃除"。②看似齐鲁两位国君为了建立自己的统治，丧礼所用时间一短一长，但都遵守了周王室的德教。所以，他们作为华夏诸侯的民族属性没有发生动摇。

自戊戌维新后，孔子作为传统文化的符号，不再仅仅被视为至圣先师，且又被赋予了更多的内涵，他作为民族性伦理道德的代表人物备受人们推崇。自康有为提出"孔子为制法之主，所谓素王也"③的观点，于是孔子摇身一变就成了中国历史上首屈一指的改革家。康有为以孔子之说作为其变法的依据，显然是在割裂文化传统的同时，刻意歪曲孔子的贡献，这种做法根本上是与儒家初旨背道而驰的。与康梁为代表的改革家不同，章太炎意识到，以孔子为代表的儒家，其最主要的功绩是保存了带有本民族特色的伦理观念，这对中国社会产生了上千年的影响。正是由于意识到了这一点，章氏强调，孔子主要是通过"制历史，布文籍，振学术，平阶级"④的方式，使儒家的行为规范成为封建时代伦理道德的依据。孔子著《春秋》，以一字定褒贬，使乱臣贼子惧。孔子及其门徒通过删订经典，不断推动儒家思想发扬光大，并使儒术成为自汉以后的正宗；孔夫子的有教无类的原则，打通了文化礼教向社会下层传

---

① 熊坤新：《民族伦理学》，中央民族大学出版社1997年版，第66页。
② 章炳麟：《儒墨》，朱维铮编校：《訄书》（初刻本 重订本），中西书局2012年版，第117页。
③ 康有为：《孔子为制法之王考》，洪治纲编：《康有为经典文存》，上海大学出版社2003年版，第231页。
④ 章太炎著，徐复点校：《太炎文录初编驳建立孔教议》，上海人民出版社编：《章太炎全集》，上海人民出版社2014年版，第202页。

播的渠道，使儒家礼乐教化下沉到民间。在这当中，民族性的保持得以延续。正是在充分总结了孔子的贡献以后，章太炎提出，孔子在中国是"保民开化之宗"，也正是因为他开创的儒家伦理的长期存在，所以即使当中国人的民族性几度面临亡国之惨时，"孝弟通于神明，忠信行于蛮貊"的道德理性追求依然存在。① 也正是因为它们的存在，才使得国家、民族在屡屡遭受挫折之后，依旧能够中兴、光复，国人的民族性也因之在历史上从来没有缺失过。

中国人的伦理观念中绝无野蛮、执拗之处，而更多的是一种主张温良、包容的气质，这不仅是民族性的体现，更表明了中国文化自身的特性。辜鸿铭说："真正的中国式人性有一种从容、冷静、练达之气，就像你偶然找到一块锻造精良的金属。"② 他把中国人的伦理画像归纳为三大特点，即"从容""冷静""练达"。

"从容"者，说的是国人为人处世井井有条，而不轻率冒进；"冷静"者，中国人的伦理信条推崇客观、理性、务实的作风；"练达"者，喻国民行为伦常注重经验积累，久而久之，人们的为人处世长于精明干练。这些总结无疑明白地指出，突出致用、彰显理性、克制自我是中国人伦理思想中最值得称颂的内容。这就与西方社会伦理观念注重感官的愉悦，究心于伦理思维过程的描述形成了强烈反差。章太炎对于伦理观念中的民族性思考至深，除了承袭上述观点之外，他还意识到，国家的富强，仅仅依靠"工艺""文学"是不足以成就的，"惟视所有之精神"，才是制胜的关键。儒家说"中庸"，道家说"平等"，即使两者的理论立场、背景有很大差异，但它们都意识到，要以一种宽容的态度对待各种事物，使文野各得其所，"两不相伤，乃为平等"③。传统伦理观念中的不争精神，如果放置于伦理角度去观察，就是说，当每个人在面对着充满矛盾的社会生活时，要以彼此的安适为准则，不要刻意的盲从，或者屈从于特定潮流，进而使个人丧失了自我。这大概是章太炎在

---

① 章太炎著，徐复点校：《太炎文录初编思乡原（下）》，上海人民出版社编：《章太炎全集》，上海人民出版社2014年版，第134页。
② 辜鸿铭：《中国人的精神》，青岛出版社2020年版，第19页。
③ 章太炎著，王仲荦校点：《齐物论释》（定本），上海人民出版社编：《章太炎全集》，上海人民出版社2014年版，第76页。

汇通庄孔思想后得出的结论。孔子言忠恕，可亦不忘等级、秩序、服从的伦理价值属性，而"尽忠恕者，是唯庄生能之，所云齐物，即忠恕两举者也"①。"忠恕""齐物"作为中国伦理思想史上的两大命题，实则都是倡导通过行为者自身的不断调适，以一种不偏不倚的处世态度，坦然面对这个世界。"忠恕"说的是人们要忠于道德信仰的初衷，以宽容之心对待这个世界的不齐，于是乎世间诸事物性向的不同才能在我识中趋向于齐一。凭借这种思维各种人类社会的矛盾、冲突才能在主观的意识世界中消散，倘若每个人都能以此忠恕之道实现物我两忘的境界，那么人与人之间，人与人群间才会形成和谐共生的局面。

可见，章太炎在论证伦理观念中的民族性时，没有过多地使用空洞的言辞，而是通过引用经典、历史以佐证在中国人的伦理观念中，富含鲜明的民族性成分。他意在告诉我们，自文明的发端之处开始，我族的伦理观念即有"志尽于有生，语绝于无验"②的特点。圣人之教更多的是在为每个人树立起"自尊"的一面，以此作为立身处世的原则。

三 伦理观念传承中的民族性

如果要总结传统道德哲学精髓的话，其中非常显著的特点，无论是先秦时期的儒墨道法，还是两汉以降的各家学术流派，其中流传的共性是注重社会个体的伦理修养，以之为前提，渐渐拓展到社会生活的各个领域。在这其中，民族性的伦理观念得以传承，即使时代发生了变革，各种各样的思潮不断兴起，而这种民族性却没有被磨灭，它依旧成为支撑一个民族生生不息的精神动力源泉。

重视自我的责任意识，乃是伦理生活中民族性的载体。中国传统伦理思想中，经常谈到舍我其谁的价值追求，其用意是在提醒每个人，作为社会的成员都肩负着各自的道德使命，都要为全社会的道德价值追求的实现贡献自己的力量。如章太炎说："道德不必求其是，理想亦不必求其是，

---

① 章太炎：《在四川演说之五——说忠恕之道》，章念驰编订：《章太炎演讲集》，上海人民出版社2011年版，第183页。

② 章太炎著，徐复点校：《太炎文录初编驳建立孔教议》，上海人民出版社：《章太炎全集》，上海人民出版社2014年版，第200页。

惟期便于行事则可矣。"① 历来关于道德、理想的玄思具有过于抽象和难以体验的特征，这注定了它们不是芸芸众生可以领会和能够领会的。对于大多数社会成员而言，道德哲学的说教并不重要，关键是每个人能否将这种有关道德伦理的觉解化作为不可阻碍的实践动力。众所周知，知行之说是中国思想史上一对二律背反的命题，但其落脚点无疑是将人放置在知、行中的主体地位。无论是意识，还是实践如果脱离了作为认识者、实践者的人的存在，那么知、行都将是没有意义的。天下兴亡匹夫有责之说，今人之所以感慨良多，无过于兴亡二字召唤人们道德意识内的民族性认同，若以章氏之说，即"不悟其所重者，乃在保持道德"②。"保持"这个词虽是个不折不扣的动词，但其折射出了自我作为道德责任承担者的核心地位。从这个角度思考，章太炎的观点与康德的道德哲学颇有几分相似，"道德主体是自我主宰、自我创造、自我规范和自我抑制的"③。由此可知，当道德更多地作为自律的约束时，突出自我的主体地位、作用才能使道德律真正发挥其主宰人们思虑言行的价值。

近代以后世俗化的伦理规范成为传统德教化人至深之处，这是民族性的突出特点。与西方基督教世界以宗教精神规范人们的言行形成鲜明对照，中国的德教更加注重从俗世的视角塑造出世人完善的伦理品质。在《新教伦理与资本主义精神》中，韦伯指出，新教伦理中的禁欲主义传统，使处于资本主义快速发展时期的人们意识到，"唯有劳作而非悠闲享乐方可增加上帝的荣耀"④。但是考之中国伦理思想却并非如此，人们思索更多的是，如果我遵循道德伦理的传统本义，我就会成为道德圆满的人，更会受到其他社会成员的尊崇、爱戴，成为人们心目中的道德楷模。儒家有关道德伦理的说教多为记述先贤功绩，而绝少直陈劝人向善的言语。因为在"我"之先有人已经践行了这些道德信念，因而获得了群体的道德褒奖，同为手足俱全的"我"又有何借口而不去力行之呢？儒家的这种德教方式

---

① 章太炎：《论诸子学》，章念驰编订：《章太炎演讲集》，上海人民出版社2011年版，第40页。
② 章太炎著，徐复点校：《太炎文录初编革命道德说》，上海人民出版社编：《章太炎全集》，上海人民出版社2014年版，第294页。
③ 温纯如：《康德和费希特的自我学说》，社会科学文献出版社1995年版，第57页。
④ [德]马克斯·韦伯：《新教伦理与资本主义精神》，阎克文译，上海人民出版社2017年版，第307页。

是成功的。这一点对于出身于古文经学派的章太炎而言，有着深刻的体会，他说，"夫六籍本以记事，数典不为立德，谈言微中，而往往及德行"①。诗书等经典所录入者，多为上古贤君名相之事，人们之所以争相传颂他们的事迹，不仅是为了铭记历史，更是为了从中汲取有资德教的道理，并成为自我实践此道德，成就此道德要求的依据。当我们在经久不息地研读、践行先贤德教之时，不仅本民族的记忆得以保留，纲常伦理的规范也就化为了本民族的伦理共识。更何况儒家德育重在知情达意，其理论特征兼具知行合一的特征。是故如章氏所说，儒家之教的结果是"不肃而成也"②。此世俗化的特点，不仅成为一个民族伦理特性的标志，更成为区分民族性异同的参照。也就是说，异族可以因遵守同样的伦理规范化入我族，"而其称中华如故"③；反之，我族中的成员一旦背离了此规范，亦可以被排斥于本民族之外。

在中国传统的伦理思想发展长河中，汉魏是一个重要的分水岭。这是因为两汉的经学思想发展到这个时期已经明显衰落，"它既繁琐又迷信"④。所以释道二家很快成为当时，乃至于以后相当长的历史时期内中国伦理思想的理论来源之处。这些在章太炎的道德哲学中体现得相当明显。为什么佛学对于国人道德意识产生了如此深沉、广泛的影响呢？这个问题直至今日也是无数学人思考的难点。《大般涅槃经》说："一切众生堕于黑暗，唯愿如来，为作明照。"⑤儒学重视个体的道德修养，认为人人都可以成圣贤的伦理观点，使每个人的身心陷入了名教的束缚之中，但事实是人们的精神世界并未因此而得以解放。佛理以精神的超脱，使信众意识到一切存在皆是唯识呈现，认识者不仅能使自我超脱于纷繁的意识世界中，更可以渡脱他人以入真如之境。佛教的此种精义得到了章太炎的高度赞许，"儒术

---

① 章太炎著，徐复点校：《太炎文录初编思乡原（下）》，上海人民出版社编：《章太炎全集》，上海人民出版社2014年版，第138页。
② 章太炎著，徐复点校：《太炎文录初编思乡原（下）》，上海人民出版社编：《章太炎全集》，上海人民出版社2014年版，第137页。
③ 章太炎著，徐复点校：《太炎文录初编驳康有为论革命书》，上海人民出版社编：《章太炎全集》，上海人民出版社2014年版，第258页。
④ 张岂之主编：《中国思想史》，西北大学出版社2016年版，第181页。
⑤ （东晋）法显译：《大般涅槃经》，大正一切经刊行会编：《大正新修大藏经》（一），台北：新文丰出版社1975年版，第193页。

堕废，民德日薄，赖佛教入而持世，民复挚醇"①。所以在他的伦理思想中，佛教"自贵其心"的理论追求就成了传统伦理思想传承中不可缺失的民族性的一部分。

儒释道三家的思想对于心体的关注不可谓不多，而其中尤以佛理带来的影响最为深刻，这也是传统伦理思想本体论部分的特色之一。学界有关章太炎思想中"自贵其心"的研究非常透彻。从伦理角度看，这句短语突出了作为认识主体的我，要时刻以我的意念作为一切价值判断的依据和道德实践的主宰。此处的心不仅是意识的载体，更是意识中的一切宇宙万物的产生源泉。章太炎认为："佛教的理论，使上智人不能不信；佛教的戒律，使下愚人不能不信。"② 因为每个人都有独立的意识，都有伦理情感的直觉，是故佛理中的种种教化世人的言辞，在章氏看来，无不是由每个人的内心世界自然而然发生出来的。佛理从世界观出发，告诉了我们，"一切有形的色相，无形的法尘，总是幻想，并非实在真有"③，并以此劝诱人们要有自我牺牲精神，以实现解救万民的志向。而正是在充分意识到佛理的这重特色之后，章氏提出，以禅宗、华严宗、法相宗为代表的佛学流派不是宗教，更不是迷信。它们以"自贵其心"作为指归，实则与儒道中的有关心体的概念有众多相互弥补之处。吕思勉先生说："中国社会，迷信宗教，是不甚深的。"④ 因为人们的伦理视域都集中在了如何使不符合伦理道德要求的事物、观念合乎于道德规则；如何使人类不再饱受进化之苦，而步入天下大同的、和谐的未来。

民族性在伦理观念的传承中具有前后呼应的特性，其并不是以某种具体的样态存在，而是以一种隐秘的方式左右着特定文化背景之下的伦理思维方式、行为习惯。所以说，尽管民族自身在不断地发生变化，但民族性却始终如一地伴随着人们的伦理生活。

---

① 章太炎著，徐复点校：《太炎文录初编送印度钵逻罕保什二君序》，上海人民出版社编：《章太炎全集》，上海人民出版社2014年版，第375页。
② 章太炎：《在东京留学生欢迎会上之演讲》，章念驰编订：《章太炎演讲集》，上海人民出版社2011年版，第4页。
③ 章太炎：《在东京留学生欢迎会上之演讲》，章念驰编订：《章太炎演讲集》，上海人民出版社2011年版，第4页。
④ 吕思勉：《中国文化史》，天津人民出版社2016年版，第346页。

四 伦理实践中的民族性
——从反抗精神说起

《尚书·汤誓》说:"时日曷丧?予及汝皆亡。"这句话不仅仅是在揭示人民对于暴政的不满,更反映出了民众中积聚着的炽热的反抗精神。自上古时的汤武革命,至历代的诸多起义、革命都反映出在中国人的民族性中,具有浓烈的反对不公,对抗强权的意志。古人虽动辄言天命,但绝非以之作为压制民人的偶像,而是作为代民发声的权威载体。章太炎说:"天者自然而已,曰命者遭遇而已,从俗之言,则曰天命。"[1] 以天作为自然的象征,以命作为个人的遭遇。这无疑是对目的论的否认,并将人作为左右命运的主宰,一切所谓的善恶因果之说,不过是事物自身流转中不可阻碍的潮流。此论更是论证了,反抗精神在传统的伦理观中存在的合理性,这也是民族性的最好体现之一。

如果考察中国近代以来的历史就会发现,每当国家、民族处于发展的十字路口的时候,也就是保守、变革之间的较量最为激烈的时候。章太炎作为晚清变革时代的亲历者,有观点是这样评价的,章太炎的道德观中具有"实践的特点"[2]。他通过不断实践以验证不同道德观念的优劣,以做出最有利的决断。就清末思想界而言,维新党人同样意识到了新旧道德之间存在的巨大鸿沟,但是他们并没有正面的选择抗争,而是企图通过托古改制的方式,使新旧之间形成一种和谐共生的关系。章氏对于这种折中、调和的做法表示了反对。古人说"新民",章氏理解为,这并不是强迫他族的人,去作本族的民,而是使自己的同胞能够意识到,道德伦理中的部分新旧交替是不可阻碍的历史大势,因之就要有反抗道德威权的勇气。如果对章太炎的思想发展轨迹稍作检索,有句话非常值得反复回味,那就是1906年在《俱分进化论》中,他说:"中国自宋以后,有退化而无进化,

---

[1] 章太炎著,马勇整理:《太炎文录补编儒术真论》,上海人民出版社编:《章太炎全集》,上海人民出版社2014年版,第173页。

[2] 罗福惠:《章太炎道德论初探》,章念驰编:《章太炎生平与学术》,生活·读书·新知三联书店1988年版,第550页。

善亦愈退,恶亦愈退,此亦可为反比例也"①。很多观点将这句话理解为宋以后中国人的道德出现了退步。但实则不然。章氏的这句话,意在解释自宋代以后,中国人对于异族的入侵、统治,屡次反抗,屡次失败,加之异族统治者的调和政策,使人们的反抗意识不如以前。所以他提醒人们,要想求得民族的独立、解放,就不得不有"蹈死如饴"的精神,就不得不有"奋起"的精神,②就不得不清除既有的伦理道德中的消极成分,而这些需要每个人在平日的道德修养中不断培养。

"侠"的精神是章太炎对于传统伦理思想中反抗精神的又一重归纳。侠文化是中国文化中的亮点,所以有不少学者专门就章氏的"侠"精神作了研究,并高度称赞了他的"儒侠"观。他们认为,章氏之所以要强调这种反抗的精神是因为"当时道德堕废,民气不振"③。但是如果能够更深入地解析这个概念,无疑会得出不一样的结果。"侠"包括一种狂者的气质,因自古游侠者如无狂放不羁的性格,则断不能称之为侠士。对此章太炎也有明确的表述,他说:"古之狂狷者,自才性感慨至。"④才性应有两层内涵,所谓才者,指的是有才略,有匡扶与济世才能的人;所谓性,可以理解为不学而能,不虑而知的道德领悟力。凡为人者,未必都能才性卓越,但决不可没有成就才性的进取精神。但也不能为了体现出个人的才性,而故作辞章夸诞。所以章氏对于以陆王为代表的心学思想态度的转变,在某些方面似乎与侠的精神之间有着紧密的关联。因为他主张,主观的"心力"可以激发斗志,可以激励慨然赴死的侠士,更可以鼓舞起更多的人为了革命勇敢地站起来。所以即使面对狰狞、狂暴的一切旧势力时,侠者才会无所畏惧,以舍我其谁的精神奋斗不已。

"复仇"的再思索。寻常谈到复仇时,很多人认为这是人类社会中最原始的一种惩戒方式,其目的是补偿受害者的损失,而施加同等的伤害于

---

① 章太炎著,徐复点校:《太炎文录初编俱分进化论》,上海人民出版社编:《章太炎全集》,上海人民出版社2014年版,第410页。
② 章太炎著,徐复点校:《太炎文录初编答铁铮》,上海人民出版社编:《章太炎全集》,上海人民出版社2014年版,第386页。
③ 吕存凯:《游侠之风与晚清道德重建——以谭嗣同、章太炎为中心》,《现代哲学》2018年第3期。
④ 章太炎著,徐复点校:《太炎文录初编思乡原(上)》,上海人民出版社编:《章太炎全集》,上海人民出版社2014年版,第130页。

对方。但正义的复仇在中国的伦理史上，不仅没有受到价值观的谴责，反而受到了舆论的嘉许。

《公羊传》说："九世犹可以复仇乎？虽百世可也。"[①] 这是为什么呢？先民之所以选择复仇，源自于法制的缺失，社会的不公达到了极点，民人最低限度的道德底线不能够得到捍卫。正如章太炎说："明知听讼折狱之制，不能至周，故作法者，亦常歉然自愧。"[②] 此时的复仇已经成为正义、法度的必要补充。正是这个原因的存在，司马迁笔下的复仇者才能够以英雄般的面貌展现在我们面前。从历史上看，复仇有为私人者，也有为公义者。孟子说："武王一怒而安天下之民。"说的是大圣大贤奋激于暴政虐民，愤而为民请命的故事。清末的中国，满洲政府腐败无能，外不足以抵御侵略，内却以暴政统治人民。当此时，如果没有复仇者起，则公理何以能彰？于是章太炎以能为人民向清复仇者为"义士"，这是民德不堕的表现。[③] 所以侠士、复仇在章太炎的道德哲学中是彼此关联着的一对观念，两者已经脱离了其本义，而更像是特殊的价值符号。它们都是作为维系道德信仰的另一重支撑的力量。章太炎以主观意志论的笔调，歌颂了它们在革命年代所发挥的激荡反抗精神、勇气的作用。

近代中国人面临的最大政治任务是扫荡一切反动落后势力，不清除这些内外反动阶级和附着在其上的旧意识，则国家不能独立，民族不能富强。要实现这个目标，就必须有与一切陈腐的旧道德决裂的精神；就必须倡导侠者的不畏恐惧，敢于斗争的勇气；就必须有向一切苛政复仇的决心。

五　对于伦理观念中的民族性反思

民族性是研究包括章太炎在内的近代思想家伦理观念中不可回避的成分，也正是因为有了民族性的存在，才使得人们的意识行为具有鲜明的我族特色。但是一分为二地说，在肯定民族性的积极面的同时，也不能回避其中的问题。

[①] （汉）何休注、（唐）徐彦疏：《春秋公羊传注疏》，上海古籍出版社1990年版，第76页。
[②] 章太炎著，徐复点校：《太炎文录初编复仇是非论》，上海人民出版社编：《章太炎全集》，上海人民出版社2014年版，第278页。
[③] 章炳麟：《儒侠》，朱维铮编校：《訄书》（初刻本　重订本），中西书局2012年版，第120页。

在传统的道德教化之下，崇德尚贤成为国人伦理观念中不可磨灭的标识，随着这种对于士人褒奖而来的是社会地位的上升，与功名利禄之心的滋长。如章氏说："孔教最大的污点，是使人不脱富贵利禄的思想。"①"富贵利禄"的想法使完美道德伦理愿望产生的出发点不再是为了个人修养的提高，而是为了谋取更多的功利。革命的本质是以理想主义为支撑的伟大事业，儒家以入仕作为人生价值实现的标志、渠道的观点，使两者之间极难形成平行的统一。所以章太炎在尊崇孔子的同时，也清醒地意识到孔学既能够激荡人们革命的士气，也能够诱导人们向着"富贵利禄"的方向跃进，所以要警惕儒家之教世俗性的一面。

除此之外，自民族性而言，由于宗教崇拜的缺失，这种世俗化的实用理性使人们关注于现实世界的同时，更加易于沾染"耽乐生趣，唯惧速死"的习气②。这也正是章太炎在革命时期，一方面在驳斥宗教，倡导无神论；另一方面，又不得不一再倡导构筑以意识信仰为核心的宗教理论的原因了。他之所以要这么做，无疑是为了培养人民"执着"于革命的理念、精神的动力。可是民族性毕竟不是朝夕之间形成，如果要扭转这种风尚，必须从最根本的民人日用伦常处入手，渐次寻求突破。在这个问题上，章太炎只是扮演了一个批判者的角色，而不是发挥了一个建设者的作用。通过他的批判使后人清晰地认识到了传统伦理规范的不足，这也为民族道德未来的发展指明了方向。

---

① 章太炎：《在东京留学生欢迎会上之演讲》，章念驰编订：《章太炎演讲集》，上海人民出版社2011年版，第3页。
② 章太炎著，王仲荦校点：《齐物论释》（定本），上海人民出版社：《章太炎全集》，上海人民出版社2014年版，第142页。

转型与整合
——儒家思想与马克思主义对话下的贺麟

林慧川

（广东工业大学马克思主义学院）

摘　要：儒家思想与马克思主义的对话近年成为一个重要学术话题，这背后是古代中国与现代中国之间的"转型"，以及对此"转型"的"整合"努力。对儒与马均有深入研究的贺麟的思想经验，可以带来相关启示。在其学术前期，贺麟以唯心论对儒家思想的现代转型作出构设，这捍卫了儒家的道德本体，却具有非实践性的弊病。在其学术后期，基于对此弊病的洞悉，贺麟通过对马克思主义的研习，寻找到了以思想谱系学呈现儒、马之间的思想脉络，并以唯物史观重估儒家思想的现代价值的方案。这为儒、马对话提供了方法论的可能。在这背后，是一种学术精神由唯心转向唯物、由书斋转向现实、由关注社会上层转向关注社会群众的改进。

关键词：贺麟　儒家思想　马克思主义哲学　转型　整合

引论　儒家思想与马克思主义的对话

在建党100周年大会上，习近平总书记提出"把马克思主义基本原理同中华优秀传统文化相结合"，这实质上为马克思主义基本原理与中华优秀传统文化相结合的学术研究作出了方向指引。中华优秀传统文化源远流长，在此之中又以儒家思想为核心组成。因此，在当今中国学界，让儒家思想与马克思主义进行对话已成为一个重点话题。对这一话题，一种可取的解读是，儒家代表了传统中国的社会逻辑，而马克思主义则代表了现代中国的社会逻辑，为了谋划当下和未来的中国社会文化，让儒、马进行对话都是势在必行的。

这一对话沟通的关键，在于找到一个可行路径。对此，最近三十年来中国学人已作了长足的、有启发的工作。许多严肃且通达的学者如张岱年、朱伯崑、方克立等先生认为，儒家思想作为古代中国两千年的意识形态，是尚未摆脱对于自然之依赖的封建观念形态，它与科学思想体系主导的新中国有着不可弥补的时代差异，它未来不可能在中国占有统治地位，并且它必须具有符合时代需求的"生命力"和"创新"，才能对当下与未来的中国社会产生正面效用。[①] 与这一派学者的思想立场相近，第二派学者试图挖掘出儒、马间可以会通的地方，比如汤一介就认为儒、马之间有着四个契合处，即重实践、取理想主义态度、从社会关系定义"人"以及儒的讲求"和谐"可以调节马的注重"斗争"。[②] 近年来还有李翔海从终极关怀、张铁军从信仰结构、何中华从民族性维度等方面论证儒、马间的共通处。[③] 与这一派的挖掘儒、马之可会通处的做法类似，以郭齐勇为代表的第三派学者，主张以儒家的进取、仁爱、爱国、民本等思想，推进马克思主义的中国化与中国的现代化，确立一个儒家式的主体或灵魂。[④] 最后，与这三派的意见相反，还有"大陆新儒家"一派，认为马克思主义与儒家在思想立场上势不两立，因此他们主张恢复儒家思想之"正统地位"，亦即恢复儒家思想之政治地位。[⑤]

以上四派思想可说构成了儒、马对话的基本生态，这对于考察当代乃

[①] 张岱年：《关于马克思主义与儒家哲学关系的几点看法》，载崔龙水、马振铎主编《马克思主义与儒家哲学》，当代中国出版社1996年版，第1—2页；朱伯崑：《谈马克思主义与儒家哲学的关系》，载崔龙水、马振铎主编《马克思主义与儒家哲学》，当代中国出版社1996年版，第3—4页；张允熠：《两种根本对立的意识形态》，《哲学研究》1997年第12期；方克立：《关于马克思主义与儒家哲学关系的三点看法》，《红旗文稿》2009年第1期。

[②] 汤一介：《传承文化命脉 推动文化创新——儒家哲学与马克思主义在当代中国》，《中国哲学史》2012年第4期。

[③] 李翔海：《马克思主义与儒家终极关怀比较探析》，《中国特色社会主义研究》2015年第5期；张铁军：《马克思主义信仰与中国传统儒家哲学信仰的结构同质性》，《深圳大学学报》（人文社会科学版）2016年第11期；何中华：《马克思主义与儒家哲学的会通何以可能？》，《文史哲》2018年第2期。

[④] 郭齐勇：《儒家哲学与马克思主义中国化及中国现代化》，《马克思主义与现实》2009年第6期。

[⑤] 李维武：《中国哲学的现代转型》，中华书局2008年版，第311—318页；杜云辉：《马克思主义视域下的大陆新儒家》，《马克思主义研究》2017年第5期。

至未来中国的社会文化意味着一条重要线索。总结可知,前三派都认为儒、马有可能,也有必要进行对话,并且总结之下可以发现他们都有这样一个共识:即对中国的社会文化而言,马克思主义不容置疑的"主导性"与儒家思想的"有效性"。从学理的角度看,第二派主张儒、马相互会通的意见,主要是一种横向比附,这缺少理路上的贯通,仍待进一步反思与检验。第三派以儒家之优良品质助益马克思主义中国化的主张亦不无启发性,但却没有如实地立足于当代儒家思想与马克思主义的历史与现实,因此在实践性上存在不足。至于第四派的意见,虽有走极端的嫌疑,却从侧面折射出儒、马对话存在某种缺失,因而导致现代中国在文化主体上的某种缺憾。时至今日,如何沟通儒家思想和马克思主义,仍然是我们亟须面对和解决的一个重大问题。①

这里必须明确的地方在于,沟通儒、马的必要性究竟何在?答案显然在于儒家是当代中国与未来中国必须予以面对的文化大背景,如郭齐勇所言,"马克思主义中国化的过程,其实就是在儒家文化的土壤上进行的"②,为了切实推进当下与未来中国的社会文化,就必须如实地面对、处理好儒家这一传统中国的文化大背景与马克思主义之间的对话。从上述沟通儒、马的四派意见,可知实现这一沟通的难度是不小的。假设我们承认,儒家思想代表了传统中国的社会逻辑,而马克思主义则代表了现代中国的社会逻辑,那么两者对话的难点,即在于现代中国在社会基础上之于传统中国的某种"转型"。因此,沟通儒、马的首要步骤,就在于抓住这一"转型",并探索其成因、情状,从而给出对策。

要做到这一点,一个可行方案在于找到经历过这一"转型"的人物。就此而言,哲学家因以哲学这一时代思想精髓为研究对象,对国家社会的

---

① 有关这一点,不少学人已经不无忧患意识地给出提醒,比如朱伯崑先生即言:"马克思主义忽略了被接受国的传统,也难以被接受。"(朱伯崑:《谈马克思主义与儒家哲学的关系》,载崔龙水、马振铎主编《马克思主义与儒家哲学》,当代中国出版社1996年版,第3—4页)汤一介先生则说:"处理好这两者(儒、马)的关系对建设有中国特色的社会主义是事关重要的大事。"(汤一介:《传承文化命脉 推动文化创新——儒家哲学与马克思主义在当代中国》,《中国哲学史》2012年第4期)张允熠先生也说:"展望21世纪,我们一方面要坚持和发展马克思主义,另一方面要继承优秀的民族文化传统,这样,如何正确处理马克思主义与儒家哲学之间的关系就成为一个不可回避的时代课题了。"(张允熠:《两种根本对立的意识形态》,《哲学研究》1997年第12期)

② 郭齐勇:《儒家哲学与马克思主义中国化及中国现代化》,《马克思主义与现实》2009年第6期。

转型的感受或来得更为显著，其所产出的哲学思想可以充当研究这一转型的典型"文本"。为获取儒、马对话的线索，一个可行的工作就在于找到亲身经历这一国家社会之转型，并且对儒家思想和马克思主义都有深入研究的哲学家。读者可能已经想到，这个哲学家就是贺麟。

今天的中国学界在提及贺麟时，首先想到的可能是其"新儒家"的身份，却不一定想到他在新中国成立后将研究的重点转向了马克思主义。贺麟的这一学术思想转变，是长年累月的艰苦探索得来的，在这背后，是由时代主题和国家进程的启示而发生的学术问题意识转变。具体地说，在新中国成立以前，特别是在抗战时代的民族主义之思想语境下，自觉继承宋明儒学之唯心论传统的贺麟，试图以黑格尔哲学拓展儒家思想的本体空间，构建一个现代中国的儒家体用论系统。在新中国成立后，贺麟则在新时代精神的感召下，对其过去的唯心论思想作出反思，同时还转向对马克思主义的研究，并对沟通儒、马作出了具有启发性的探索。[①]

在沟通儒、马的问题语境中，贺麟的特殊意义表现在他从哲学高度对两者作出深入研究，甚至可以说，贺麟对于儒、马的研究是将其人生彻底地带入进去的。考察贺麟前后两段的学术研究，可以带来儒家思想与马克思主义对话的方法与经验启发。

一 唯心论：儒家道德理想的现代构建及其困境

在其学术生涯的前半期，贺麟的问题意识主要是立足儒家之于中国文化的主体地位，将黑格尔哲学与儒家思想作一汇通，以拓展后者的本体空间，从而实现儒家思想的现代开展，最终在体用论上构建中国文化的现代转型。贺麟的这一思路，承续了宋明儒学的思想传统，其最终所欲达成的新的中国文化，本质上可说是宋明儒学的现代转型。贺麟这一坚守儒家的道德本体，并以西方现代哲学作为其现代助推的理路，具有哲学上的合理性；但其唯心论方法，却导致了对现实因素的忽略，因此潜藏了非实践性的缺陷。

作为出生于20世纪00年代，并接受传统儒家教育的一代学人，贺麟

[①] 熊自健：《贺麟思想转变探析——从唯心论到辩证唯物论》，《鹅湖月刊》1991年第197期。

对于儒家思想的浸淫是全方位的。贺麟曾自述说："我从小深受儒家哲学熏陶，特别感兴趣的是宋明理学，我认为治哲学应以义理之学为本，词章经济之学为用，哲学应当与文化陶养、生活体验结合"①，这一番话，不仅传达出贺麟的儒家立场，还反映出他对宋明儒学的体用合一的方法论继承，后者对我们准确把握贺麟的思想非常重要。在中国的近代史进程中，中西体用问题一直是困扰中国文化前进道路的核心问题，从林则徐（1785—1850年）、张之洞（1837—1909年）等人自相冲突的"中学为体，西学为用"论，到倭仁的极端保守的纯粹中学体用论，再到19世纪晚期康有为"今文经"的从儒家思想中"发现"西学精神的自欺欺人思想，近代中国对于文化体用问题一直没能找到最终解决之道。②从哲学的意义上讲，这一文化体用论问题，直接关乎近代中国的前途命运，其重要性不言自明。自觉地继承了宋明儒学，因而具有体用论意识的贺麟，对于这一问题自然会高度重视。可以说，贺麟前期的学术努力，就是围绕这一问题进行的。③

面对这一文化体用的思辨与抉择之难题，贺麟创造性地提出儒家思想的现代开展方案：一方面，贺麟坚持捍卫儒家的文化本体地位，并将儒家思想的前途明确为"以儒家思想为体，以西洋文化为用"和"以民族精神为体、以西洋文化为用"；另一方面，贺麟则主张在真正彻底、原原本本地了解并把握西洋文化的基础上，对儒家思想进行"新开展"。分析可知，贺麟事实上承认儒家思想在面对西洋文化的冲击下呈现出的某种短缺与无力，但对这一问题他并不回避，而是对西学采取"化敌人为师友"的策略，试图以西学这一"他山之石"从本源上助推儒家思想，最终实现儒家思想的"儒化西洋文化"。如此，贺麟就从文化体用论的高度，对抗战中国的文化重构给出了理论架构。④

---

① 贺麟：《五十年来的中国哲学》，上海人民出版社2012年版，第125页。
② ［美］约瑟夫·列文森：《儒家中国及其现代命运》，郑大华、任菁译，广西师范大学出版社2009年版，第47—63页。
③ 贺麟对这一问题的认识，按笔者的推测，很有可能是由梁启超直接带给他的。贺麟在清华求学之时，曾受梁启超亲炙，结合梁本人对于李鸿章执政失败的"仅撷拾泰西皮毛，汲流忘源，遂乃自足"的原因之总结，可以推断贺麟从体用论上沟通西洋文化的思想，源头之一很可能即来自梁氏。参见梁启超《李鸿章传》，东方出版社2019年版，第4页。
④ 贺麟：《儒家思想的新开展》，载贺麟《文化与人生》，商务印书馆2016年版，第4—18页。

贺麟这一理论架构，很大程度上可说受启发于当时影响深远的黑格尔哲学。贺麟曾高度评价黑格尔哲学说："黑格尔之有内容、有生命、有历史感的逻辑——分析矛盾，调解矛盾，征服冲突的逻辑，及其重民族历史文化，重有求超越有限的精神生活的思想，实足振聋发聩，唤醒对于民族精神的自觉与鼓舞。"① 贺麟对黑格尔哲学的这一评价和理解，无疑源自近代中国对于"国家"与"民族精神"的不懈追求。在近代的世界历史进程中，黑格尔哲学之唯心论的、辩证的、理性之焦点的思想方法，对于"国家理由"与民族文化精神的鼓吹，提供了强有力的基础。② 贺麟对中国文化的现代国家转型构设，显然出自他对黑格尔哲学的这一威力的洞见。

在黑格尔哲学的启发下，贺麟在方法论上提出"新心学"③。他明确指出心与物之间的关系说："心是主宰部分，物是工具部分"，"心为物之体，物为心之用"，"心为物的本质，物为心的表现"，"故所谓物者非他，即此心之用具，精神之表现也"。贺麟对唯心论的这一演绎与推崇，一大旨趣就在于解答上述近代中国的文化体用论难题：他认为，"唯心论者，不能离开文化或文化科学而空谈抽象的心"，这就是说，唯心论的"心"乃文化意义上的"心"，并且唯心论在行为的指针与归宿上的理想主义，最足以代表近代精神，亦最足以改良社会，因此社会文化事业上的推进，到最后都离不开对于唯心论的取径。④

基于唯心论的坚定立场，贺麟展开了他对于新中国成立的社会伦理、学术、物质建设、法治、政治等具体维度上的重构。这里试以其对社会伦理的重构为例作为探讨。在社会伦理的重构上，贺麟作出了他为人熟知的"五伦观念的新检讨"。通过将五伦观念与基督教式的"普爱说"的对比、沟通，贺麟首先承认五伦观念对亲属关系的等差之爱导致的狭隘与盲目。然而，通过唯心论的重构，贺麟最终将普爱说与五伦观念综合推进而赋予

---

① 贺麟：《黑格尔学述》后序，载［英］开尔德、［美］鲁一士《黑格尔 黑格尔学述》，贺麟编译，上海人民出版社 2012 年版，第 304 页。
② 可参看［德］弗里德里希·迈内克《马基雅维利主义》，时殷弘译，商务印书馆 2008 年版，第 483—516 页。
③ 贺麟：《黑格尔理则学简述》，载贺麟《黑格尔哲学讲演集》，上海人民出版社 2011 年版，第 145—203 页；孙霄舫：《我所认识的贺麟教授及其思想》，《鹅湖月刊》1995 年第 2 期。
④ 贺麟：《近代唯心论简释》，载贺麟《近代唯心论简释》，商务印书馆 2011 年版，第 1—7 页。

了后者以一种"现代"质感：他指出，五伦观念向三纲说（君为臣纲、父为子纲、夫为妻纲）的发展，事实上是由相对到绝对、由世俗到神圣的演变进程，"即是自然的人世间的道德进展为神圣不可侵犯的有宗教意味的礼教"，"进展为规范全国全民族的共同信条"，而这一点，正是"与西洋正宗的高深的伦理思想和与西洋向前进展向外扩充的近代精神相符合的地方"。① 显然，这里贺麟是在试图为儒家思想的要素，即"五伦"与"三纲"作辩护，并对之作出一种现代重构。这一辩护与重构，可说是贺麟前期学术追求的主旨所在——不但在社会伦理方面，在经济、法治、工商业等新中国成立的重要领域，贺麟同样给出他的以唯心论为方法，以儒家思想的道德本体为旨归的辩护与重构。②

毋庸置疑，贺麟的这一系列的思考，具有唯心论的贯通性。更重要的地方还在于，贺麟这一儒家思想的现代转型构设，从理论上保全并升华了儒家思想的道德本体——这不但捍卫了儒家作为中国文化的主体地位，同时还充分明确了儒家思想在现代语境下的价值。

然而，贺麟前期学术中的这一对儒家思想的现代转型构设，却又因唯心论的方法限制，而忽略了现实的变化，亦即近代中国社会基础的急剧变化，因此他所构设出的儒家思想的现代转型方案，在实践的层面上就无可避免地存在盲点。在多年以后的1980年，贺麟在为其翻译的黑格尔《小逻辑》撰写新版序言时说道："恩格斯曾经说过：'蔑视辩证法是不能不受惩罚的。'我对这句话深有体会。因为蔑视辩证法，必然就会陷入形而上学的深渊，在实践中就会受到惩罚。"③ 贺麟的这一深刻教训很大程度上即指向他前期学术的唯心论思想体系。可以肯定的是，贺麟前期学术思想中潜藏着某种致命缺点，这最终将其困锁在形而上学的深渊之中。并且，这一缺点的可怕之处就在于，若无现实的检验，它就无法暴露自身。换言之，没有现实的检验，贺麟这一类的唯心论思想所潜藏的致命缺点，将一直被掩盖下去。

---

① 贺麟：《五伦观念的新检讨》，载贺麟《文化与人生》，商务印书馆2016年版。
② 贺麟：《经济与道德》，《法治的类型》，《物质建设与培养工商业人才》，载贺麟《文化与人生》，商务印书馆2016年版。
③ 贺麟：《〈小逻辑〉新版序言》，载［德］黑格尔《小逻辑》，贺麟译，商务印书馆2017年版。

这里的问题关键，是作更进一步的思考，考察这样一个问题：是怎样的一种思想结构或思想习性，导致贺麟在其前期学术实践性上的缺陷，并陷入形而上学的泥潭之中？

分析可知，贺麟这一实现儒家思想之现代转型的方案，虽然以现代为标的，但内在精神上却仍是宋明儒学的，并且尤其以宋明儒学的道德本位为核心。与此同时，贺麟这一思想方案虽是动用了黑格尔哲学，但在思想方法与思想结构上，却在很大程度延续了宋明儒学的"义理为本"理念，这就导致贺麟有意无意地回避了近代中国社会基础的急剧变动，因而也就忽略了这一变动对中国各方各面的影响。因此可以说，新中国成立前的贺麟的学术思想，在外观上是现代的，但在内质上却是传统的——更加具体地说，是宋明理学的。可以说，此时的贺麟的学术思想，并非直面现实的，也非解析性的，而是一种理想化的构设。这一构设的价值可以是高深的、超越时代限制的，但它却必须接受现实的检验。

二 马克思主义：助益儒家思想的现代革新

贺麟对于自己前期学术的反思，很大程度上来自1949年后的政治运动影响。这里不纠缠于外部的政治，而将思路聚焦于梳理贺麟在这场政治运动中受到的思想冲击。这一冲击不但不是负面的，并且还为儒家思想的现代革新带来了前所未有的动力。

新中国成立的伟大历史现实对知识分子的思想触动无疑是巨大的。1951年，贺麟争取到了去西北长安县参加土改工作的机会。贺麟此行，是带着"革新"自我学术思想的决心去的："我是一个旧哲学的包袱很重的哲学工作者，我带了许多在学习辩证唯物论中搞不通的问题去参观土改，很想在里面去寻得一些启示。"事实证明，贺麟此行没有辜负他的期盼，在经过反复的开会、辩论、访问农民等工作后，他这样总结道：

> 尤其令我们体会到"静观世界"，不惟站在外面不能改造世界，就连对世界的认识也会很肤浅、表面、外在。而深入参加实践斗争，不惟对变革现实尽了一分子的努力，而且于变革现实的实践中，除增进了对于客观世界的认识外，又复改造了自己、提高了自己。这次的

> 新经验使我一方面深切感到我过去多年来脱离实际的书本生活，不知道错过了多少伟大的实际斗争的场面，也就错过了在实践斗争中改造世界，认识世界和改造自我的机会。另一方面同时也就帮助我否定了"静观世界"的唯心论观点，而真切地认识了辩证唯物论的实践性。实践性包含有劳动在生产中在阶级斗争中变革现实的内容，而静观反映着剥削阶级不劳而获保守现实的悠闲生活。这又令我明白见到了辩证唯物论的阶级性。①

这一段文字，充分说明贺麟思想的巨大转变，这一转变的核心在于他意识到自己此前的唯心论方法之弊端，而这一弊端的发现与消除，都要依靠实践性作为指导。这里的"实践性"，一方面是摆脱"静观世界"的思维习性，另一方面则是要融入社会基层。对于后者，贺麟深有体会地说："深入群众，才可放下小资产阶级的架子，编在农民队伍里，与农民打成一片，才不至于超阶级，才可以向群众渊博的智慧学习。"②

这里贺麟事实上已经认识到他前期学术思想的不足，这一不足，某种程度上来说，可以看作儒家思想传统的遗留。儒家思想的精神要义，在于道德教化，与之相应，其对于外在的功业、实事的关注就稍显不足。儒家的这一思想倾向的形成，尤其以两宋为关键时点，这时的儒家学人出现了"心性之辨愈精，事功之味愈淡"③的发展趋势。换言之，两宋以降的儒家学人的思想焦点都落在道德领域的辨析中，对事功实业则相对忽视了。这一重道德轻事功的思想倾向，虽不无可取之处，却直接造成两宋以降中国精神史的退化，两宋以后的儒家学人，不论是朱熹理学、王阳明心学、东林学派、乾嘉考据学派等，都是师门私相授受的、与社会群众颇有脱节的流派，这在某种程度上造成儒家学人的重视道德、不重视实践的思想习性。④就贺麟来说，他不但在学术思想上自觉继承两宋以来的儒家传统，

---

① 贺麟：《参加土地改革改变了我的思想——启发了我对辩证唯物论的新理解和对唯心论的批判》，《土地改革与思想改造》，光明日报总管理处1951年版，第2页。
② 贺麟：《参加土地改革改变了我的思想——启发了我对辩证唯物论的新理解和对唯心论的批判》，《土地改革与思想改造》，光明日报总管理处1951年版，第3页。
③ 钱穆：《中国近三百年学术史·上册》，商务印书馆1997年版，第8页。
④ 钱穆：《中国近三百年学术史·上册》，商务印书馆1997年版，第1—22页。

并且还为宋儒作强烈辩护，且大力鼓吹宋儒思想传统之现代化，因此，他对宋儒思想习性的继承，就可说有其必然性了。① 总之，贺麟通过土改而收获的对于唯心论带来的弊端的认知，以及对于融入社会基层以开展事业建设的领悟，意义是非常深远的：这意味着对于两宋以降儒家学人的思维习性的改进与升华，更加具体地说，意味着对儒家的道德本体的理想主义，给出了"实践性"的改进与升华。

在具体的哲学方法上，贺麟在1949年后对于自己此前的唯心论作出深刻反思。他认为自己此前是"贩运的神秘化黑格尔哲学的新黑格尔主义"，又说"我把从西方资产阶级那里贩来的神秘化直觉化的黑格尔唯心辩证法与伯格森的直觉主义和宋儒的直觉内省方法相结合"，并对自己此前的学术方法作出了这样的批评："我曾经宣扬神秘化的直觉和直觉化的唯心辩证法以对抗唯物辩证法，我曾要求把儒家思想更宗教化，更期与西方资产阶级唯心论相结合，以便更好为三民主义作'哲学'基础，以抵制马克思主义哲学"②。贺麟的这一哲学方法反思，不无政治因素的原因，但从根本上说，确实是出于一种学理的修正："唯心"的、"直觉"的方法论，是与现实和实践脱离的，对要推进现代国家进程的中国来说，这一方法论难道不是不可取的吗？

这一对自身学术的认知，叠加此前研习德国哲学，特别是黑格尔哲学，以及掌握英文、德文的学术背景，促使贺麟有意识地转向对马克思主义的研究，以寻求哲学方法上的改进。正是在这里，贺麟再次显示出其令人敬佩的学术勇气。贺麟对于马克思主义的研究，开启于对马克思著作的翻译，而这一工作是带有哲学方法论的探索意识的。贺麟评价马克思《黑格尔辩证法和哲学的一般批判》一文，说它"对于黑格尔的辩证法和唯心论哲学给予了简要深刻而全面的批判，这种批判是当时以'批判'相号召的青年黑格尔派及费尔巴哈所不能提供的"；又评价马克思的博士论文，说："从学习和翻译马克思《博士论文》过程中，我深深体会到青年马克思写论文时谨严、认真的科学态度真是很不寻常"，并认为"马克思主义

---

① 贺麟：《宋儒的新评价》，《儒家思想的新开展》，载贺麟《文化与人生》，商务印书馆2016年版，第206—212、4—18页。

② 贺麟：《两点批判，一点反省》，载贺麟《哲学与哲学史论文集》，商务印书馆1990年版，第452—468页。

哲学之所以战无不胜，原来它就是在战斗实践中产生出来的"，"反对它的火焰愈大，它的反作用就愈强烈"，"你想用沉默不理会的态度，它也会无声无臭感染了世界上有理性的并同情被压迫的人们"。① 贺麟对马克思主义的这一高度评价，显然源于其对贺麟的哲学方法与哲学精神的"解惑"。大家知道，马克思与黑格尔之间的思想分野，很大程度上就在于"唯物"与"唯心"之区别，因此，贺麟一旦从思想原理上把握到马克思在哲学上对于黑格尔的扬弃，就意味着他自己已寻找到扬弃前期学术思想，并寻获新学术进境的方法枢纽。通过对马克思主义的研习，贺麟在哲学思想上扭转了他以往的宋明儒学式的、唯心论的思想习性，转向一种面向现实、面对社会群众的新思想习性。

这一哲学方法与哲学精神向马克思主义的转变，让贺麟对他此前的儒家思想的现代转型作出重估：一方面，贺麟仍坚持唯心论在哲学领域的价值，这是因为"唯心主义中有好东西"，并且"唯心论者与唯物论者之间是朋友师生的关系"②，因此双方之间的斗争可以推动哲学理论的发展；另一方面，贺麟此时也已认识到唯心论的缺点所在，并指出对朱熹、王阳明的哲学"要否定其唯心主义"③。

更具思想穿透力的地方还在于，贺麟还从方法论的高度对唯心论和唯物论作出探索。在《论反映——学习辩证唯物主义认识论的一些体会》一文中，贺麟抓住反映论这一唯心论与唯物论之界限，并论证了其科学性："反映论是划分唯物主义和唯心主义的主要关键，我们要想从认识论上摧毁唯心主义，就应当特别注意阐明马克思列宁主义哲学在认识论方面的反映论，而揭穿唯心主义者之反对反映论、反科学的实质。"④ 可见，在其后期学术中，贺麟已经在哲学方法上检验出唯心论存在的内在错误。这里想重申的是，贺麟的这一思想的巨大转变，主要原因不是出于政治，而是出于哲学思辨。在1978年中华全国外国哲学史学会正式成立的讲话中，贺麟这样回忆自己的前期学术说："还有一种唯心而有理想，过去我觉得这

---

① 贺麟：《马克思的早期哲学思想》，载［德］马克思《马克思博士论文 黑格尔辩证法和哲学一般的批判》，贺麟译，上海人民出版社2012年版，第181页。
② 贺麟：《哲学与哲学史论文集》，商务印书馆1990年版，第523—528页。
③ 贺麟：《哲学与哲学史论文集》，商务印书馆1990年版，第527页。
④ 贺麟：《哲学与哲学史论文集》，商务印书馆1990年版，第536页。

种哲学很好，如列宁所说的聪明的唯心主义"，"但现在，我感到这种哲学态度，可能出于新兴资产阶级的软弱，只能高谈理性、自由、善意、和平；还是缺乏脚踏实地和实事求是的精神，因为理想的东西，最终也要成为看得见摸得着的东西才行"。① 贺麟道出此番话语时，政治气氛已相对好转，因此这番话语未尝不可视作其学术经验之坦言。

三 思想谱系学与唯物史观：沟通儒、马的方法探索

贺麟哲学方法与精神向"实践性"的这一转变，促使他对儒家思想作出重新思考。这一方面是以实践性为标准对儒家思想的再解读，另一方面则是对儒家思想的道德精神的重新倡导。

在其晚年发表的《知行合一问题——由朱熹、王阳明、王船山、孙中山到〈实践论〉》一文中，贺麟试图结合毛泽东的《实践论》这一马克思主义的中国化思想成果，对宋明儒学家的经典命题即"知行问题"作重新解读，因此该文的分量可谓重大。通过思想谱系的呈现，贺麟指出在知行论上，朱熹持知先行后论，这一理论"孤立地机械地分知行为二截，方法不辩证，没有看出知行的内在联系和知行之反复推移矛盾发展的关系"，因此会导向知而不能行、教条主义、命令主义与经验主义等弊病，并且这一理论，是为封建社会"学而优则仕"的社会运转机制而服务的。王阳明的知行合一说，则"把知行关系说得接近感性了，也更注重实践了"，有着"使得在层层封建压迫下的人敢于发'狂'"的历史积极性，但其"只是主观上内心体会里'随感而应''寂然不动，感而遂通'，甚或静坐方法得来的个人道德修养的境界"，事实上对于实践又没有真切的裨益。王船山坚持"不可离行以为知"的实践论，并以"知可诡而行不可诡"与"行可兼知，而知不可兼行"为理论基础，强调行动的重要性，虽然这一理论本身仍嫌粗糙，且船山本人对之发挥也不甚多，但这一理论无疑具有很大的进步性。孙中山的"知行合一"说，则通过对知行问题历史发展的梳理、"行以求知，因知进行"的实践程序与"能知必能行"的判断，而

---

① 贺麟：《哲学与哲学史论文集》，商务印书馆1990年版，第586页。

达到一个新的思想高度,"代表了中国资产阶级革命对这个问题最高最新最进步的成就"。毛泽东在知行问题上的贡献,则在于"提出知识出于实践又为实践证明的实践论",给出了"主观和客观、理论和实践、知和行的具体的历史的统一"的结论,把知与行的内容都大大地丰富了,"毛泽东的《实践论》从历史发展看,大大超出了由于时代和社会、环境及阶级局限所发生的知行论,而提高发展为代表无产阶级新民主主义的实践论了"。在对知行问题的思想谱系的呈现与解析后,贺麟认为毛泽东的《实践论》乃是由王船山、孙中山等人的思想发展而来的,"他文中虽未提到他们,然而他又没有把他们的贡献完全抛开,他对于知行问题的重点提出,对于知行结合的注重和把实践提到最前面,都足以证明是尽量吸取了前人优良的成果的,这就使他的《实践论》于发展马列主义的认识论时,复具有新颖的与中国革命实践相结合的哲学理论"①。在这里,贺麟指出《实践论》的思想渊源为宋明以来的儒家思想传统。从思想史的角度看,贺麟这一以实践性为标准的、对宋明以来的儒学思想的谱系解读,可说意义重大。这不仅意味着以"实践性"对儒家思想的现代价值重估,同时还是对儒家思想与马克思主义对话的有益尝试。这对于儒家思想来说,意味着可吸收马克思主义的实践方法与精神,来消除自身弊端,以更新自身思想内涵。

回到本书的主题即儒家思想与马克思主义之间的"转型"问题。这一问题,从根本上说,是古代中国与现代中国之间的转型:在近代历史进程中,古代中国的社会逻辑整体失效了,取而代之的则是与马克思主义同质的现代社会逻辑。这一转型来的过于猛烈,以至于近代中国人不免产生一种失去文化主体的恐惧。就此而言,贺麟的前期学术即可视作在这种恐惧下的对于儒家思想这一中国文化主体的捍卫。儒家思想与马克思主义的对话问题,归根结底即是古代中国与现代中国的转型问题,因此,儒、马对话的根本目的,在于"整合"这一现代中国与古代中国间的"转型",并重新获得一种中国文化的主体明确。就此而言,贺麟在其后期的学术中对马克思主义的方法与精神的研究、体会,以及更为重要的对儒家思想的重

---

① 贺麟:《知行合一问题——由朱熹、王阳明、王船山、孙中山到〈实践论〉》,载贺麟《五十年来的中国哲学》,上海人民出版社 2012 年版,第 206—214 页。

新解读，就为"整合"儒、马之间，或者古代中国与现代中国之间的社会文化的"转型"提供了可能。

首先，贺麟在其后期学术探索出的以思想谱系方法沟通马克思主义——更准确地说，中国化的马克思主义——与儒家思想之间的传承与演变，事实上为整合这一转型作出了极具启发性的方法论探索。这一方法论的高明之处在于能够清楚地展现儒家思想与中国化的马克思主义之间的思想演变脉络，这等于清晰地勾勒出了思想演变之理路，因此为考察儒、马思想关系提供了方法论的可能。

其次，贺麟这一通过思想谱系学沟通儒、马的研究，还运用了马克思主义的唯物史观对朱熹、王阳明、王船山、孙中山与毛泽东的思想作出了特定历史语境的解读。这一以历史发展眼光解读哲学思想的做法，对于整合古代中国与现代中国之间的"转型"，无疑是科学的、先进的。

最后，同样重要的是，贺麟这一研究意味着一种学术精神的转向，即由"唯心"向"唯物"、由书斋空想向务实求真，由关注社会上层向社会群众的转向。在此过程中，贺麟有意识地革除宋明以来儒家思想的神秘化、直觉化、形而上学化、脱离社会群众的思想习性，转而面向现实、面向当下历史语境、面向社会群众。

诸侯与王臣

——早期中国政治伦理演变及其对经学阐释的影响

郭羽楠

（中山大学哲学系）

摘　要：周代以前，诸侯与王不存在君臣之分。周代制度建立后，诸侯与天子才形成君臣关系。在经典中，这种关系的变化孕育了关于诸侯的两种看法，前者承认诸侯成为新王的合法性，后者则以君臣之义约束诸侯。这两种看法潜在地影响了经学理论的建构与经典解释。何休等公羊家突破了仅在君臣伦理下看待诸侯的单一视野，通过强调王与诸侯"有不纯臣之义"，化解了"黜周王鲁"说的内在困境。然而，在后世，视诸侯为臣子的看法逐渐成为一种预设，王与诸侯被理解为纯粹的君臣关系，"文王称王"变成一个难以解释的问题。厘清关于诸侯的不同认识，可以更加清晰地把握经典议题和经学理论，窥见政治伦理演变与经学阐释之间的互动关系。

关键词：诸侯　政治伦理　君臣关系　黜周王鲁　文王称王

通常认为，诸侯是君王的臣子。然而，《白虎通》有"王者不纯臣诸侯"一章，何休有王与诸侯"有不纯臣之义"之说。可见，在经学传统中，诸侯与王之间并非只被理解为单纯的君臣关系。这些充满张力的阐述，不仅体现出历史上诸侯身份的变化过程，也影响着经学理论的建构，衍生出许多思想议题与思想史的论争。

王国维《殷周制度论》探讨殷周制度变革时，便特别指出诸侯与天子之间的君臣关系形成于周代宗法制建立之后，夏殷诸侯与王之间从未出现

---

* 本书出版过程中，本文已被台湾《鹅湖月刊》收录待刊。

君臣之分。① 受此影响，历史学界不断围绕殷周诸侯的身份差异展开考证。不过，这些研究主要集中在史学层面，很少发掘其中的思想意义。② 陈赟《周礼与"家天下"的王制》则在重申王国维之说的基础上，更为具体地阐述了诸侯与天子之间的君臣名分如何通过周代制度得到确定，并进而指出君臣之分的明晰是儒家"尊王""大一统"等思想诞生的基础。③ 这不仅强化了王国维的基本观点，还把这一问题引向了有关儒家思想的讨论中。陈赟虽然没有具体探讨诸侯与天子之间君臣关系的确定对经学理论和经典解释的影响，但已经揭示政治伦理变化与思想研究的互动关系。

本书即欲进一步梳理经学家有关诸侯的不同阐述，说明历史上诸侯与王、与天子先后形成了盟友关系和君臣关系，通过经典记述，二者蕴含的伦理准则渗透进经学思想之中。何休以王与诸侯"有不纯臣之义"论证"黜周王鲁"说，化解了诸侯称新王的伦理困境，体现出诸侯"不纯臣"的观念如何隐晦地存在于经学理论和经典解释中。然而，在后世，把诸侯完全理解为王臣的看法逐渐成为预设，这使得诸侯称王变得难以解释，"文王称王"成为一个充满争议的问题。厘清经典中关于诸侯身份的不同认识，有助于对经学史上有关诸侯的论述做出恰当理解，并进而获得对相关思想史议题和经学理论更为全面、准确的把握。

一 成为臣子的诸侯

西周以前，方国首领是最初的诸侯，他们与周代分封制下的诸侯并不相

---

① 王国维云："自殷以前，天子、诸侯君臣之分未定也。"（王国维：《殷周制度论》，谢维扬、房鑫亮主编：《王国维全集》第 8 卷，浙江教育出版社 2009 年版，第 311 页）后文将详述这一观点。

② 以往关于夏、商、周诸侯的研究，如段渝：《论殷代外服制与西周分封制》，四川联合大学历史系主编：《徐中舒先生百年诞辰纪念文集》，巴蜀书社 1998 年版，第 252—259 页；葛志毅：《殷周诸侯体制比较》，《学习与探索》2000 年第 6 期；李伟山：《略论夏商西周的共主政治秩序》，《广西社会科学》2008 年第 4 期；杨永生：《沬司徒疑簋与卫国封建的再讨论：兼说西周诸侯身份的双重性》，《古代文明》2021 年第 2 期。他们或兼论殷周诸侯之别，或专论周代诸侯的性质，但均运用历史考据的方式，讨论历史上诸侯性质的变化及其背后的制度原因，回应王国维的论述。与之不同，笔者则试图探索这一问题与经学思想之间的互动关系。实际上，先秦两汉经典中有大量关于诸侯的记述，但以往研究对此关注极少。

③ 陈赟：《周礼与"家天下"的王制》，中国人民大学出版社 2019 年版，第 328—339 页。

同。王国维《殷周制度论》云:"自殷以前,天子、诸侯君臣之分未定也。……盖诸侯之于天子,犹后世诸侯之于盟主,未有君臣之分也。周初亦然。……(逮克殷践奄)由是天子之尊,非复诸侯之长而为诸侯之君。……天子、诸侯君臣之分始定于此。"① 依王国维之说,从夏殷至周初,王只是诸侯的"盟主"和"诸侯之长",诸侯不是王的臣子。唯有在周代制度确立以后,天子才成为"诸侯之君",与诸侯开始形成君臣关系。近年的古史研究也证明了这一看法。许多古史学者指出,夏殷二代均是由众多方国组成的邦国联盟,夏后氏和商王是联盟的共主。彼时,诸侯原本就是部族首领,其疆土和民众乃继承自本族的先祖,而非王的授予。诸侯虽然需要在形式上接受王的册命,在一定程度上役属于王,但二者之间只有自然的强弱关系,没有严格的等级区分。王在本国境内是一国之君,但对于诸侯而言只是处于主导地位的盟主。王与诸侯之间只是构成一种占主导地位的大邦国控制处于弱势地位的小邦国的十分松散的关系。直至周代,这种关系才发生根本变化。② 王国维曾对这一变化的根源有所揭示,正如《殷周制度论》所云:"周人制度之大异于商者,一曰立子立嫡之制,由是而生宗法及丧服之制,并由是而有封建子弟之制,君天子、臣诸侯之制。……与嫡庶之制相辅者,分封子弟之制是也。……天子、诸侯君臣之分,亦由是而确定者也。"③ 如王国维所论,周代制度变革的实质就在于以嫡长子继承为基础的宗法制之确立,而针对诸侯的分封制也应该置于周代宗法制的纲纪下予以理解。正是在宗法制和分封制的相互嵌套之下,诸侯的共主从殷商时代的王转变为周天子,诸侯与天子被塑造成君臣关系。

沿着王国维这一见识,何炳棣与陈赟分别从"天子制度"和封建制精神实质的角度对这一变化的成因予以更为细致的说明。何炳棣指出,宗法制本身就蕴有君臣伦理,宗子具有君主的权威性。而在周公、成王时期创

---

① 王国维:《殷周制度论》,《王国维全集》第 8 卷,浙江教育出版社 2009 年版,第 311—312 页。

② 相关研究可参考段渝《论殷代外服制与西周分封制》,四川联合大学历史系主编《徐中舒先生百年诞辰纪念文集》,巴蜀书社 1998 年版,第 252—259 页;唐嘉弘《略论夏商周帝王的称号及国家政体》,《历史研究》1985 年第 4 期;葛志毅《殷周诸侯体制比较》,《学习与探索》2000 年第 6 期;李伟山《略论夏商西周的共主政治秩序》,《广西社会科学》2008 年第 4 期。

③ 王国维:《殷周制度论》,《王国维全集》第 8 卷,浙江教育出版社 2009 年版,第 303—311 页。

立的天子制度所具有的重大意义就在于把商代只应用于王位继承的宗法制，推广到从天子到士的各层级，由此树立起全局性宗法体制，诸侯作为天子的小宗也必须无条件地臣服。在"天下"概念产生后，所有土地均归天子，诸侯裂土分疆，所分的是天子之土，这进一步强化了统治关系。[①] 这说明，分封制不仅与宗法制互为表里，天子制度的创立也重塑了诸侯与共主的关系性质。"封略之内，何非君土？食土之毛，谁非君臣。"[②] 当诸侯的国土和民均来自天子"授土授民"，原本寓于宗法制之中的尊卑等级和君臣关系也被推广到一切地域空间，渗透进天子和诸侯的政治关系之中。此时，诸侯与天子的关系不再是周代之前的政治同盟，而是宗族共同体，诸侯必然要以宗人和臣子的身份，接受天子的统治。陈赟也指出，周代封建制不是对自然持存的邦国的认可，而是把被征服的土地和人民重新分给子弟姻亲，把邦国变为周王室下一级的政权单位，使得王权内嵌于方国之中。另一方面，宗法制的核心是以兄统弟、以嫡统庶，其关键在于大小宗的不可替代性。并且，这种变化还伴随着君臣名号的固定，以及礼制对等级差异的巩固，表现之一是诸侯不再被允许称王。这样完备的名分体系和宗子不可更易的要求在夏殷时期是不存在的。[③] 简言之，王国维突破了后世笼统地把诸侯视为臣子的惯常看法，指出在周代制度建立后，君臣伦理才被同构于诸侯与天子的关系中。以君臣之分来理解诸侯，其实是一种后起的视角。

要之，这种政治伦理的变化塑造了两种不同的观念，二者的关键区别在于是否承认诸侯嗣位称王的合法性。周代之前，王只是诸侯的盟主，诸侯的叛服可以视政治形势而定，不涉及君臣伦理的约束。《史记》载"天下诸侯皆去商均而朝禹。……诸侯皆去益而朝启。……夏后氏德衰，诸侯畔之。……汤修德，诸侯皆归汤，汤遂率兵以伐夏桀。……汤封夏之后，至周封于杞也"，"自中丁以来，废嫡而更立诸弟子，弟子或争相代立，比九世乱，于是诸侯莫朝。……（盘庚）行汤之政，然后百姓由宁，殷道复兴。诸侯来朝，以其遵成汤之德也。……西伯归，乃阴修德行善，诸侯多

[①] 何炳棣：《何炳棣思想制度史论》，中华书局2017年版，第13—17、168—174页。
[②] 杨伯峻：《春秋左传注》，中华书局2016年版，第1284页。
[③] 陈赟：《周礼与"家天下"的王制》，中国人民大学出版社2019年版，第328—337页。

叛纣而往归西伯"。① 这种较为松散的关系使得上古时期诸侯争相代立的情形并不少见。在众多诸侯中，较为强势的一方在得到众诸侯的承认后，可被拥戴为联盟的共主，即称王。由于称王的根据在于众诸侯的主动归附和自愿拥护，而非强制，故早期的王侯关系在实质上具有约定的性质。这一方面对王自身的行为表现提出了极高要求，另一方面，王一旦失信于诸侯，旧的联盟崩解，此时可以另有诸侯来缔结新的盟约，成为新王。在新王嗣位后，旧王的后裔又会被安置于某一土地上，存养其民，重新变成一方诸侯，如商封夏之后，周封夏殷二代之后。于是，王与诸侯的地位发生了交替。重要的是，在史籍的叙述中，诸侯称王、旧王再退回诸侯的过程，以及诸侯将王位取而代之的做法，并不构成伦理上的困境，更不涉及道德问题。由于君臣伦理尚未渗透进王侯关系中，诸侯成新王，旧王后裔再成诸侯的变化，其实质只是更换了统率四方的共主。换言之，王者的尊贵地位并不意味着王位不可改易，只要诸侯受到拥戴，完全可以合法地取代旧王，成为新共主。须注意，直至周初，这种观念仍然存在。《尚书》记周公云"乃惟成汤，克以尔多方简代夏，作民主。……今至于尔辞，弗克以尔多方享天之命。……天惟式教我用休，简畀殷命，尹尔多方"②，"尔乃尚有尔土，尔乃尚宁干止"③。周人在解释自己作为商王诸侯而代殷的行为时，只是将其归结为天命的转移，并没有顾虑其中是否存在"不臣""不忠"的问题。可见，直至周初，王与诸侯之间仍然容纳了互相易位的空间。

随着诸侯的共主从夏殷之"王"变成周代之"天子"，诸侯从盟友变为臣子。这种制度和政治关系的变化，本身就培育了一种全新的道德观念。王国维云"周人以尊尊、亲亲二义，上治祖祢，下治子孙，旁治昆弟，而以贤贤之义治官。……有制度、典礼，以治天子、诸侯、卿、大夫、士，使有恩以相洽，有义以相分，而国家之基定，争夺之祸泯焉。……制度典礼者，道德之器也。……周之制度典礼，实皆为道德而设"④。依王国维之说，周人

---

① （汉）司马迁：《史记》，中华书局2009年点校本，第10—15页。
② （汉）孔安国传，（唐）孔颖达正义，黄怀信整理：《尚书正义》，上海古籍出版社2007年整理本，第669—673页。
③ （汉）孔安国传，（唐）孔颖达正义，黄怀信整理：《尚书正义》，上海古籍出版社2007年整理本，第626页。
④ 王国维：《殷周制度论》，《王国维全集》第8卷，浙江教育出版社2009年版，第315—318页。

以一套完善的礼制化解诸侯对于王室的威胁，从而使尊尊与亲亲之义也成为针对诸侯的道德要求。在宗法制中以天然长幼嫡庶次序作为确立大宗之标准的要求被同构于诸侯与天子的关系中后，天子不仅是至尊的，还是先天的、唯一的。无论天子德行如何，诸侯取而代之的行为都无法被接受。同时，通过一套能够清楚彰显尊卑等级的礼制和名号体系，"天子"和"王"之称亦被垄断，诸侯不再被允许称王，更不可能行天子之事。而这变化的背后，是以君臣之分为基础的观念被深深植入有关诸侯的认识中。周代宗法制打破了诸侯与王之间的联盟关系，把诸侯从"友邦君"变成天子之臣，以君臣伦理重塑了诸侯的身份。相应的，君臣之义成为看待诸侯的前提。在君臣之义的约束下，诸侯与王之间易位的合法性被消解，诸侯必须始终谨守礼制。于是，任何情境下的诸侯嗣位都必然是对王权的僭越，陷入两难的境地。这种后起的观念消解了诸侯称王的合法性。

质言之，在周代制度建立前后，王从"诸侯之长"成为"诸侯之君"，诸侯与王先后形成两种性质的政治关系。随着周代制度的建立，诸侯从王的盟友变成天子之臣，诸侯嗣位的合法性也在君臣伦理的渗透下消失了。秦汉以后，在新的政治制度下，君臣伦理被空前强化，君臣之义成为评价诸侯的前提，这使得周代以前客观存在的王侯易位成为一个难以处理的问题。不过，更为古朴的观念仍然潜入经典世界，以一种非常隐晦的方式，深刻影响着经学理论的建构，并与后起的诸侯为臣的观念相互缠绕，使得儒家对诸侯身份的阐释充满张力。唯有对这两种不同的伦理和观念进行区分，才能突破单一的理解维度，重新考察经学思想和相关议题。

二 何以当"新王"

西周以前，诸侯与王之间尚未形成君臣关系，儒家经典中某些关于诸侯的记述也体现出这种古朴的关系特质，它们影响了后世对于经典的阐发，也被经学理论的建构所吸纳。何休在强调王与诸侯"有不纯臣之义"的基础上，进一步阐释公羊学"王鲁"说，化解了这一理论的内在困境。郑玄等经学家虽然把诸侯视为王臣，但也不得不对经典中体现出"诸侯非纯臣"的记述做出解释与调和。

陈赟指出诸侯与天子之间君臣名分的确定与儒家思想中"尊王""大一统"是同一过程的不同方面。①"尊王"与"大一统"均是公羊学要义，故君臣之分是公羊家的基本立场。不过，公羊家并没有把它作为理解诸侯的唯一角度，而是同时保留了"不纯臣"的观念，并在解释以鲁为王的问题时作为调节鲁国与周天子关系的依据。《公羊传·隐公元年》："秋，七月，天王使宰咺来归惠公仲子之赗。"何休注云："月者，为内恩录之也。诸侯不月，比于王者轻。言天王者，时吴楚上僭称王，王者不能正，而上自系于天也。……称使者，王尊敬诸侯之意也。王者据土，与诸侯分职，俱南面而治，有不纯臣之义。……《春秋》王鲁，以鲁为天下化首。明亲来被王化渐渍礼义者，在可备责之域。"②何休在此提出"王者据土，与诸侯分职，俱南面而治，有不纯臣之义"后，继而强调"《春秋》王鲁"，可见何休指明诸侯不纯臣的意图就在于为《春秋》"黜周王鲁"说进一步奠基，故何休对于此处经文的阐释也始终围绕"王鲁"展开。首先，何休根据日月例，指出《春秋》记载诸侯之事原本不书月，此处经文书月，是因为所记系鲁国之内事，这说明经文把鲁国提升至王者同等的地位。其次，传文没有对"使"字做出解释，何休则指出经文书"使"意在表明"尊敬诸侯之意"，并以"不纯臣"解之，即诸侯虽然比周天子地位低微，但二者均南面而治理一方土地，不是纯粹的君臣关系。这就在更为理论的层面确证了鲁国虽为诸侯，与周王室之间却并非纯粹的君臣关系，把后世捆绑在王侯关系中的君臣伦理剥离出去。相较而言，在严格的君臣伦理下，"王鲁"不是仅仅凭借"受命于鲁"就可以解释的，鲁国实际的诸侯身份与其当"新王"之间必然存在矛盾。更明显的是，"王鲁"同时意味着"黜周"，所谓"黜杞、新周而故宋"，把周天子视为与杞、宋一样的二王后，即把周天子贬为诸侯，这样才能"以《春秋》当新王"③。所以，有的经文用"使若国文"的书法记述周王室之事，④就是在书法上把周天

---

① 陈赟：《周礼与"家天下"的王制》，中国人民大学出版社2019年版，第339页。
② （汉）何休解诂，（唐）徐彦疏，刁小龙整理：《春秋公羊传注疏》，上海古籍出版社2014年整理本，第33页。
③ （汉）何休解诂，（唐）徐彦疏，刁小龙整理：《春秋公羊传注疏》，上海古籍出版社2014年整理本，第320页。
④ （汉）何休解诂，（唐）徐彦疏，刁小龙整理：《春秋公羊传注疏》，上海古籍出版社2014年整理本，第683页。

子当成新的诸侯。在此处，公羊家建构了一个经典中的义理世界，这个世界中的秩序关系与现实有很大区别。在真实的周代历史中，鲁国始终是诸侯。宗法制下，鲁国不可能有代周天子践祚新王的资格。而在公羊家的理想世界中，诸侯理应尊王，但又不是单纯的臣子，这就给"王鲁"留下了转圜的空间。不过，"王鲁"有着极为特殊的语境，即周天子在吴楚等夷狄面前失去威信，《春秋》以为上无天子；孔子作《春秋》立新法，必须假托鲁国为王，把改元立制的使命赋予鲁国这样一个诸侯来承担。所以，在经典世界中，鲁国被提升成真正的天子，同时罢黜已经无法承载道义的周天子，令其退回诸侯。在这一升、一黜之间，正是"不纯臣之义"使《春秋》中的鲁国获得了受命称王的可能性。

"新周""王鲁"、孔子作《春秋》以立新法，本是公羊学一贯的主张。董仲舒亦云"千里之外割地分民而新中国成立立君……与诸侯分职南面而治"①。大一统秩序下，诸侯的基本职能是做天子的"耳目"，但也不同于一般的辅臣，诸侯与天子共治其地其民，是天子所立之"君"。这与何休所谓"王者据土，与诸侯分职，俱南面而治，有不纯臣之义"的观念是类似的。可见，公羊家在界定诸侯的身份时，充分考虑到了诸侯与臣子的异质性。另一方面，董仲舒还明确指出天子可以退回诸侯之位。"天子不能奉天之命，则废而称公，王者之后是也。公侯不能奉天子之命，则名绝而不得就位。"② 天子不能奉天命时则被贬，但是，与诸侯不奉天子而被绝位不同，天子不是被彻底废位，而是"废而称公"，即退回诸侯。因此，公羊家在考虑诸侯的身份时，区分了大一统秩序与王朝更迭两种情境。在大一统秩序中，诸侯与天子首先有君臣之分。同时，诸侯也因裂土分民而在一定程度上分有"君"的性质，这便在理论上为三统说和王鲁说留出空间。但诸侯称王不是任意的，唯有在天命转移的受命之际才具备这种可能性。正是由于"臣"与"不臣"两个性质在诸侯身上兼而有之，才赋予了诸侯再受命的资格。公羊家这种富含张力的理解在何休那里得到了凝练，"不纯臣之义"说明公羊家既讲求君臣大义，又突破了君臣伦理观念的束缚。由此，改制立法与尊王得以在

---

① （清）苏舆：《春秋繁露义证》，钟哲点校，中华书局2015年点校本，第305页。
② （清）苏舆：《春秋繁露义证》，钟哲点校，中华书局2015年点校本，第406页。

两个不同的层次上兼容，古史中的王侯关系也通过这一过程进入了经学理论和经典解释之中。

实际上，不仅公羊家有"不纯臣之义"之说，"诸侯不纯臣"本就是经学中的重要论题，《白虎通》、郑玄、许慎等对此均有阐述。但是，这些看似一致的论述反而暴露出各家之间的分歧。《白虎通·王者不臣》云："王者不纯臣诸侯何？尊重之……朝则迎之于著，觐则待之于阼阶，升阶自西阶，为庭燎，设九宾，享礼而后归。是异于众臣也。"①《白虎通》取公羊家"诸侯不纯臣"的看法，却把焦点引向了礼仪制度，说明"不臣之礼"。与董、何旨在据此阐发三统改制说不同，《白虎通》把这一问题变化成一个礼学问题，这一立论方向显然更加温和。此后，郑玄也从礼学的角度展开讨论。郑玄注《诗·臣工》云："诸侯来朝天子，有不纯臣之义，于其将归，故于庙中正君臣之礼。"②看似肯定诸侯"有不纯臣之义"。不过，孔疏指出郑玄这一说法源自《秋官·大行人》"掌大宾之礼与大客之仪"，彼注云"大宾，要服以内诸侯。大客，谓其孤卿"③。这也符合郑玄《驳五经异义》所云："宾者，敌主人之称，而礼，诸侯见天子，称之曰宾，不纯臣诸侯之明文矣。"④可见，郑玄肯定"诸侯不纯臣"的原因，依然在于礼书中明确记载在诸侯与天子之间存在一套特别的古礼，天子在某些场合不以君臣之礼，而以宾客之礼对待诸侯，故反推出诸侯与天子的地位较为对等。这种在礼学框架内推演出"诸侯不纯臣"的思路本质上与《白虎通》是一致的。如果说《白虎通》将"诸侯不纯臣"引向礼学的范畴，郑玄则把这一观点进一步礼学化，并把"不纯臣之礼"扩展到对其他经典的注解中，即便有所发挥也是在礼学体系内部进行补充。这与董何试图强化诸侯的特殊地位而发挥大义的意图是不同的。因而，当后世经学家沿着郑玄的脉络继续解释时，往往没有真正接受"诸侯非纯臣"的观念，而是仍然在君臣伦理下理解诸侯，在"纯臣"之义的基础上把不符合君臣

---

① （清）陈立：《白虎通疏证》，中华书局1994年点校本，第320—321页。
② （汉）毛亨传，（汉）郑玄笺，（唐）孔颖达疏，（唐）陆德明音释，朱杰人整理：《毛诗注疏》，上海古籍出版社2013年整理本，第1929—1931页。
③ （汉）毛亨传，（汉）郑玄笺，（唐）孔颖达疏，（唐）陆德明音释，朱杰人整理：《毛诗注疏》，上海古籍出版社2013年整理本，第1929—1931页。
④ （清）皮锡瑞：《驳五经异义疏证》，吴仰湘编：《国家清史编纂委员会文献丛刊·皮锡瑞全集》第4册，中华书局2015年版，第191—192页。

之义的经文处理得更加融贯。所以,《臣工》孔疏云"明天子以主人之义,不纯臣于诸侯。其诸侯之心,则当纯臣于天子"①,即通过区分出天子对待诸侯以宾客之礼,以及诸侯对待天子以君臣之礼这两套法度的方式,调和这些经文与君臣之义的冲突。

可见,在关于"诸侯不纯臣"的讨论中,经学家们看似采取了类似的说法,其实在理解上存在根本分歧。何休不着意于《公羊》以外的经书如何记述诸侯之礼,何休不着意于《公羊》以外的经书如何记述诸侯之礼,而是通过发挥其中超越君臣之分的隐喻,引向对《春秋》大义的证明。郑玄则将解释的重心落在礼学,尊重《周礼》中客观存在的记述,完善诸侯之礼的细节,没有引申出更激进的理论。据此,我们可以重新审视一些传统看法。晚清今文学家在总结评述汉人对"诸侯不纯臣"的讨论时,往往认为郑玄的主张基于公羊说。如皮锡瑞云"郑《驳异义》从《公羊》说。故笺《诗》引《公羊》之文。"② 陈立云:"《诗》疏引《异义》公羊说诸侯不纯臣……是郑用公羊说。"③ 从郑玄与公羊家均认同"诸侯不纯臣"而言,清人的看法有一定的道理。但是,郑玄与公羊家的文献依据和立论基础其实是不同的。公羊家特倡"不纯臣之义",旨在化解王朝革命时潜在的伦理困境;郑玄则将其视为一条礼制原则,以《公羊》之文作为证明《周礼》的材料。这种致思方向的根本差异,也对他们各自的经学建构产生了不同的影响。

简言之,西周以前的部族联盟早已消失,但"非纯臣"的观念仍存留在经典的记述中,使经学家在阐释与诸侯相关的文字时有可能突破君臣伦理的框架,在两种观念的张力中找到理论建构的空间。不过,尽管这种古老的观念可以在公羊学中找到踪迹,但君臣伦理下的观念仍在后世被不断强化。然而,当诸侯为"纯臣"成为一种先在的认识,早期经典中某些故事和人物则注定难以解释。

---

① (汉)毛亨传,(汉)郑玄笺,(唐)孔颖达疏,(唐)陆德明音释,朱杰人整理:《毛诗注疏》,上海古籍出版社2013年整理本,第1929—1931页。
② (清)皮锡瑞:《驳五经异义疏证》,吴仰湘编:《国家清史编纂委员会文献丛刊·皮锡瑞全集》第4册,中华书局2015年版,第192页。
③ (清)陈立:《公羊义疏》,商务印书馆1936年标点本,第70页。

三 重审"文王称王"问题

"文王称王"是思想史上的经典议题,产生争议的根源在于把文王视为商王的臣子。文王本为殷商诸侯,在后世把诸侯视为王臣的认识下,文王生时称王就是僭越。于是,"文王称王"逐渐从"文王受命"的议题中分离出来,成为后世在解释经典时需要处理的首要问题。随着君臣观的强化,这一矛盾愈发尖锐,而试图调和的结果,只可能走向对"文王称王"的彻底否定。

以往关于"文王称王"的研究集中在历史考证方面,李政《两汉经学中"文王称王"说义理建构之检讨》则从经学思想内部探讨这一问题,指出汉儒通过区分王与天子,以"王"为天下归往之人的"号","天子"为实权之"位",使得"文王称王"说得以成立。至东汉,王与天子之分被混淆,"文王称王"才遭受质疑,成为一个问题。[1] 这一论述揭示"文王称王"是在后世才被逐步问题化的。不过,"文王称王"的问题化虽然与"天子"与"王"之称的混淆相关,但实质上是后世以君臣之分理解文王与商王的关系造成的。如前所述,"天子"之号与天子制度均产生于周公制礼后,也正是在周代宗法制和天子制度成立后,天子与诸侯之间才出现君臣之分。文王生时,未有"天子",其僭位亦只能"称王";且殷周之际,王与诸侯并非君臣关系,诸侯叛服无定,诸侯成为新王也不涉及伦理问题。只是在"天子"之号产生后,"天子"与"王"的关系变得复杂,尤其在儒家的诠释中,二者被赋予不同的内涵和意义。由此,"文王称王"可以得到圆融的解释。但是,在后世把"天子"与"王"混同起来,以天子制度下的关系理解文王之后,这一故事随之变得难以解释。究其根源,就是把周代以后才出现的,天子与诸侯之间的君臣关系,转化到殷商时期王与诸侯的关系之中,相互混淆。而一旦把文王与商王的关系等同于周代诸侯与天子的关系,必然会导致解释的困境。所以,这不仅是一个经学层面的名号问题,还是一个政治伦理问题。"文王称王"问题背后

---

[1] 李政:《两汉经学中"文王称王"说义理建构之检讨》,《原道》第35辑,湖南大学出版社2018年版。

所隐含的其实是王与诸侯、天子与诸侯这两种关系的交织和混淆。

王国维《古诸侯称王说》论证"文王称王"的合理性时，提出"古时天泽之分未严，诸侯在其国自有称王之俗"①，即诸侯称王为周初旧习，不存在僭越的问题。表面上，王国维只提到称呼的用法，不过，根据《殷周制度论》"天子、诸侯君臣之分未定"之说，则"天泽之分未严"就是指君臣之分未定，王号未定，故诸侯亦可称王。实际上，这就是在政治伦理的视域下对"文王称王"做出解释，君臣之分的确立是"文王称王"遭受质疑的一大关键。

"文王称王"在后起的君臣之分下才被问题化，这在曹元弼的论述中体现得尤其明显。②曹元弼本意在调和君臣伦理与"文王称王"之间的矛盾，最终却凸显了二者的张力。其《文王受命改元称王辨》云："惟其受天命而不自王，故谓之至德。……以文王之德，当纣之乱，天命人心如此而为臣止敬。"③《上唐春卿尚书师书》云："竭忠尽诚，为殷延已讫之天命。"④ 曹元弼首先预设文王是纣王之臣，而忠诚是臣子的基本守则，由此反推，文王必不能称王，甚至一反天命转移的观点，认为文王还要为纣王祈求天命延续。这都是因为文王一旦称王，就表明有不臣之心，与圣人形象相违背。曹元弼将受命与称王分为两事，说明文王虽受命，却无称王之举，同时用"追王文王"的方式，来化解圣人面对的伦理困境。

事实上，"追王文王"是东汉以后经学家常见的解释，即认为文王生时没有自立为王，而是后人追封为王，其目的就是要调和君臣大伦与称王一事的矛盾。王充《论衡》云："人臣犹得名王，礼乎？武王伐纣，下车追大王、王季、文王。"⑤ 显然，"追王文王"的说法就是基于诸侯为王臣这一观念之上的。自汉至清，否认"文王称王"的观点基本都以君臣之义

---

① 王国维：《古诸侯称王说》，《王国维全集》第14卷，浙江教育出版社2009年版，第139页。
② 曹元弼有关"文王称王"的论述，宫志翀进行了详细梳理，本文的写作得益于此。详见宫志翀《古今革命之间的"文王称王"问题——以曹元弼为中心》，《开放时代》2019年第2期。不过，作者主要关注曹元弼的立场与儒家革命说的内在冲突，笔者则以曹元弼为一个典型案例，着重考察其中体现出的有关诸侯的看法。
③（清）曹元弼：《文王受命改元称王辨》，载王有立主编《中华文史丛书》之四十六，台北：华文书局1968年版，第331—332页。
④（清）曹元弼：《上唐春卿尚书师书》，载王有立主编《中华文史丛书》之四十六，台北：华文书局1968年版，第337页。
⑤ 黄晖：《论衡校释》，中华书局2017年版，第927页。

作为根据。东汉应劭《风俗通》云"（文王）时尚臣属……岂可谓已王乎"①；《尚书正义·泰誓》孔疏谓"天无二日，土无二王，岂得殷纣尚在，而称周王哉"②；清代梁玉绳《史记志疑》亦云"商、周之际有二天子焉，不亦乖诞之甚乎"③。这都是基于天子制度下君臣伦理的想象。区别在于，曹元弼通过只肯定受命，而否认称王的方式，做出了理论层面的调和。但是，这种看似精巧的解释却揭开了一个巨大的矛盾：君臣伦理的约束，注定不会给"文王称王"留下阐释的空间，这种试图调和的努力终将走向对其自身的否定。

曹元弼论述"文王称王"的重心不在受命，而在于称王。这也体现了后世讨论"文王称王"的另一特点，即把对文王一事解释的焦点，从原本的受命问题，转移到称王的问题上。实际上，《尚书·周书》诸篇和《诗经》只言受命，不言称王，这也成为曹元弼等人反对"文王称王"的直接证据。然而，从经文的表述看，这并不意味着周人否认"称王"一事，而是因为周初文献没有把"称王"与"受命"分离开来。虽然只言受命，周人却把王者之行视为"受命"的表现。《尚书·康诰》："天乃大命文王殪戎殷，诞受厥命。"④《诗经·文王有声》："文王受命，有此武功。既伐于崇，作邑于丰。"⑤ 文王受命的表现不仅在于四方诸侯的归附，还包括号令诸侯出兵征讨纣王所封之崇国、密国，据天命统治殷的民众，制作新都丰邑等颇具象征意义的举动。显然，它们都已经是王者之举。依照史实，周长期处于商王治下，文王确为殷之诸侯，但周初文献没有区分受命与称王，这不会是周人的刻意回避，而更可能暗示了周人并不认为"称王"是一个需要特意解释的问题。《尚书·大诰》："天休于宁王兴我小邦周，宁王惟卜用，克绥受兹命。"⑥《尚书·君奭》："天不可信，我道惟宁王德

---

① 王利器：《风俗通义校注》，中华书局1981年版，第14页。
② （汉）孔安国传，（唐）孔颖达正义，黄怀信整理：《尚书正义》，上海古籍出版社2007年整理本，第398—399页。
③ （清）梁玉绳：《史记志疑》，中华书局1981年点校本，第81页。
④ （汉）孔安国传，（唐）孔颖达正义，黄怀信整理：《尚书正义》，上海古籍出版社2007年整理本，第532页。
⑤ （汉）毛亨传，（汉）郑玄笺，（唐）孔颖达疏，（唐）陆德明音释，朱杰人整理：《毛诗注疏》，上海古籍出版社2013年整理本，第1511页。
⑥ （汉）孔安国传，（唐）孔颖达正义，黄怀信整理：《尚书正义》，上海古籍出版社2007年整理本，第513页。

延。天不庸释于文王受命。"① 周人真正关注的并不是文王与商王的关系，而是政权改易的根据，即周作为商王治下的一个小邦，何以能够代殷承接天命，而不在于这种更替本身是否正当。"皇矣上帝，临下有赫。监视四方，求民之莫。维此二国，其政不获……乃眷西顾，此维与宅"②，乃强调天不偏爱任何一个邦国，仅仅依据德来选择。这样的认识暗含了一种观念，即纣王与文王都是可以被上天平等选择的对象，由于商王失德而文王有德，上天因此更换了一个共主来承接天命，文王接替纣王的王位原本就不构成任何伦理困境。在周人看来，"文王称王"只是一场单纯的共主交替。但是，后世却对"称王"一事极为敏感，甚至以此覆盖了经文原本强调的受命问题。显然，这改变了阐释"文王称王"的主题，"称王"不仅成为一个新的问题，还超越"受命"，成为最为首要的问题。结合历史的维度而言，文王的故事恰好发生在制度剧烈变革的殷周之际。文王在世时，周代宗法制尚未出现，君臣之分也尚未被同构于王侯关系中。但当君臣之分成为理解文王形象的预设，后世再进行回顾时，文王联合诸侯，以下犯上的事实终将无法回避，文王称王的举动必然被视为以臣犯君。最终，伦理的困境置换了天命转移的问题，有关文王形象的阐释也出现了变化和偏离。

总之，"文王称王"之所以成为思想史上充满争议的问题，是因为后世将周代制度建立以后才形成的，天子与诸侯之间的君臣关系及其道德观念，作为理解殷周之际诸侯与王之关系的基础。从"文王称王"的争论中可以看出，随着政治伦理的变化，当后起的观念覆盖了早期观念，进而成为一种预设，它会深刻地影响经典解释，引申出新的问题，甚至消解阐释的空间。

结　语

近年来，王与天子的关系问题广受关注。实际上，经典中关于诸侯的描述也有不同的层次，学界对此却讨论不多。相较于卿大夫、士的臣子身份的自古有之，诸侯经历了从王之盟友到天子之臣的变化过程。在周代制度建立

---

① （汉）孔安国传，（唐）孔颖达正义，黄怀信整理：《尚书正义》，上海古籍出版社2007年整理本，第646页。
② （汉）毛亨传，（汉）郑玄笺，（唐）孔颖达疏，（唐）陆德明音释，朱杰人整理：《毛诗注疏》，上海古籍出版社2013年整理本，第1465—1466页。

以前，历史上还存在过一种异于后世惯常理解的王侯关系，它为诸侯称王留下的空间，潜在地影响了经学理论的建构。在殷商诸侯与王的盟友关系，转变为周代以后诸侯与天子的君臣关系后，诸侯为王臣的观念逐渐成为后世理解早期经典中诸侯形象的预设，周秦之际，分封制又被郡县制取代，国家权力全部集中于君主一人之身，君臣伦理空前强化，皇帝只能是"诸侯之君"，绝非"诸侯之长"，这为后世再去理解殷周之际的问题又笼罩了一重迷雾，最终导致某些经学公案的产生。这是通过梳理王侯关系变化，所获得的关于诸侯问题的新了解。经典中有关诸侯的不同认识，向来不为学界所注意，但它会直接影响对相关经典议题及经学阐释的把握。

进言之，后世经学家为何倾向于将诸侯理解为王之守臣，这也是一个值得探讨的话题。诸侯为"臣"与"非纯臣"两种身份，在早期经典中往往是并存的。以《左传》为例，一般认为《左传》对于诸侯与周天子关系的刻画较为多样，它一方面强调诸侯尊奉周天子，另一方面，在天子失德的情况下，《左传》又会谴责天子，包容诸侯不敬天子的行为。这在单一的君臣伦理下是很难解释的。然而，贾逵、杜预却特别强调《左传》"忠君"的原则，弱化这些不符合君臣之义的内容。这说明经学家选择君臣伦理作为理解诸侯身份的依据，或许是有意为之。在大一统的秩序下，诸侯在政治权力上相对灵活的自主性无疑蕴含了分裂的可能。于是，周人通过宗法制重新规定了诸侯的政治地位；秦汉之后，诸侯虽然接受皇帝的统治，但他们因享有封土而获得的特殊地位却成为皇权政治下一大隐患，诸侯国似乎是一种需要被清除的冗余。然而在现实中，从汉至宋，历代均实行过一些分封。若要在中央集权的秩序下安顿诸侯，把诸侯这个古老的政治角色融入君臣纲常所规定的伦理关系中，经常家便需要对观念进行重新塑造。他们把诸侯解释为臣子，根据君臣之义重构经典中诸侯的形象，未尝不是长期思考的结果。然而，当君臣伦理下的观念垄断了经典解释之后，经学思想自身的生命力也可能会受到限制。在汉景帝时期辕固生与黄生的争论中，黄生否认汤武革命的依据就在于桀纣为君，汤武为臣，汤武革命被解读为臣子弑君，辕固生即指出黄生的立场无法解释汉朝推翻秦朝而新中国成立的问题。换言之，在这样的视野下，革命说和新王制作等议题终将丧失讨论的空间。可见，历史上政治伦理的演变，借助经典的记述，沉淀于思想世界。这些古史中蕴含的观念，或成为构建经学理论的资源，或将重塑经典的解释空间。

战国诸子尚贤思想的三种模式探讨

王瀛昉

(北京大学哲学系)

摘 要：尚贤思想一度在战国时期成为主流，但其内部的巨大差异使得我们不应当对诸子的尚贤思想等而视之。除了贤的指代对象差异外，更深层次的尚贤差异来自对善的追求形式不同。尚贤在战国时期不仅是一种人才任用模式，也是一种透过外部因素更新制度理念的主要机制，因此其天然有一种致善主义目的论的倾向。具体来看，德性善、客观善、形上学的善三个角度分别构建了战国诸子尚贤的理论基础；而贤人贤德在这三个角度下分别成为行政目的、行政工具及政治理念的外在表现形式。尚贤的这种差异，一方面影响了对周文传统的接纳程度；另一方面则适应或者建构了战国诸侯的实际需求。

关键词：尚贤 德性善 客观善 形上学的善

在战国时期的政治哲学思想史当中，尚贤是一个颇具特色的问题。它在学术讨论当中，不仅被视作一个行政层面的问题，也时常被学者用于关联思考战国各家诸子思想兴起的原因。从某种程度上看，一部分诸子所推崇的贤人可能正是他们自己。

在战国诸子当中，顾颉刚、葛瑞汉（A. C. Graham）等人多将墨子视为尚贤的第一个支持者，[1] 钱穆则更多地强调孔子在其中所发挥的作用，塑造了崭新的士的形象。许倬云和尤锐（Yuri Pines）则都是以士阶层理解

---

[1] Angus C. Graham, *Disputers of Tao: Philosophical Argument in Ancient China*, La Salle: Open Court, 1989, p. 236.

贤者，认为是孔子带来了士阶层的剧烈变化，而墨子完成了新兴士人到贤者形象的最后形成。① 史华慈（Benjamin Schwartz）则又强调曾经追随子夏的魏文侯在改变士的地位当中起到了重大作用。②

不过，无论采取哪一种说法，我们可以达成共识的是，在孔子的弟子或再传弟子及墨子这一代，整个战国社会对于贤者、士人的看法有一个比较大的提升或者方向上的转变，这也导致战国时期的尚贤学说以一种崭新的形态呈现出来。就传世文献来看，儒墨都主张尚贤；但同时，我们发现孔子学派中至少子思、孟子一系，与墨子一派尚贤，在形式及诉求上有着较大差异。

就墨子的尚贤而言，在《墨子》的尚贤三篇中所描述的贤人似乎只需要是一般意义上的贤能，并不必与墨子学派有密切关系。如《墨子·尚贤下》："为贤之道将奈何？曰：有力者疾以助人，有财者勉以分人，有道者劝以教人。"平日道德水平优良、政治能力突出的人就能成为被墨子称赞的贤士。

而贤能在被任用后的实际需求，即《墨子·尚贤中》所谓："贤者之治国也，早朝晏退，听狱治政，是以国家治而刑法正。贤者之长官也，夜寝夙兴，收敛关市、山林、泽梁之利，以实官府，是以官府实而财不散。贤者之治邑也，早出暮入，耕稼、树艺、聚菽粟，是以菽粟多而民足乎食。"处理狱讼、理财、农耕等，都属于比较具体的政治技能。相较于哲学学说，一个善于这类事务的贤人可能更需要着重学习、理解的是专业技能。尽管墨子尚贤思想中的官员正长需要与墨家学说中的尚同相配合，但正长本人不必成为一个墨者，只需要组织所管辖的民众上同于其上级乃至于天。

墨子尚贤举措的执行，是与尚同制度相配合的，而尚同在一定程度上也是尚贤的前提条件。尽管墨子不否认贤圣可以感化一般人，但并不以此作为保障，而是一方面用尚同制度约束，另一方面则又申明举用贤人时

---

① 可参见 Yuri Pines, *Envisioning Eternal Empire：Chinese Political Thought of the Warring States Era*, Honolulu：University of Hawaii Press, 2008, pp. 119 – 123；许倬云《中国古代社会史论——春秋战国时期的社会流动》，广西师范大学出版社 2006 年版，第 168—170 页。

② Benjamin Schwartz, *The World of Thought in Ancient China*, Cambridge：Belknap Press of Harvard University Press, 1985, pp. 136 – 137.

"爵位不高则民弗敬，蓄禄不厚则民不信，政令不断则民不畏"。透过为贤者设置高爵厚禄让民众信服贤能，甚至可以激发民众为贤的意愿。① 墨子虽然重视尚贤，却对贤人所能起到的风化作用，以及民众对贤人预先的认可程度都有所保留；墨子并不认为透过贤人自身的德性就能激发民众为贤，或者得到广泛承认，因此爵禄法令不可或缺。

但对于思孟一系而言，尽管孟子有时也从一般社会经济军事功效上谈论贤者，如《孟子·告子下》谓"虞不用百里奚而亡，秦穆公用之而霸"；但更多时候，孟子尝试肯定贤人贤德的风化作用，《孟子·公孙丑上》引孔子语曰"德之流行，速于置邮而传命"。而这种贤德，既可以是源于君主所用的贤臣，也可以是源于君主自身，如《孟子·尽心下》谓"贤者以其昭昭使人昭昭"，"惟大人为能格君心之非。君仁莫不仁，君义莫不义，君正莫不正，一正君而国定矣"。

墨子与孟子的这种强调性的差异，事实上形成了两种不同风格的战国尚贤模式；对此，我们可以引入霍尔卡对致善主义政治的区分以理解这两种风格的尚贤。以结果善为追求的致善主义政治模式，在霍尔卡看来，可以分作宽的致善主义和窄的致善主义两类，前者类似可以清单化明确客观善的项目；而后者则是寄托在个体身上，让个体能够实现自我，所达成的目的善内容亦有较强的主观色彩。②

墨子式的尚贤是在尚同准则下实现的，以求能让政事政务得到较好的完成，"举三者授之贤者，非为贤赐也，欲其事之成"，并最终实现兼爱非攻、尊天事鬼等明确的客观目的；而孟子式的尚贤则是倾向于让贤君贤人的仁义之德能够得以发挥，在仁政的环境之下，社会群体能自然完成对于善的追求。因而，我们或许也可以用客观善的尚贤、德性的尚贤以分别形容墨子与孟子的不同风格的尚贤。

这两种形式的尚贤实际上构成了战国期间的主流尚贤模式，本文接下来亦将分别透过思孟、墨荀讨论这两种形式的尚贤。作为儒家，子思和孟子对德性内在的注重的一致性众所周知；而孟子与荀子同属儒家，我们却可以发现，荀子在肯定德性修养的同时在政治礼法，乃至尚贤举措方面有

---

① 《墨子·尚贤中》："是以民皆劝其赏，畏其罚，相率而为贤。"
② Thomas Hurka, *Perfectionism*, New York: Oxford University Press, 1993, pp. 1-6.

更多的客观性、目的性追求，因而尽管荀子反对墨子，《荀子》书中亦多次批评墨子，但荀子与墨子的尚贤却有更多可类比之处。不过这两种尚贤还不足以概括整个战国时期在政治领域上贤能思想的主要特色，因此，除上所述之外，本文亦将提及第三种战国尚贤模式，即基于形上学意义的尚贤。

一 贤以明德：思孟的尚贤模式

如上文所述，思孟一系尚贤注重于贤人在风化、化民层面上的意义，这也导致了该系以德性为主对贤者进行衡量。诚然，无论是思孟所推崇的贤人，抑或墨子所推崇的贤人，在品德上都有一定的要求，贤人都具备贤德；但不同之处在于，思孟传统更倾向于以广泛群体德性实现作为尚贤的结果；而客观善尚贤则是从社会结构、社会秩序等方面论述尚贤的目的或后果。

因此从思孟传统看，贤者同时也可以看作是道德的感化者或者教育者。《孟子·万章下》曾记载了鲁缪公和子思之间的一段对话："缪公亟见于子思，曰：'古千乘之国以友士，何如？'子思不悦，曰：'古之人有言曰：事之云乎？岂曰友之云乎？'"子思对鲁缪公提及的与贤士"友之"的说法不满，认为这是一种有上下尊卑的"事之"关系，孟子随后解释说："子思之不悦也，岂不曰：'以位，则子君也，我臣也，何敢与君友也？以德，则子事我者也，奚可以与我友？'"尽管子思没有解释其不满于"友之"这一语词的原因，但孟子为其做了一个说明，而这也构成了孟子式尚贤的一个特质，即在德性视角下，君主有师事于贤的必要性，因此不可以仅透过召见之命招致。《孟子·公孙丑下》谓"故汤之于伊尹，学焉而后臣之，故不劳而王。桓公之于管仲，学焉而后臣之，故不劳而霸……汤之于伊尹，桓公之于管仲，则不敢召。管仲且犹不可召，而况不为管仲者乎？"虽然管仲并不能成为孟子心目当中理想的贤者，但孟子肯定齐桓公不通过召见的方式举用管仲的行为，并认为像自己那样拥有更高德行水平的贤人所接受的礼待也理应不亚于管仲。

同时，我们看到，孟子认为君主对于贤者理应先采取一种学习师法的态度。透过师法，君主的德性水平得到提高，而这正如文艺复兴时期彼特拉克、布鲁尼这些人文主义者所追求的德性政治一样，孟子式的贤能政治的核心最终仍然需要落在君主身上。

孟子曾明确表达君主必须具备贤德的看法，《孟子·离娄上》云："为政不因先王之道，可谓智乎？是以惟仁者宜在高位。不仁而在高位，是播其恶于众也。"只有达到仁者程度的贤人才能匹配君位，且孟子又曾援引孔子"道二，仁与不仁而已矣"之说，排除了仁与不仁之间中人之道的选项。然而事实上孟子时期的君主大多处于尧舜与桀纣之间的水准，如果要以"仁者"的要求培养君主，这也意味着君主的修养道路是漫长的。

陈祖为（Joseph Chan）曾把贤能型治理分为事前的（ex ante）和事后的（ex post）两类。事前的贤能政治即一般所理解的尚贤，透过对才德的评估选用人才；而事后的贤能政治则是在选拔完成之后，对在位者进行培养，使之变成贤者。[1] 诚然，孟子式尚贤中有事前的贤能政治部分，如《孟子·公孙丑上》所谓"尊贤使能，俊杰在位，则天下之士皆悦，而愿立于其朝矣"；但孟子同时又肯定君主家天下、君位传子的方式，对于诸侯君主，甚至可能包括一部分世袭的卿大夫，孟子并不认为需要改变礼制，把世袭变成面向社会的选拔。在这种情况下想要实现贤能治理模式，必须依靠事后的尚贤，这对于彼特拉克等人文主义者而言也是如此。

哈里斯（Eirik Harris）曾借韩非的观点对孟子这种道德培养式的尚贤做出评价。哈里斯认为孟子所追求的尚贤，是在对君主德性培养可以确定有效的这个大前提下进行的。[2] 不过，对于孟子而言，君主也有是否还有改善可能的差异。孟子认为针对桀纣的汤武革命是正当的，汤武不必要再想办法劝导、教化桀纣这样的君主；但若是太甲这样还有改善余地、德性培养空间的君主，汤武的方式可能就并不合适。因此在《孟子·尽心上》篇中，公孙丑询问孟子，伊尹把太甲流放到桐地，之后又迎回太甲，这种贤臣流放君主的行为是否正当时，孟子回答说"有伊尹之志则可，无伊尹之志则篡也"。孟子认为没有伊尹之志的人，即便对君主只是暂时性流放，

---

[1] Joseph Chan, "Political Meritocracy and Meritorious Rule", in Daniel Bell and Li Chenyang, eds, *The East Asian Challenge for Democracy: Political Meritocracy in Comparative Perspective*, Cambridge: Cambridge University Press, 2013, pp. 31–54.

[2] Eirik Lang Harris, "A Han Feizian Worry with Confucian Meritocracy-and a Non-Moral Alternative", *Culture and Dialogue*, Vol. 8, No. 2, 2020, pp. 342–362.

也是不能被允许的。

当然，在先秦文献中，支持对君主透过事前的尚贤进行选拔，亦即采用禅让制的文本亦不少。例如郭店出土的楚简《唐虞之道》中曾记载"唐虞之道，禅而不传"，并在篇末总结说："禅也者，上德授贤之谓也。上德则天下有君而世明，授贤则民举效而化乎道。不禅而能化民者，自生民未之有也，如此也。"可见《唐虞之道》的作者并不认为仅透过事后道德培养的方式就足以"化民"。孟子虽然也肯定尧舜禅让这种尚贤方式，但孟子也同时承认三代传子的合理性。对此，在《孟子·万章上》中，孟子曾和万章讨论从夏禹传位给夏启开始，君位传子替代传贤的问题。"万章问曰：人有言'至于禹而德衰，不传于贤而传于子'，有诸？"万章询问孟子，夏禹之后君位传子是不是一个比传贤更差的传位方式；孟子则认为夏禹传位给启并无不当，回答说"天与贤则与贤，天与子则与子"。

孟子旋即将舜和伯益的情况作了对比，解释了传子和传贤的背景，"昔者舜荐禹于天，十有七年；舜崩，三年之丧毕，禹避舜之子于阳城；天下之民从之，若尧崩之后不从尧之子而从舜也。禹荐益于天，七年，禹崩，三年之丧毕，益避禹子于箕山之阴；朝觐讼狱者，不之益而之启，曰：'吾君之子也。'讴歌者不讴歌益而讴歌启，曰：'吾君之子也。'"就此来看，传位给舜和传位启的主要原因皆在于民意，人民追随、讴歌舜、启，而不是追随、讴歌伯益。按"天视自我民视，天听自我民听"之义，孟子将其解释为"天与贤则与贤，天与子则与子"。但夏启之后，传子的方式一直承接下去。即便是商汤、周文王、周武王也未曾作出改变，而他们身边也有伊尹、周公之类的贤人。那么是在每次传位的时候，人民都明确作出了讴歌其子而不讴歌贤人的选择吗？

孟子对此作出了进一步的说明，指出了尧舜禹禅让的特殊性，"丹朱之不肖，舜之子亦不肖；舜之相尧、禹之相舜也，历年多，施泽于民久。启贤，能敬承继禹之道；益之相禹也，历年少，施泽于民未久。舜、禹、益相去久远，其子之贤不肖皆天也，非人之所能为也"（《孟子·万章上》）。尧和舜的儿子都不肖，而舜和禹施政时间多，人民对其有了充分的信任，所以舜和禹才能按照民意即位。从这个意义上来讲，孟子认为传子是当时人民心中普遍的标准。一般上古民众并不支持传位给非血缘的贤人，舜和禹的即位有着相当的特殊性。因而如果夏禹传贤给伯益，反而不具备合法性,所以孟子总结说"莫之为而为者,天也;莫之致而至者,命也……故益、伊尹、周公不有天下……孔子曰:'唐虞禅,夏后、殷、周继,其义一也'"(《孟子·万章上》)。

当然,孟子的这种事后的尚贤主要是针对君位而言的;不过即便是孟子在发表他关于君主以外的尚贤观点时,也不难发现其对亲亲、尊尊原则的维护。《孟子·梁惠王下》中齐宣王询问孟子如何鉴别贤者与不才者,孟子说"国君进贤如不得已,将使卑逾尊,疏逾戚,可不慎与?左右皆曰贤,未可也;诸大夫皆曰贤,未可也;国人皆曰贤,然后察之;见贤焉,然后用之"。孟子认为选用贤人是一件需要弥足谨慎的事,但此处的解读并非选用了错误的人对国君治理起到负面效果;却是选贤后的等级亲疏可能会违反亲亲尊尊礼制,倘若选贤行为没有得到广泛认可,或者选用的贤人贤德程度不足以成为典型的情况下,违背礼制所付出的代价可能是无法弥补的。

不过,从另一个角度来看,我们也认识到孟子的尚贤,无论是事前还是事后,在论证过程中往往都诉诸整个国人的认可作为前提。尽管我们从其他先秦文献中,并不能确定是否出现了民众奔走讴歌舜、启的事迹,是否这只是孟子学统内部的说法;但孟子以此作为论据,说明其实际上认为这种民众行为可以作为合理违背礼制、价值认知的理由。而此后,如较晚的《韩非子》力图针砭尚贤之风,除举用方式外,也并不是反对任用经历考核的贤人,而是针对那些特立独行、高谈阔论以博得民众崇拜的人,这从某个程度上可能也是其对孟子尚贤观点的一种批驳——即便民众奔走推崇的人也并不足以信赖。

但就孟子力图纳入民众考量的尚贤,或许也有更多层次的原因,在《孟子·滕文公》中,滕文公曾向孟子询问滕国如何与大国相处,孟子则引用了周代先祖大王躲避狄人,迁往岐山,被邠人视作仁人而相追随的例子。这实际也反映了孟子学说中考虑到了吸引招徕民众的重要性。从一定程度上讲,由于战国中期的特殊历史背景,部分诸侯国除了想要选取贤人之外,也急需招致足够的人民作为劳动力;徐复观也认为孟子的尚贤及对君主的要求,其背后含义除了选择最好的人才外,也想招来更多的人民。[①]

---

① 徐复观:《两汉思想史》,台北:台湾学生书局1999年版,第116页。

因此，孟子坚持民本意义下的尚贤，以德化民，或许也是试图让诸侯国吸引人才的方式能够和招徕普通百姓的目的相结合，因而比起《墨子》《唐虞之道》等文献而言，可能相对较为保守一些。

二 贤以佐善：墨子与荀子的尚贤模式

以墨子、荀子为代表的尚贤模式，不同于思孟以德性为主的尚贤。尽管墨子、荀子并非完全不考虑德性，尤其《荀子》书中许多篇章也强调君子的修身工夫；但对于这一类别尚贤而言，君主对民众的治理，对社会风俗的培养，并不需要让君主自身的德性影响起主导性作用。我们可以看到《墨子》当中强调"尚同"的秩序结构及奖惩法令，而不是德性；《荀子》则是强调以先王所制作的礼义法度作为准绳。

《墨子·尚同上》载："是故里长者，里之仁人也。里长发政里之百姓，言曰：'闻善而不善，必以告其乡长。乡长之所是，必皆是之。乡长之所非，必皆非之。去若不善言，学乡长之善言。去若不善行，学乡长之善行。则乡何说以乱哉？'察乡之所治者，何也？乡长唯能一同乡之义，是以乡治也。"里长是"里"这一行政单位内的长官，乡长的下级领导者，在墨子理想的社会政治结构中也同样是"里"中的贤德之人，透过政令，发动在"里"这一行政单位内的百姓一起听从、学习同样作为贤能的乡长的言行，并且让民情能够为乡长所听闻。在乡长与各里长相配合的努力下，民众能够完成价值层面的整合，从而让乡里实现平治。我们可以看到，在这里发挥最主要作用的是尚同准则下的架构及政令法度，同样可能起到较为重要作用的是里长的个人能力，埃莉卡·布林德利（Erica Brindley）认为民众在尚同体系下也会发挥主观能动性，更倾向于尚同于其所认同、接受的正长，而不是与任何正长保持一致。[①] 因而政令法度虽然起了重要作用，但仍需要有能让民众认可的贤人与之配合，才能达到较好的效果。除里长外，自乡长以至国君各级正长也是类似的方案。

同时，墨子尚贤亦往往诉诸贤德以外的目的，以及注重尚贤的方式方

[①] Erica Brindly, *Individualism in Early China: Human Agency and the Self in Thought and Politics*, Honolulu: University of Hawaii Press, 2010, pp. 1 - 28.

法。在《孟子》一书中，尽管孟子认为用于甄别贤人的考察方法是重要的，亦即《孟子·梁惠王下》所谓"国人皆曰贤，然后察之；见贤焉，然后用之"，但《孟子》书中并没有讨论如何"用之"的方法；而墨子在讨论尚贤时强调"必为置三本，何谓三本？曰：爵位不高则民不敬也，蓄禄不厚则民不信也，政令不断则民不畏也"。（《墨子·尚贤中》）爵位、俸禄及政令的坚决程度是尚贤的必要保障。君主尚贤举措欠缺其中任意一项时，都可能会使得选任的贤能不足以为民众信服。而对于被选任的贤能本人而言也是如此，《墨子·尚贤中》指出"夫高爵而无禄，民不信也。曰：'此非中实爱我也，假藉而用我也。'夫假藉之民，将岂能亲其上哉？"假如其中缺乏足够的实禄，贤者可能认为自己没有受到足够的重视，而只是成了君主为满足统治需求的工具。

究其根源来看，墨子对尚贤手段的强调，应当源自贤能的非贵族色彩。《墨子》书中曾多次明确地把尚贤和世袭制或贵族制相对立。在这种情况下，墨子所倾向于选任的贤能，特别是源自平民阶层的贤能，会更容易碰到与《孟子·万章上》中万章与孟子所讨论到的伯益相类似或者更差的状况。对于伯益而言，仅仅是民众没有去奔走讴歌，但民众并不讨厌伯益；而对于墨子当中的贤人而言，《墨子·尚贤中》谓："贤人唯毋得明君而事之，竭四肢之力，以任君之事，终身不倦。若有美善，则归之上，是以美善在上，而所怨谤在下，宁乐在君，忧戚在臣。故古者圣王之为政若此。"君主在透过官僚体系的治理过程中，可能会受到不同程度的褒贬。其间，贤人作为政务的实际执行者，将好名声归结到君主身上，而贤人自己在劳累的同时，更容易受到民众由于不理解或其他原因招致的抱怨与毁谤。这实际上会导致贤人经受各方面的压力，民众的信任度也可能遭受冲击，因而需要君主以强有力的措施为其提供支持。因此，尽管墨子所提到的"置三本"并不是针对君主继任者，与孟子略有差异，但仍可以看到墨子在尚贤方式上的偏重，并不完全依赖于民众认可程度，并且寻求一种自上而下的为贤能建立威信的手段。

在墨子尚贤的目的及合法性上，墨子也没有如孟子追求仁政那般诉诸某种贤德外化的政治社会，而是诉诸效用、天鬼、先王之法等层面。

在效用和天鬼层面，《墨子·尚贤中》提供了一个尚贤的论证，"贤者之治国也，早朝晏退，听狱治政，是以国家治而刑法正。贤者之长官也，夜寝夙兴，收敛关市、山林、泽梁之利，以实官府，是以官府实而财不散。贤者之治邑也，早出暮入，耕稼、树艺、聚菽粟，是以菽粟多而民足乎食。故国家治则刑法正，官府实则万民富"。墨子认为只有任用"早朝晏退"的贤人，处理行政、司法事宜，才能维护好地方治安；只有"夜寝夙兴"的贤人，利用自然资源、开发市场，才能使得国家富裕、仓廪充实，从而君主得以用"酒醴粢盛"祭祀天鬼；同时君主也能用财富处理好外交关系。从而让天鬼能赏赐君主，人民亲附，诸侯友好。

同时，墨子也明确把尚贤看作一项先王遗留的治国方案，故而称"唯昔三代圣王尧、舜、禹、汤、文、武之所以王天下、正诸侯者，此亦其法已"。尧、舜、禹、汤、文、武之所以能成为圣王，都依赖于尚贤的功效。《墨子·尚贤中》援引《汤誓》的"聿求元圣，与之戮力同心，以治天下"之语，《墨子·尚贤下》则援引被视作先王典籍的《吕刑》篇，以证明尚贤确是古代圣王所沿用的政策，"古者圣王既审尚贤，欲以为政，故书之竹帛，琢之盘盂，传以遗后世子孙。于先王之书《吕刑》之书然：'王曰：于！来！有国有土，告女讼刑。在今而安百姓，女何择言人？何敬不刑？何度不及？'能择人而敬为刑，尧、舜、禹、汤、文、武之道可及也。是何也？则以尚贤及之"。

因此，墨子尚贤的缘由和方式主要依托于外在客观性。尽管墨子也希望让民众踊跃为贤，形成向贤的风俗习惯，但墨子并不依赖于贤人之教、贤德之化，《墨子·尚贤中》谓："故古者圣王甚尊尚贤，而任使能，不党父兄，不偏贵富，不嬖颜色。贤者，举而上之，富而贵之，以为官长。不肖者抑而废之，贫而贱之以为徒役，是以民皆劝其赏，畏其罚，相率而为贤。"墨子认为，凭借明晰的政令，以及举用贤能、废黜不肖的具体实例足以激起民众为贤的兴趣，这也算是一种民众向贤的风气。当然，这并不能保证为贤的民众都是真心为贤，因而选任贤能时还需要"听其言，迹其行，察其所能"。

而荀子以礼义法度作为准绳，最初其实亦源自对民众"生之所以然"之性的不信任，《荀子·性恶》篇谓："立君上之势以临之，明礼义以化之，起法正以治之，重刑罚以禁之，使天下皆出于治，合于善也。是圣王之治而礼义之化也。今当试去君上之势，无礼义之化，去法正之治，无刑罚之禁，倚而观天下民人之相与也。若是，则夫强者害弱而夺之，众者暴寡而哗之。"荀子认为，君主的势位、礼义法度及相配合的刑罚是维持社会秩序，鼓励民众向善的必要因素；但并不奢求透过礼义法度能彻底改变民众的情性，在毫无监督、约束的情形下有序为善，所以荀子认为礼义的缺失将会使得原有秩序无法保持。

因此，礼义法度并不仅仅是阶段性工具，而是治理过程中始终所依赖的核心内容。《荀子·荣辱》谓："故先王案为之制礼义以分之，使有贵贱之等，长幼之差，知愚能不能之分，皆使人载其事，而各得其宜。然后使谷禄多少厚薄之称，是夫群居和一之道也。"礼义的核心价值在于为社会成员安排了分工合作的模式，并提供了社会资源分配的标准，从而能让整个社会群体各安本分。只有在"明分"的前提下，《荀子·君道》中描绘的治理情景才能实现，即其所谓："故职分而民不慢，次定而序不乱，兼听齐明而百姓不留；如是，则臣下百吏至于庶人，莫不修己而后敢安止，诚能而后敢受职；百姓易俗，小人变心，奸怪之属莫不反悫：夫是之谓政教之极。"

而贤能程度差异则正是在"明分"的社会结构内区分贵贱的因素，即《荀子·君道》中的"圣王财衍，以明辨异，上以饰贤良而明贵贱，下以饰长幼而明亲疏。上在王公之朝，下在百姓之家，天下晓然皆知其所以为异也，将以明分达治而保万世也"。因此对于荀子而言，"贤"必须是客观清晰的评估标准，这也不难理解为什么《荀子·正论》中会反对"尧舜擅让（禅让）"的说法。荀子认为，理想中的上古圣王选择君位接班人时，不会只是凭借主观偏好而立下决定，"故天子生则天下一隆，致顺而治，论德而定次，死则能任天下者必有之矣。夫礼义之分尽矣，擅让恶用矣哉"，事先透过对贤德程度的评估，将合适的人选任到合适的位置上；圣王死后则自然可以透过礼义之分传递君位，无须其主动禅让。

至于贤智程度如何客观化展现，荀子也曾有所构想。《荀子·王霸》将治国所用贤人及先王之法做了一个关联，"故一朝之日也，一日之人也，然而厌焉有千岁之国，何也？曰：援夫千岁之信法以持之也，安与夫千岁之信士为之也。人无百岁之寿，而有千岁之信士，何也？曰：以夫千岁之法自持者，是乃千岁之信士矣"。君主治国需要先王之法为纲，以及先王之信士用于推行实践；虽然并不能实际找到千年前先王时期就已经参与行政事务的信士，但时时以先王之法约束自己的人就可以算是先王之信士了。因此，既然贤人需要沿循先王之法以修身，那么先王之法下客观的法度标准就可以成为检验贤人的参照体系。同时，我们也可以发现，让先王之法如同被先王之人推行一般地在当时施行，便是荀子尚贤的目的，先王礼义法度是较为终极的依归。

《荀子·儒效》则提供了更为详细的一套关于贤能程度的评估体系，荀子区分了俗人、俗儒、雅儒、大儒四类。其中俗人、俗儒并不能算荀子所设想的贤者，本文暂不做讨论，而就雅儒与大儒的区别来看，荀子则分别做了如下的解说：

> 法后王，一制度，隆礼义而杀诗书；其言行已有大法矣，然而明不能齐法教之所不及，闻见之所未至，则知不能类也；知之曰知之，不知曰不知，内不自以诬，外不自以欺，以是尊贤畏法而不敢怠傲：是雅儒者也。
>
> 法先王，统礼义，一制度；以浅持博，以古持今，以一持万；苟仁义之类也，虽在鸟兽之中，若别白黑；倚物怪变，所未尝闻也，所未尝见也，卒然起一方，则举统类而应之，无所儗㤿；张法而度之，则晻然若合符节：是大儒者也。

从上这可见，雅儒与大儒都知道法先王、一制度。但差异在于大儒能够"知通统类"，而雅儒则做不到，不能明了"法教之所不及"。仅在德性层面则雅儒与大儒未必有太大区别，这意味着荀子对于德行水平达到一定程度的贤人，可能更倾向于透过认知能力高低以区分其贤能高低，其重心并非只集中于道德向度。

综上所述，我们可以看到相较于思孟式的尚贤，墨子、荀子的尚贤更讲究其在一套明确制度模式下的实行方式，也更多用于追求外在客观而具体的目的，这使得尚贤在工具层面的意义更为凸显。不过，这并不意味着墨子、荀子矮化了尚贤，"尚贤"是《墨子》书中十大论题之首，而《荀子·君道》谓"有治人，无治法"，都可以说明其对于尚贤的重视程度；只是因为荀子、墨子对于社会治理原本即具有清晰客观的目的，因此在讨论具体行政问题时首要的考量是方法。

三 贤以播治：形上学意义下的尚贤

除前所提及的两种形式的尚贤外，我们也应注意另外一种形式较为特别的尚贤学说。原则上它并不与前两种形式的尚贤相冲突，但它提供了一个不同的尚贤解释方案，亦即从形上学角度解释尚贤需求及必要性，其中以月令五行思想所支持的尚贤说、自然无私思想所支持的尚贤说为突出代表。

月令思想目前最早可追溯至《夏小正》，李学勤曾将《夏小正》文本与甲骨文、金文文献中的礼制对比考证，推断《夏小正》的创作时期很可能不晚于战国。① 方益昉、江晓原则由《夏小正》中关于饮食酿酒的记载指出，《夏小正》可能有一部分内容反映了商、周以前的人民生活面貌。② 管敏义则根据大火（心宿二）的位置推测《夏小正》部分写照了夏代观象授时真实情况。③ 整体来看，《夏小正》的编成时间可能是在战国时期，但其中保留了更早时期的史料。

尽管《夏小正》中的月令思想还是以记载气候为主，提及人事的部分较少，但也记载了"颁冰""颁马"等政体系统内部行为。而到相对较晚的《礼记·月令》与《吕氏春秋》的十二纪时，我们可以看到更为体系化的月令思想，在与五行思想的结合下，记载了许多包含政治行为在内的人事内容。

《礼记·月令》与《吕氏春秋》的十二纪的内容文辞多数相同，其时间先后暂无定论。④ 就其文本当中，在季春之月与孟夏之月，我们都可以

---

① 李学勤：《〈夏小正〉新证》，《李学勤文集》，上海辞书出版社2005年版，第88—100页。
② 方益昉、江晓原：《通天免酒祭神忙——〈夏小正〉思想年代新探》，《上海交通大学学报》（哲学社会科学版）2009年第5期。
③ 管敏义：《从〈夏小正〉到〈吕氏春秋·十二纪〉——中国年鉴的雏形》，《宁波大学学报》（人文科学版）2002年第2期。
④ 自郑玄等以《礼记·月令》不合古法以来，古代学人及至徐复观以《月令》摘抄自《吕氏春秋·十二纪》者为多；而方以智《通雅》则谓"周公《月令》因《夏小正》，《吕览》因《月令》"（方以智：《通雅》，中华书局1990年版，第161页）；杨宽则根据《吕氏春秋·十二纪》与《吕氏春秋·夏纪·音律》异文等推断是吕不韦不同门客摘抄《月令》的差异（杨宽：《月令考》，《齐鲁学报》1941年第2期）。今虽以《月令》为早、《吕氏春秋·十二纪》袭自《月令》者为多，但尚未能完全定论。

看到关于举用贤者的事宜。当季春之月时,《礼记·月令》及《吕氏春秋·季春纪》即载有"是月也,生气方盛,阳气发泄,生者毕出,萌者尽达,不可以内。天子布德行惠,命有司,发仓廪,赐贫穷,振乏绝,开府库,出币帛,周天下,勉诸侯,聘名士,礼贤者。"季春之月本身是春三月当中生气最盛的一个月,而在季春之月礼聘贤士,也是一种配合"阳气发泄""不可以内"的行为,其意义与诸侯国外交相似,大致是一种政德的普遍推广。此处举贤更偏向于贤人的身份,尽管贤人可能与君主没有亲戚关系、所居住的地方也可能比较远,但是君主政德遍及遐迩,即便较为偏僻的贤者也可受到礼待任用。

在孟夏之月,《礼记·月令》及《吕氏春秋·季春纪》则载:"是月也,以立夏。先立夏三日,太史谒之天子曰:'某日立夏,盛德在火。'天子乃斋。立夏之日,天子亲率三公九卿大夫以迎夏于南郊,还,乃行赏,封侯庆赐,无不欣说。乃命乐师习合礼乐。命太尉,赞杰俊,遂贤良,举长大。行爵出禄,必当其位。"月令思想认为在立夏之时,值火德,正宜封赏行赐。因此,举用贤良,授以爵禄,是正合时令的行为。此处举贤行为的重点则在于举用本身,将每个职位给予适宜的贤人。

虽然《淮南子》汇编成书的时间相对较晚,接近于西汉中期,但其作为杂家之书,所援引征集的文献材料时间往往更早,多直接源自战国时期的诸子学说或受当时学说影响。在《淮南子》书中的《天文训》及《时则训》两篇中,我们也都能见到举贤与火德相关联的段落。《淮南子·天文训》运用星纪干支,将一年三百六十五日多按干支五行划分为五个七十二日和一个五日多。其中丙丁属火,丙子原属冬至后七十二日至一百四十四日,即惊蛰前三日左右至立夏后十日左右,但会随着不同年份改变,其火德则不变,其文谓:"七十二日,丙子受制,火用事,火烟赤……丙子受制,则举贤良,赏有功,立封侯,出货财。"《淮南子·时则训》中则更透过五帝方位解释贤人举用。在五行配五帝的观念下,颛顼在北为水德,赤帝、祝融在南为火德,而封贤则当作为赤帝、祝融所司的南方之极的政令:"南方之极,自北户孙之外,贯颛顼之国,南至委火炎风之野,赤帝、祝融之所司者,万二千里。其令曰:爵有德,赏有功,惠贤良,救饥渴,举力农,振贫穷,惠孤寡,忧疲疾,出大禄,行大赏,起毁宗,立无后,封建侯,立贤辅。"

这一系列关于举贤与火德的讨论颇令人寻味，而《吕氏春秋·开春论》也做过一个与火相关的比喻，探讨用贤与火的关系："今夫燿蝉者，务在乎明其火，振其树而已。火不明，虽振其树，何益？明火不独在乎火，在于暗。当今之时世暗甚矣，人主有能明其德者，天下之士，其归之也，若蝉之走明火也。凡国不徒安，名不徒显，必得贤士。"该篇认为贤人就像蝉或者一些趋光的飞虫，君主自身德性如果能做到像烛火一样明亮，贤士会自然投奔君主。因此招贤、举贤的根本在君主自身修为；而招贤、举贤行为本身则可以看作一种举火照明的行为。

此外，《鹖冠子》里也把贤人与四时四方进行了对应。不过《鹖冠子》主要是根据贤德进行归纳，以仁、忠、义、圣四种贤德配四个方位。《鹖冠子·道端》称"是以先王置士也，举贤用能，无阿于世。仁人居左，忠臣居前，义臣居右，圣人居后。左法仁，则春生殖，前法忠，则夏功立，右法义，则秋成熟，后法圣，则冬闭藏"。尽管在相对可能更早的《尚书·洪范》中也已用五事貌、言、视、听、思对应肃、乂、哲、谋、圣之德，但《鹖冠子》将贤德对应为具体的贤人，并配以四时、方位，则在形上学解释途径上更为深入了。

月令五行思想下的尚贤，往往强调的是礼制本身，将尚贤视作一种为合乎岁时而采取的举措；但尚贤思想背后的理论基础兼及四时五方位，却也从另一个侧面反映了尚贤被看作一种王业，是泽及天下、道通海内的行为。

除月令思想外，基于自然无私思想所构建的尚贤说，亦实质是一种王业思想。从效用上讲，举用贤良除了获得良好的施政方案、让政务能得到更好的处理外，也是一种表现君主公正无私的方式。

《吕氏春秋·去私》论证君主擢用贤人时，曾言"天无私覆也，地无私载也，日月无私烛也，四时无私行也，行其德而万物得遂长焉"。无私被理解为一种自然之德，以此能让万物滋长；而君主如果要长养万民，则也需要效仿无私的德行。因而首先便是让贤人代替亲属担任重要职务或者甚至继承自己，《吕氏春秋·去私》里以尧舜禅让作为例加以说明，"尧有子十人，不与其子而授舜；舜有子九人，不与其子而授禹；至公也"。同样，《淮南子·主术训》也称"故太上神化，其次使不得为非，其次赏贤而罚暴。衡之于左右，无私轻重，故可以为平；绳之于内外，无私曲直，故可以为正"。"赏贤罚暴"的行为需要在无私状态下进行，才能体现最基本的公正原则，从而让君主有信服力地推行法令。

整体来看，以形上学方式解释尚贤的文献，其出现时间多在战国后期，一方面是因为五行思想、月令思想的出现为其提供了思想资源；另一方面则可能是与特定时代背景下重新建立礼制的需求有关，但这不同于相对较早期诸子寻求恢复周礼的举措，对礼法的新解释来自形上学角度者更多，而来自历史角度的相对更少，一定程度上可能是为潜在的新王业做准备。

结　论

就上文而言，我们可以看到战国诸子的尚贤观念背后，蕴含着不同形式的理想政治模式。在肯定周文，维护亲亲、尊尊价值的思想基础上，孟子式的尚贤显得有更强的"事后"色彩，力求透过德性培养，在不严重违背传统礼制原则的同时实现尚贤；但墨子、荀子对于传统的态度，则更倾向于追求具体的先王之法或者实际制度，而非亲亲、尊尊的基本原则，如荀子不甚提及亲亲，墨子则更是以亲属家庭所构成的裙带政治为主要论敌；至于形上学基础上解释的尚贤，则颇有一统的王制色彩，德遍四方，惠及海内。

这种不同形式的尚贤，或许在某种程度上与战国不同阶段诸侯国的实际需求差异有关，当诸侯国君急需吸纳民众、人才时，他们可能会更愿意听取德性思想，尽管他们的实际行为可能不会被承认是德性导向的；而在客观化的礼法观念流行时，那些较强的诸侯国则可能会给予客观善形式的尚贤更多的偏重；随着诸侯国有王制一统的倾向，尚贤也可能因之完成形上学理论建构，而有了更强的礼制意味。

"性伪合而天下治"
——平等与等级关系的再思考

曹成双

（内蒙古大学哲学学院）

摘　要：荀子人性论的丰富内容不仅包括"性恶""化性起伪"还有"性伪合而天下治"。"性"和"伪"两个概念的核心含义是"天生"和"人为"。以此反观平等和等级，则平等是性，即人天生的要求；而等级则是伪，即人为的造作。在荀子人性论的背景下，平等和等级这两个相互矛盾的概念呈现出"性伪合而天下治"的相容一面。人性内容相同的事实及其平等要求带来了"礼崩乐坏"的结果，这使得带有等级特征的礼义秩序成为必要；同时，礼义秩序不但"养欲"，而且护育了"涂之人"成圣的可能性。因而在礼义秩序中，平等和等级并不是完全对立的，平等要求带来了等级的制约，同时等级也容摄了平等，并为成圣的实现提供了条件。

关键词：人性　平等　等级　性伪合

荀子的人性论是荀子思想中最具争议性的话题之一。背负"性恶论"的恶名，荀子被宋儒判定为儒学的歧出。但是"性恶"一词无法概括荀子丰富的人性思想，因为性恶只是荀子人性论的起点，更为重要的是"化性起伪"，最终达到"性伪合而天下治"。荀子人性论也在更加广泛的性朴论、心善说和传统的性恶论之间展开。性朴论者从荀子人性的定义出发，

---

* 本文系内蒙古自治区社会科学规划项目"基于《荀子》文本对规范性基础问题的研究"（2017NDB071）、"荀子的君子论及其当代价值"（20JZKT01，中华君子文化基金资助）的阶段性成果。

强调性恶是后世对荀子的污名化理解;① 心善说者从荀子论人性的良善潜质出发，为荀子找到某种性善的基础;② 仍然坚持传统性恶论的学者也不会再像宋儒那样狭隘地理解性恶论，而是重新审视荀子人性论中的丰富内容，正视荀子的人性定义和人性的向善倾向，走出人性本质善恶对立的二元窠臼，给出更加合理的解读。③

无论是性朴论、心善说还是性恶论，荀子丰富的人性思想都要得到严肃对待，难以简化为一个名称。笔者倾向于认同荀子人性思想的结构论。这个结构本身的内容构件是清晰的，这些构件之间的相互勾连也是清晰的，只是我们还没有很好地概括这一结构，其意义和蕴含也仍然没有得到充分阐明。本文尝试从平等和等级之间关系的角度对这一人性论结构给出一个崭新的阐释。

荀子是中国传统思想家中反对平等、主张等级的典型，④ 但若就此认为不能从平等的视角反思荀子人性思想则似乎有点草率。尤其当我们将荀子丰富的人性思想看作一个结构的时候，平等和等级似乎就是一对反思荀子人性思想中不同内容之间关系的恰当视角。笔者将以《荀子》文本为基础，借助荀子丰富的人性论思想，综合近现代的研究，从平等和等级及二者之间关系的视角来审视荀子的人性论，同时也借荀子的人性论结构反思平等与等级之间的复杂关系。

一 "性之平等"

平等这一广为现代世界接受的社会政治价值在古代也不缺乏。实际上，从古代"质上的平等"到现代"数上的平等"，平等观念经历了一个

---

① 性朴论最早由日本学者儿玉六郎在20世纪70年代提出，当代中文荀子学界以周炽成教授为代表。参见周炽成《荀子韩非子的社会历史哲学》，中山大学出版社2002年版；周炽成《荀子人性论：性恶论，还是性朴论》，《江淮论坛》2016年第5期。

② 梁涛：《荀子对"孟子"性善论的批判》，《中国哲学史》2013年第4期；梁涛：《荀子人性论辨正——论荀子的性恶、心善说》，《哲学研究》2015年第5期。

③ 李景林：《人性的结构与目的论善性——荀子人性论再论》，《北京师范大学学报》（社会科学版）2019年第3期；王楷：《荀子"性"概念的元伦理学考察》，《中国哲学史》2018年第4期。

④ 笔者在另一篇文章中集中论述了荀子对平等的对立面"亲亲、尊尊和贤贤"的辩护，参见拙文《儒家传统"礼制"中的三种等级——以荀子思想为例》，《安徽师范大学学报》2016年第1期。

古今之变。① 如果从现代"数上的平等"出发，我们很难发现人性论这一关于人性、道德的讨论如何能同平等发生关系；但是如果我们从古代"质上的平等"出发，我们就不能否认人性论中有着关于人性质上的相同和道德完善可能性上的相同这一平等。

荀子丰富的人性思想中有很多人性相同的论述。

"材性知能，君子小人一也。好荣恶辱，好利恶害，是君子小人之所同也。"（《荣辱》）

"凡人有所一同。饥而欲食，寒而欲暖，劳而欲息，好利而恶害，是人之所生而有也，是无待而然者也，是禹、桀之所同也。目辨白黑美恶，耳辨声音清浊，口辨酸咸甘苦，鼻辨芬芳腥臊，骨体肤理辨寒暑疾养，是又人之所常生而有也，是无待而然者也，是禹、桀之所同也。"（《荣辱》）

"人之情，食欲有刍豢，衣欲有文绣，行欲有舆马，又欲夫余财蓄积之富也；然而穷年累世不知不足，是人之情也。"（《荣辱》）

"水火有气而无生，草木有生而无知，禽兽有知而无义；人有气、有生、有知，亦且有义，故最为天下贵也。"（《王制》）

"夫人之情，目欲綦色，耳欲綦声。口欲綦味，鼻欲綦臭，心欲綦佚。此五綦者，人情之所必不免也。"（《王霸》）

"今人之性，饥而欲饱，寒而欲暖，劳而欲休，此人之情性也。"（《性恶》）

"若夫目好色，耳好听，口好味，心好利，骨体肤理好愉佚，是皆生于人之情性者也；感而自然，不待事而后生之者也。"（《性恶》）

"凡人之性者，尧、舜之与桀、跖，其性一也；君子之与小人其性一也。"（《性恶》）

在这些例文中，荀子都强调了人们在生理以及性情上的同一——每个

---

① 本文借用高瑞泉教授对"平等"观念古今之变的判定，采用相同性平等或曰单数平等来说明人性相同性事实上的平等。参见氏著《平等观念史略》，上海人民出版社 2011 年版，第 26—28 页。平等这一古今之变也得到国外学者的认可，参见 [美] Mortimer J. Adler《六大观念》，郗庆华、薛笙译，生活·读书·新知三联书店 1998 年版。

人都具有相同的性情。这种性情"是人之所生而有也,是无待而然者也,是禹、桀之所同也",并且"性也者,吾所不能为也"。(《儒效》)

如果我们把这种相同性认识定义为一种平等观念,那么我们就可以说荀子确认了人与人之间的相同性平等及其观念。此种相同性平等与现代的分配平等不同,前者是性质上的平等,后者则是数量上的平等;前者不涉及具体的社会制度,后者则是社会制度的价值基础和规范目标;前者是人性事实上的平等,后者则是基于人性平等的价值认可和制度安排。荀子所强调的人性之同便是相同性之平等,也即"性之平等"!

荀子所论"性之平等"不仅有客观事实意义上的人性平等,而且有个人主观欲求上的平等,或者说人在天性上就会要求平等。因而"性之平等"不仅是客观事实意义上的,还是主观欲求上的。这类例子在《荀子》文本中也俯拾皆是。

"人之所恶者,吾亦恶之。"(《不苟》)

"夫贵为天子,富有天下,是人情之所同欲也。"(《荣辱》)

"夫贵为天子,富有天下,名为圣王,兼制人,人莫得而制也,是人情之所同欲也,而王者兼而有是者也。重色而衣之,重味而食之,重财物而制之,合天下而君之;饮食甚厚,声乐甚大,台谢甚高,园囿甚广,臣使诸侯,一天下,是又人情之所同欲也,而天子之礼制如是者也。制度以陈,政令以挟;官人失要则死,公侯失礼则幽,四方之国有侈离之德则必灭;名声若日月,功绩如天地,天下之人应之如影响,是又人情之所同欲也,而王者兼而有是者也。"(《王霸》)

"人之情,虽桀、跖,岂又肯为其所恶、贼其所好者哉?"(《议兵》)

"凡人之动也,为赏庆为之,则见害伤焉止矣。"(《议兵》)

这些例子都对人性中好利恶害的趋同性进行了描述,亦是人与人之间的相同性平等,不仅是客观意义上的相同性平等,而且是主观上对相同性平等的欲求,都是相同性的平等,因而都可以归为"性之平等"。①

---

① 实际上,性、情、欲三者在荀子那里有着紧密的相关性,"性者,天之就也;情者,性之质也;欲者,情之应也"(《正名》)。

对平等对待的主观欲求不仅仅发生在人类身上，而且发生在灵长类动物的身上，如有关僧帽猴（capuchin monkey）的有趣实验。① 人们对欲望得到平等满足的主观欲求赋予平等强烈的"规范力量"。这种力量主要来源于人们的欲望动机，即人的行动力（agency），而非平等规范本身。当别人的欲望得到满足的时候，我们会自然生发出这样的疑问"我们相同的欲望为什么没有得到满足？"② 这种换位思考所带来的力量主要来自我们的欲望动机。这种由"性之平等"在主观欲望上自然延伸出的力量比纯粹的规范力量要强大得多，如果不能进行制约规范，将带来极具破坏力的后果。

二　"伪之等级"

当人们的欲望力量集合在一起的时候，再加上欲望要得到平等满足的催化鼓动，没有相应秩序就会产生混乱。因为利害要求容易产生争夺从而酿成混乱，平等要求更会加剧混乱导致物资供应匮乏不足，进而加重混乱状况，最终陷入恶性循环。故而荀子对人性（尤其是人性中的平等要求）持有一种负面评价。

荀子在讲了"人情之所同欲也"之后，接着就讲"然则从人之欲，则执不能容，物不能赡也"。（《荣辱》）荀子也直接反对平等对待的要求，所谓"分均则不偏，势齐则不壹，众齐则不使"。（《王制》）

这是荀子众多经济政治思想论述思路的基本起点，如《富国》篇开头，"万物同宇而异体，无宜而有用为人，数也。人伦并处，同求而异道，同欲而异知，生也……欲恶同物，欲多而物寡，寡则必争矣"。

《性恶》篇开头也是如此，"今人之性，生而有好利焉，顺是，故争夺

---

① ［美］弗朗斯·德瓦尔等：《灵长目与哲学家：道德是怎样演化出来的？》，赵芊里译，上海科技教育出版社2013年版，第47—52页；或者参见［美］罗伯特·A. 达尔《论政治平等》，谢岳译，上海人民出版社2010年版，第24—25页。
② 笔者的两个孩子睡在一个屋子，老大睡在小床上，老二睡在大床上。为了让老大早点入睡，笔者给老大定了一个规矩：如果她在自己的床上，台灯就打开；如果她离开她的小床到大床上，台灯就关闭。老大怕黑，笔者希望她早点安静下来入睡。当老二在大床上不能入睡的时候，老大会对我说："爸爸，心莫（老二的小名）也在大床上。"愣了一下，笔者才明白过来，她在基于平等而申诉："为什么心莫在大床上可以开灯，而我在大床上就要关灯？"笔者的女儿才3周岁，根本不知道什么叫作平等，但是却有着天然的平等要求。

生而辞让亡焉；生而有疾恶焉，顺是，故残贼生而忠信亡焉；生而有耳目之欲，有好声色焉，顺是，故淫乱生而礼义文理亡焉。然则从人之性，顺人之情，必出于争夺，合于犯分乱理，而归于暴"。

如果这样，那么怎么办呢？荀子引出了"明分使群"的礼制主张。"穷者，患也；争者，祸也。救患除祸，则莫若明分使群矣。"（《富国》）"明分使群"既是礼义制度的核心也是其作用，其基本特征就是等级，所谓"贵贱之等，长幼之差，知愚能不能之分"。（《荣辱》）若没有等级性的礼义，则人们的和谐共存就无从谈起。"故先王案为之制礼义以分之，使有贵贱之等，长幼之差，知愚能不能之分，皆使人载其事，而各得其宜。然后使谷禄多少厚薄之称，是夫群居和一之道也。"（《荣辱》）

简言之，为了和谐秩序的"群居和一"，相应的规范力量就要相应产生。荀子找到的规范秩序是礼义秩序。人性平等—争夺混乱—礼义秩序，这是荀子思想的基本思路。几乎在每一处讲人性平等的段落后都有相应的负面评价段落以及相应的礼义秩序答案。比如"是人之情也"后面紧跟"况夫先王之道，仁义之统，诗书礼乐之分乎！彼固为天下之大虑也，将为天下生民之属，长虑顾后而保万世也。其流长矣，其温厚矣，其功盛姚远矣，非顺孰修为之君子，莫之能知也"。（《荣辱》）

其中最为知名的一段大概是"最为天下贵也"后面的一段，"力不若牛，走不若马，而牛马为用，何也？曰：人能群，彼不能群也。人何以能群？曰：分。分何以能行？曰：义。故义以分则和，和则一，一则多力，多力则强，强则胜物，故宫室可得而居也。故序四时，裁万物，兼利天下，无它故焉，得之分义也。故人生不能无群，群而无分则争，争则乱，乱则离，离则弱，弱则不能胜物，故宫室不可得而居也——不可少顷舍礼义之谓也"。（《王制》）

《礼论》篇开头更是经典地展现了礼义的重要，"人，生而有欲，欲而不得，则不能无求。求，而无度量分界，则不能不争；争，则乱，乱则穷。先王恶其乱也，故制礼义以分之，以养人之欲，给人之求"。

礼义规范对性情的外在制约是因为性情不美。人性欲望及其平等要求导致的负面结果必然要求有所措置，即带有等级特征的礼义制度，故而荀子对性情的负面评价的规范含义直接导向了带有等级特征的礼义秩序主张。与"性之平等"不同，礼义并不是人天性的要求，而是人为的造作，即"先王……制礼义。"① 先王（圣王）制礼说明礼义并非来源于人性，而是一种人为的等级，即"伪之等级"。

"性之平等"并不具有正面的价值，因而不能辩护"伪之等级"，前者只是后者产生的客观原因而已。基于先王制礼的等级制度其实具有一个最小的目的论辩护——避免混乱、满足需要。因为制礼的目的是非常清楚的，即"养人之欲，给人之求"。当然，并非所有等级制度都有这个最小辩护，如单单满足一小撮统治者利益而不是满足大多数人需要的等级制度，大概只能暂时避免混乱而已。②

礼制等级的目的论最小辩护已经无法适应强调平等价值的现代社会了。今天的人们在追求平等价值的时候往往把等级当作封建糟粕而扔掉。这种过于简化处理方法不仅忽视了社会中等级存在的现实，而且没有意识到等级规范可以得到辩护的可能。③ 礼制等级要得到超越目的论的辩护不仅要将辩护建立在道德的基础上——礼义等级即预设了礼义这一道德前提，而且需要正视平等价值所带来的挑战——最好在理论上可以容纳平等价值。

三　涂之人可以为禹

荀子的"性恶论"主要包括"性之平等"与"伪之等级"两部分内容，人性平等带来的混乱需要被消除，并由人为等级维护必要的社会秩序。这似乎没有给正面的平等价值留下什么空间。这个难题其实荀子在

---

① 在荀子的思想中，要么是先王制礼要么是圣王制礼，却无圣人制礼之说。"制礼义"是一种制度的创作，是尽制之"王"的责任，与"尽伦"之"圣人"没有直接关系。

② 荀子对礼义的更完整辩护体现在"礼之三本"的思想当中，"礼有三本：天地者，生之本也；先祖者，类之本也；君师者，治之本也"（《礼论》）。荀子并没有否认礼义辩护部分来源于天地，具有天生的成分；同时荀子也认为礼义辩护更多来自"先祖"和"君师"，来自具有特殊地位的人群。这也说明等级基本上来自人为，即"伪之等级"。荀子并没有为等级提供一种基于天生如此的辩护，但是辩护是部分基于天生。尊尊的等级不是天生不可变的，"汤武不弑君"。贤能等次更不是天生的，所谓"贤能不待次而举，罢不能不待须而废，元恶不待教而诛，中庸民不待政而化。分未定也则有昭缪。虽王公士大夫之子孙，不能属于礼义，则归之庶人。虽庶人之子孙也，积文学，正身行，能属于礼义，而归之卿相士大夫"。只有亲亲等级具有某种基于天生的特质。

③ Daniel A. Bell and Wang Pei, *Just Hierarchy: Why Social Hierarchies Matter in China and the Rest of the World*, Princeton University Press, 2020.

《性恶篇》中已经意识到了。"性恶论"的基本主张是"人之性恶明矣，其善者伪也"。如果善是来自人为，而人性又是恶，那么善来自哪里？圣贤君子何来？

荀子对这个问题的回答是肯定的——涂之人可以为禹！涂之人可以为禹有两个原因：第一，"涂之人"具备了成圣的材质（性朴论的要点），这一点是性恶论本身的内容之一；第二，"涂之人"不但知道"仁义法正"而且能够"仁义法正"（心善说的要点），如荀子所说"今涂之人者，皆内可以知父子之义，外可以知君臣之正，然则其可以知之质，可以能之具，其在涂之人明矣"。（《性恶》）

人不但在"仁义法正"上具有认知和行动能力，而且人甚至在情感上对礼义道德有天生的喜好，"人之所恶何也？曰：污漫、争夺、贪利是也。人之所好者何也？曰：礼义、辞让、忠信是也"。（《强国》）

人性不但"本始材朴"，而且兼具"欲利"和"好义"两面！"'义'与'利'者，人之所两有也。虽尧舜不能去民之欲利；然而能使其欲利不克其好义也。虽桀纣不能去民之好义；然而能使其好义不胜其欲利也。"（《大略》）

荀子丰富的人性论思想中确实有资源来回答"涂之人可以为禹，曷谓也？"这一难题。"性恶论"的性恶仅就人性的任意变化而言，只有当人们因"从欲"而生争夺从而混乱无序时才造成恶（"偏险悖乱也"）。其实人性既非全恶，也非本质上为恶。人性中"好义"的一面是"涂之人"修身成圣的人性论基础，由圣王制礼就能让社会实现和谐繁荣（"正理平治也"）。那么荀子解释"涂之人可以为禹"的答案能如何帮助我们回应现代平等价值对礼义等级的挑战呢？关键或许就在于每个人都有成圣可能性这一点上。

荀子和孟子一样都认可每个人都有成圣的可能性，孟子认为"人皆可以为尧舜"，荀子认为"涂之人可以为禹"。因而每个人在成圣可能性上都是平等的，尽管人与人之间在实现程度上会有所差别。如果每个人都有成圣的可能性，那么这也就意味着每个人都具有可能成圣的潜在特质（简称潜质），尽管每个人在实现这种潜质时会有所差别。这其中平等仍然是一种相同性的平等，但是因为可能性和潜质是需要努力实现的，因为程度差别并非固定的，会随着时间的推移和环境以及努力的变化而变化。

基于这种可能性和潜质的平等是一种具有正面价值的平等，赋予了每个人平等的尊严。这种尊严不是静态的人格尊严，而是始终处于变易之中的道德尊严。不是说这种平等的尊严总是处在变易当中,而是说处于变易当中的人们因为具有变化的可能而具有了同等的尊严。简单来说,不是尊严带来变化,而是变易带来尊严。如此理解的平等价值就是可以与礼义等级相容的。总体来看,人的成圣过程总是处于变易当中,从而人与人在尊严上是平等的;但是就一个具体时间点而言,每个人成圣可能性实现的程度不同正好相应于礼义的等级(理想状态)。此外礼义等级中的人们也是处于流动变易之中,正与每个人成圣的变易流动相适应。因而,礼义等级就可以容纳如此理解的平等价值,成功回应现代平等价值的挑战。需要说明一点的是,静态的人格平等价值与礼义等级是相互冲突、无法相容的。①

四 "不齐而齐"

基于潜质的尊严平等可以为礼义等级提供一种道德性的辩护。

首先,礼义等级可以和以潜质为基础的尊严平等之间相容,尽管这种相容性还不能为礼义等级提供道德辩护,但是确实为进一步辩护扫除了关键性障碍。我们在支持平等价值的时候不一定要放弃礼义等级。

其次,基于潜质的尊严平等为礼义等级提供了道德上的可能性。如果等级是任意建立起来的,那么这种等级肯定是没有道德辩护的;如果等级是为了整体利益建立起来的,那么这种等级就有了最低的目的论辩护,如同先王之制礼;如果等级是根据人们需要的自然差异建立的,那么这种等级是最合适的,因为它公正地对待了每个人。如果等级是根据人们的欲望建立起来的,那么这种等级必定是任意的和不道德的,因为人的欲望和人的需要并不重合。因而先王制作的礼义等级不仅是为了满足需要,而且是为了限制欲望,这样等级的起点就既不能是需要(无法限制欲望)也不能是欲望(不但没有限制,而且最终结果是需要也无法满足),因而礼义等级的建立基础只能是道德。第一,这个道德根基最直接地体现于其制作者——圣王,也就是说礼义等级来自一个具有完美道德(圣)的王!圣王

---

① 尽管静态的人格平等与礼义等级无法相容,但是这并不意味着两者不能共存。实际上,在现实世界中,许多相互冲突(甚至无法调和)的概念、意义系统等共同存在着。这也许可以理解为个体与亲亲的"双重本体"在平等、等级关系上的延伸,"双重本体"的论述请参见孙向晨《论家:个体与亲亲》,华东师范大学出版社 2019 年版。

的道德完美并不是天生的，而是来自日积月累地"积善"而成。而这正是每个人都具有的成圣"潜质"。第二，现代礼义等级的道德根基不仅来自制作者而且来自制作的对象，即每个人的需要满足和道德成长得到保障。圣王制礼必须关注到每个人，不仅既满足其真实需要又限制其过度欲求，而且为每个人的道德成长提供条件性的保障。因而我们可以说"潜质"为礼义等级提供了道德上的可能性。

最后，"潜质"为礼义等级提供了基于人性的道德辩护。礼义等级本身并不是目的，目的乃是"养欲"。如果人性欲望都是礼义等级的目的，那么向善的人性"潜质"就更是礼义等级的目的。因而礼义等级就不仅要满足人们的需要，而且更要保护人性中的潜质，提供给每个人成为士君子的平等机会。因而只有当等级建立在"潜质"基础之上（由圣王所作，并且给予每个人平等的成圣机会），礼义等级才能因此而成，从而得到基于人性的道德辩护。

"终为圣人"是礼义等级在道德上的最终目标。"化性起伪"这一变化过程的道德可能性在于"潜质"，这种平等之"潜质"也为礼义等级提供了道德基础，同时"化性起伪"的最终目标——"终为圣人"——也为礼义等级提供了最终的道德目标。因为圣王在政治制度中的独特地位，大多数人在礼义等级中的最高成就只能是成为圣人（素王）。不仅圣王稀少，而且圣人也不世出，所以即或得到道德辩护，礼义等级仍然是一种等级，不过是一种关注道德平等机会实现的等级。相比于"维齐非齐"[①]来说，礼义等级则实现了一种"不齐而齐"。

结语　性伪合而天下治

荀子的人性论包括极具张力的两部分：一个是有关人性欲望带来礼义等级的部分；另一个是有关人的"潜质"及其成圣可能性的部分。

人性欲望是一种人与人之间相同的事实，这是一种客观上的人性平

[①] "分均则不偏，势齐则不壹，众齐则不使。有天有地，而上下有差；明王始立，而处国有制。夫两贵之不能相事，两贱之不能相使，是天数也。势位齐，而欲恶同，物不能澹则必争；争则必乱，乱则穷矣。先王恶其乱也，故制礼义以分之，使有贫富贵贱之等，足以相兼临者，是养天下之本也。《书》曰：'维齐非齐。'此之谓也。"（《王制》）

等；人性对平等也有着相同的欲望，这是主观上的人性平等。性之平等带来的混乱需要人为的等级予以制约。因而"性之平等"带来"伪之等级"，"化性起伪"的"性伪合"也是平等和等级的一种统一。

成圣可能性也是一种人人都具有的相同性之潜在事实，这是一种基于变易的人性平等。当人们在自由意志主导下做出或善或恶的选择时，人们便在修身成圣的道路上有所前进或者后退。在某个确定的时间点上，处于变化之中的道德修养就会形成等级性的礼义秩序。这是"潜质之平等"带来的"礼义等级"，前者是性，后者是伪，"群居和一"的"性伪合"也是平等和等级的统一。

荀子人性论的两个部分之间是有着明显张力的。前一种性（平等）与伪（等级）是现实社会中的平等和等级，而后一种性（潜质）和伪（成圣的修为）则是理想的平等和等级。前一种人性论偏重于性，而后一种人性论偏重于伪；平等带来了等级并给等级设定了限制，而等级则容摄了平等并为平等的实现提供了条件。这其实也是一种"性伪合而天下治"。

平等是性，因为平等是天生的，无论平等之欲还是潜质都是天生的；而等级则是伪，等级制度是社会治理中人为造作出来的，基于道德的礼义等级更是人为努力的结果。平等和等级恰当地融为一体，正如荀子所说"性伪合而天下治"。[1]

---

[1] 当然平等和等级还是一对矛盾的价值规范，我们不能对同一对象同时做出平等和等级的判断。平等和等级的统一是基于礼乐秩序而言的，平等和等级所面对的对象并不是同一的！即使对象相同，对象所处的时空和环境也是不一样的或者对象所展现的层面也是不一样的。

王阳明致良知工夫论的"分限"与"所及"
——基于王学流弊的逆向把握*

孙德仁

（西安电子科技大学哲学系）

摘　要：致良知作为阳明心学的工夫宗旨，在王门后学的发展中形成了不同向度的实践进路，龙溪与泰州见在、现成化的落实使得阳明学风行天下的同时，亦渐失其传，面临心学工夫的教化困境。风行天下与渐失其传之间，显豁出阳明致良知工夫论的"分限"（不能）与"所及"（能），其工夫实现之"所及"就建立在逆觉进路所彰显的"分限"之上，即不顺着感官之思与气质之性而沦为自然生性的道德本心之自警自觉。而这一底线意识就具体表现在四句教"一无三有"的回环结构中，以此维护着致良知之教在具体工夫落实中的真实性与有效性，彰显着致良知之教作为成德之教的终极关怀。

关键词：王阳明　致良知　工夫论　见在　现成

自王阳明于正德十五年前后正式提出"致良知"，就以此为心学工夫宗旨，更有"千古圣传之秘"与"学问头脑"之称。从致良知的具体展开而言，阳明及其弟子门人将其落实在讲学教育与觉民教化的实践活动中，始终不离其作为一种教养工夫的内在规定。这也就意味着，致良知不仅仅是一种学理论说的表达，更是由道德工夫实践而达致生命情态转化与提升的德性教养（自得之学）。所以，阳明提出致良知，所关切的问题是在人

---

* 本文为中国博士后科学基金第69批面上资助（2021M691840）的阶段性成果。

人本有之良知上如何指点出一条成德作圣之路。作为工夫论的致良知，学界对此虽多有关注与分疏，却少有从阳明思想语境中谈及致良知的"分限"（不能）与"所及"（能）。这一问题张力并非来自今人的理论预设，而是就蕴含于从阳明到龙溪、泰州的思想转向之中。所以，本文以龙溪、泰州所面临的工夫困境为逻辑起点，逆向把握阳明致良知工夫论的"分限"（不能）与"所及"（能），从而明确阳明心学工夫论的底线意识。这不仅可以解开王学流弊中的工夫困境问题，还有助于贞定致良知的内在法度，以昭明致良知本义。

一 从见在到现成的工夫困境

阳明殁后，虽然致良知之教所指向的觉民行道之路并未中断，但在王门后学中围绕"致良知教"却形成了不同向度的学理阐发与实践进路。其中又以龙溪与泰州为代表的见在、现成派因"时时不满其师说"而表现出逸出师说的走向。正如黄宗羲所评："阳明先生之学，有泰州、龙溪而风行天下，亦因泰州、龙溪而渐失其传。"[1] 风行天下与渐失其传所呈现出的思想张力，就直接根系于龙溪、泰州两系工夫论的转向与困境，而这不仅关乎阳明心学工夫论的有效性问题，也涉及阳明学心学的演变与晚明儒学的转向。关于龙溪、泰州两系的偏失，刘宗周有公允的评价："今天下争言良知矣，及其弊也，猖狂者参之以情识，而一是皆良；超洁者荡之以玄虚，而夷良于贼，亦用知者之过也。"[2] 所谓"猖狂者参之以情识"，主要指泰州之失在于由自然明觉的现成良知而走向感性知觉、欲望活动的猖狂。而"超洁者荡之以玄虚"则指谓龙溪由理论思辨化走向良知见在的"玄虚"。这也成为晚明王学流弊的两个重要方向。

王龙溪在"天泉桥证道"中从"先天心体上立根"的角度提出"四无"说，无疑是在"即本体即工夫"的路径中以"一念灵明"作为入手工夫的结果。而这样一种以一无消解三有的指向，当下就受到了钱德洪明确的质疑："若原无善无恶，功夫亦不消说矣。"[3] 阳明也就此提醒他说：

---

[1] （清）黄宗羲：《明儒学案》，中华书局1985年版，第703页。
[2] （明）刘宗周：《刘宗周全集》第3册，浙江古籍出版社2007年版，第248页。
[3] （明）王守仁：《王阳明全集》，上海古籍出版社2011年版，第1442页。

"此颜子、明道所不敢承当，岂可轻易望人！"①但王龙溪却不以为然，因为在他看来，"夫学有本体，有工夫，静为天性，良知者，性之灵根，所谓本体也。知而曰致，翕聚缉熙以完无欲之一，所谓工夫也。良知在人，不学不虑，爽然由于固有，神感神应，盎然出于天成，本来真头面，固不待修证而后全"②。在先天心体上立根，就能确保良知心体为之主宰，而良知之发用流行自然"神感神应，盎然出于天成"。王龙溪不仅认为这是最为彻上彻下的简易工夫，同时醉心于此本体工夫的化境情景："若真信得良知过时，自生道义，自存名节，独来独往，如珠之走盘，不待拘管，而自不过其则也。"③如此工夫，已然达到超然入境之界。

但反向叩问，如此工夫是如何达到的？王龙溪无疑是将入圣之真径诉诸个体之"一念之悟"，即"凡与圣，只在一念转移之间，似乎反复，如人醉醒。迷之则成凡，悟之则证圣"④。显然，能否达到入圣之境全然在于"悟"与"不悟"（迷），难怪乎从刘宗周到黄宗羲都以佛禅来定位王龙溪的思想走向。⑤但如果我们在此"一念之悟"的基础上进一步追问，"一念之悟"又是如何达到？是不是由王龙溪亲证而实得？这一答案就保留在刘宗周对王龙溪的评价中：

> 先生孜孜学道八十年，犹未讨归宿，不免沿门持钵，习心习境，密制其命，此时是善是恶？只口中劳劳，行脚仍不免在家窠白，孤负一生，无处根基，惜哉！⑥

可见，在刘宗周看来，所谓"一念之悟"的上达工夫，并非是从王龙溪的现实人生中步步实践而开显出来的，由于对"悟"的过分强调与依赖，这也就必然会冲淡对人伦道德践履的笃行。因此，其实质上只能是"口中劳

---

① （明）王守仁：《王阳明全集》，上海古籍出版社2011年版，第1442页。
② （明）王畿：《王畿集》，凤凰出版社2007年版，第121页。
③ （明）王畿：《王畿集》，凤凰出版社2007年版，第79页。
④ （明）王畿：《王畿集》，凤凰出版社2007年版，第309页。
⑤ 虽然从刘宗周到黄宗羲都以佛禅来定位王龙溪的思想走向，却并不意味着龙溪就是禅学。因为"一念之悟"并不是区别儒、佛的重要标志。刘宗周、黄宗羲之所以如此判定，也是从龙溪之学有偏离道德实践的角度而言。
⑥ （明）刘宗周：《刘宗周全集》第5册，浙江古籍出版社2007年版，第524页。

劳"的理论思辨工夫与"玄虚"的表演工夫。正如聂双江曾将此工夫比喻为"龙肉","譬之甘露悦口,只是当饭吃不得"[①]。

在此意义上,王龙溪由理论思辨化而达致的见在良知,也就显现出两方面的致命缺点:其一,"古人立教,原为有欲设,销欲正所以复还无欲之体,"[②] 而一当良知见在,则"神感神应,盎然出于天成,本来真头面,固不待修证而后全,"如此一来,所有受教者也就现成地养成"无欲之体",进入超然入圣之境。这有明显的脱略工夫之嫌。其二,良知虽然是"天然之灵窍,时时从天机运转,变化云为,自见天则,"[③] 在此意义上,良知可以见在,但问题在于,见在的良知是不是都是"真良知"。因为它虽然发于至善的先天心体,但在现实世界的芸芸众生,却只能从现实的"其性之所近"出发,也就难免掺杂感性欲望与习心习境。如此一来,作为人文教养义的致良知之教,在王龙溪四无说的前提下,也就随之表现出两方面的教化困境。一方面由于王龙溪坚持"上根之人,悟得无善无恶,便从无处立根基,意与知物,皆无从生,一了百当,即本体便是工夫,简易直截,更无剩欠,顿悟之学也,"[④] 走向"上根"与"生而知之"的教法,虽然王龙溪本意在于强调彻上彻下的本体工夫,却由于脱略下学上达的道德实践工夫,而使得众人上下与芸芸众生难以上达、成人,所谓的"人人皆可成尧舜"也就成了一种理论上的可能性。另一方面,由于王龙溪对于这一结果并不承认,转而在即体即用的究竟路途中诉诸良知见在的"一念灵明",这也就意味着通过"一念灵明",良知便当下具足见在。而从大众现实的"其性之所近"出发,掺杂感性欲望与习心习境也就带来"良知冒领""认贼作父"的潜在危险。

如果说龙溪对良知的见在化落实导致了一定程度上的工夫困境,那么王心斋进一步的现成化拓展,则将阳明觉民教化之道发挥到极致的同时,也导致了心学工夫与教化面临着更大困境。王心斋沿着龙溪的见在良知之路,直接从感性经验的自然知觉活动方面肯认良知,所呈现的也就只能是自然感应知觉的现成存在。如有学者问:"放心难于求",先生呼之即起而

---

① (明)聂豹:《聂豹集》,凤凰出版社2007年版,第226—227页。
② (清)黄宗羲:《明儒学案》,中华书局1985年版,第241页。
③ (明)王畿:《王畿集》,凤凰出版社2007年版,第79页。
④ (明)王畿:《王畿集》,凤凰出版社2007年版,第1—2页。

应。先生曰："尔心现在，更何求心乎？"① 王心斋从"顺明觉自然之应"的角度实现了对王龙溪见在良知的现成化拓展。而这样一种转进带来的偏失也同样表现在两个方面②：其一，现成化拓展是通过自然明觉来实现的，即在良知自然明觉化的同时，人性的内在根据也就不再必然是至善之性，而成为一种自然天性。这就意味着王心斋的自然明觉化，是将人性的内在根据由道德善性扭转为自然天性。在此意义上，由自然明觉的感性知觉将良知现成化的同时，其工夫也就成为一种"呼之即应"的现成工夫。泰州之偏失也就由此显现，如冈田武彦先生指出："他们轻视工夫，动辄随任纯朴的自然性情，或者随任知解情识，从而陷入任情悬空之弊，以至于产生蔑视人伦道德和世之纲纪的风潮。"③ 其二，这样一种转向意味着王心斋将圣人之道的形上超越维度，消解为"百姓日用"本身。所谓"圣人之道"固然要落实于人伦日用之中，但落实却并不意味着"圣人之道"本身就是"百姓日用"。因为"圣人之道"是内在于"百姓日用"之中，并且为之主宰，而此时的"百姓日用"就是"道"的体现。但如果将"道"完全等同于"百姓日用"时，"道"也就被消解为现实生存境遇中的"百姓日用"，而在"百姓日用"的层面则永远无法上达"圣人之道"。这也就使得致良知之教在觉民行道中的落实，只能在现实日用上打转，所觉之道皆谓日用常行之道。

总体而言，如果说龙溪是从一念见在良知的角度出发，不仅将"人人皆可成尧舜"的成圣工夫根基变为一种理论可能性，而且还导致一念灵明在掺杂感性欲望与习心习境中失去成德工夫的有效性。那么，王心斋在此方向上的现成化拓展，最终消解了工夫所应有的超越性维度，所系只是在感官欲望与人伦日常上打转，也就无所谓真正意义的教化觉民。可见，龙

---

① （明）王艮：《王心斋全集》，江苏教育出版社2001年版，第17—18页。
② 关于泰州学派流弊的整体性特征，陈来先生认为："从中晚明社会思潮发展来看，泰州学派占有一个重要的位置。王艮之利用阳明学是个典型例子，他把良知当成'不犯作手，而乐夫天然率性之妙'，取消了良知的规范意义；他以格物为安身，这个身不再是阳明修身之身，而是个体的感性的生命存在，以爱身为宗旨，已经离开了阳明的格致说，引向个人主义的发展。其后罗近溪强调身心自然妥帖而忽视德行培壅，以'浑沌'讲良心，以'当下'即工夫，以赤子之心不虑不思为宗旨，一开李贽童心说之先河，使一切本能直觉都变成被肯认的良知良能。"（参见陈来《有无之境：王阳明哲学的精神》，生活·读书·新知三联书店2009年版，第378页）
③ ［日］冈田武彦：《王阳明大传：知行合一的心学智慧》，杨田译，重庆出版社2015年版，第104页。

溪、泰州的见在、现成化落实使得德性教养在工夫层面失去了有效性。

二 致良知工夫的逆觉进路

龙溪、泰州之失所造成的工夫困境使得后世学者关注一个问题，即王学流弊的产生到底是"人病"还是"法病"，这就将问题指向了阳明致良知工夫论本身。而阳明在致良知的工夫预设中有没有见在、现成的倾向，或者说致良知的成德路径有没有防范工夫滑转的内在底线，就成为我们所关注的核心问题。作为道德理性，良知在伦常日用与道德实践的基础上统摄、支撑现实人生，也就意味着在成德工夫的道德实践中，良知始终是作为一种"头脑"义而彰显，具体的工夫也就表现为"识得心体"与"就自己心地良知良能上体认扩充"。那么如何在工夫实践中实现良知的自识自知？对于这一问题的解答，我们必须首先搞清楚"良知的自识自知"的基本性质与工夫特征。

对此，朱子以其对心的基本认识为据在批评湖湘学派观过知仁工夫时，就已经涉及良知自识自知何以可能的问题（朱子将其称之为"以心观心"）。

> 夫心者，人之所以主乎身者也，一而不二者也，为主而不为客者也，命物而不命于物者也。故以心观物，则物之理得。今复有物以反观乎心，则是此心之外复有一心，而能管乎此心也，然则所谓心者为一耶？为二耶？为主耶？为客耶？为命物者耶？为命于物者耶？此亦不待教而审其言之谬矣。[①]

在朱子看来，人的主宰之心只是一个心，此心可以观物，物为客观对象性存在，心可以通过知觉活动而认识天地万物之理，如此观之，即可心具众理。此是朱子格物穷理知性进路之必然。在此基础上，朱子批评以心观心，因为主宰之心永远无法以对象化的方式被把握，一旦它作为对象来反观主宰之心，所观之心就已经不是主宰之心，如此一来也就落入"二心"

[①] （宋）朱熹：《朱子全书》第 23 册，上海古籍出版社、安徽教育出版社 2002 年版，第 3278—3279 页。

"主客"之弊。因此,朱子明确提出心不能"自识",而只能"照察"。"心犹镜也,但无尘垢之蔽,则本体自明,物来能照。今欲自识此心,是犹欲以镜自照而见夫镜也。既无此理,则非别以一心又识一心而何?"心镜之喻义在揭示心可以照察物,却不能以心自识其心。如果说,朱子以主体的知性进路认取、观解主宰之心,确实无法实现心之"自识"。那么阳明强调"知是心之本体,心自然会知",则是以非对象化的主体体知进路实现了良知的"自识"与"自知"。在此意义上看,良知的自识自知问题不仅仅是朱子学与阳明学工夫进路不同取径的表征,更是阳明学如何真正实现德性教化的关键所在。

良知的自识自知问题关涉自我道德意识的省察与体知,这就决定了其问题境遇与实质在于现实人生的道德实践之中,而非单纯的理论思辨所能把握。所以,现实人生的立体性也就成为良知自识自知的基本起始点。所谓现实人生的立体性有如马斯洛提出的人的需求层次理论,从生理上的需求、安全上的需求、情感和归属的需求、尊重的需求到自我实现的需求层级而上,整全而立体地张开人生现实的各个面向。这也就折射出一个主体性抉择的问题,作为一元世界的生存境遇,人生在面对各种不同层级的生存境遇时,如何透显其精神生命的提升与转化。将此问题放置在儒家所讨论的语境中,即孟子所谓的"思则得之":"耳目之官不思,而蔽于物。物交物,则引之而已。心之官则思,思则得之,不思则不得也。此天之所与我者。先立乎其大者,则其小者不能夺也。"(《孟子·告子上》)孟子以心官之思超越现实的耳目感官之思以确立人生之大体。也是张载所谓的"变化气质""形而后有气质之性。善反之,则天地之性存焉。故气质之性,君子有弗性者焉。"[1]人作为有形体的现实存在,又不拘限于此,而是肯定道德实践之超越以天地之性为本。由此可见,儒家对现实人生的立体性层级有着充分的理解,但其选择却是在形色天性的基础之上提振人自身的道德精神生命,以此作为人之为人价值展开的立足点,支撑人伦文明的精神地基。

而儒家这样一种传统的价值取向,也就决定了从现实人生的感官之思与气质之性超拔上达至大体的确立与天地之性的具存,不是一种积累、顺取之路所能实现的,而是要以一种"逆觉"的方式给逼显出来。这是因为

---

[1] (宋)张载:《张载集》,中华书局1978年版,第23页。

经验知识的积累与顺取只存在于客观现象界的范围内，它并不能直接实现对德性本身的拥有。而所谓逆觉式的"倒逼"也就是不顺着感官之思与气质之性而沦为自然生性的道德本心之自警自觉。所以，良知自教自养的实现从表现上看，似乎是从"顿悟"的神秘体验中而来，而实则是由道德本心之内向澄澈、逆觉的"倒逼"而来。牟宗三先生将此种非对象性又能认识到主宰之心自身的方式称之为"逆觉体证"①。这本身也可以说是对自我生命情态的反求诸己、层层澄澈。在此基础上，蔡仁厚先生对阳明良知此种逆觉式逼显有更进一步的解读：

> 人人有此良知，但为私欲所蔽，则虽"有"而不"露"；即或随时有不自觉的呈现（透露一点端倪），然为私欲气质以及内外种种感性条件所阻隔，亦不得使它必然有呈露，而那点端倪很可能在阻隔限制中又压缩回去。要想自觉地使它必然有呈露，就必须通过逆觉体证。……因为良知明觉若真通过逆觉体证而被承认，则它本身便是"私欲气质与外物之诱"的大克星，它自有一种力量不容已的要涌现出来。这良知本身的力量，便是道德实践之本质的根据。②

蔡仁厚先生一方面揭示出良知在现实人生显露端倪需要逆觉体证的逼显而成就道德行为，另一方面则直言此逆觉倒逼的力量不是外在"天理"的压迫，亦不是现实欲求的诱惑，而是本于良知自身之不容已的力量。所以人人内在本有的良知之自知、自有自照是教养实现的"真机"。这一"真机"在阳明对弟子的随机指点上更显真切：

> 郡守南大吉以座主称门生，然性豪旷，不拘小节。先生与论学有悟，乃告先生曰："大吉临政多过，先生何无一言？"先生曰："何

---

① 关于"逆觉体证"，牟宗三先生根据宋明理学不同的分系走向，划分出"内在的逆觉体证"与"超越的逆觉体证"。所谓"内在的逆觉体证"是就现实人生中良知的发现处，当下体证而加以肯认。此路为谢上蔡、胡五峰所循。而所谓"超越的逆觉体证"则是隔离现实生活，通过体验未发之气象而涵养其本。此路为罗豫章、李延平所走。（参见牟宗三《心体与性体》，吉林出版集团有限责任公司2013年版，第351—355页）

② 蔡仁厚：《王阳明哲学》，九州出版社2013年版，第24—25页。

过?"大吉历数其事。先生曰:"吾言之矣。"大吉曰:"何?"曰:"吾不言,何以知之?"曰:"良知。"先生曰:"良知非吾常言而何?"大吉笑谢而去。居数日,复自数过加密,且曰:"与其过后悔改,曷若预言不犯为佳也?"先生曰:"人言不如自悔之真。"大吉笑谢而去。居数日,复自数过益密,且曰:"身过可勉,心过奈何?"先生曰:"昔镜未开,可得藏垢。今镜明矣,一尘之落,自难住脚。此正入圣之机也。勉之!"①

可见,改过既是诚意之省察,又是真实见得良知本体。而此知过改过的实现全在良知之自知。阳明对良知之自知的实现进路有更详细的描述:

> 良知者,心之本体,即前所谓"恒照"者也。心之本体,无起无不起。虽妄念之发,而良知未尝不在,但人不知存,则有时而或放耳;虽昏塞之极,而良知未尝不明,但人不知察,则有时而或蔽耳;虽有时而或放,其体实未尝不在也,存之而已耳;虽有时而或蔽,其体实未尝不明也,察之而已耳。②

阳明这里明确指出,良知本体是无起无不起的,即意的发动与知的省察是同时并在的。以良知之起是达不到无不起的境地所致,如此一来,良知之察也就是超越有善有恶之具体善恶相对之意的知善知恶之知。前者是道德理性的判断能力,后者是沾染具体善恶相状的意识活动。而知善知恶又必然带来好善恶恶,因为善念之起而知其为善,便自然有好善之念。所谓"好好色,恶恶臭"便是如此。这也就从良知"无起无不起"而言良知之于意念活动的一时并在,由此明确意识活动的发用是同时伴随着"察之而已耳"的良知之自知。在此意义上,"良知这种自知、自有自照、自反的逆觉乃是'入圣之机',是人人本具的通向'真己'的能力。它透过'不安''不忍'警示、提醒吾人不能'顺着官觉感性制约交引滚下去',不能在物欲混杂的意念大海之中飘荡。我们必须由此不安、不忍而复归心灵

---

① (明)王守仁:《王阳明全集》,上海古籍出版社2011年版,第1423页。
② (明)王守仁:《王阳明全集》,上海古籍出版社2011年版,第69页。

的'本位'"①。

可见，良知的"自识"与"自知"在阳明这里是通过反求诸己、逆觉体证的非对象化的主体体知进路而实现。这不仅使得成德工夫成为一种实有诸己的身心之学，还让道德理性对人的生命实存有真实而切己的提升与转化。这也是为什么阳明心学是一种自我承担、自我负责的生命学问。但值得注意的是，良知的自识自知可以说是彰显着道德本心之"能"，但这里"能"是由道德本心之"不能"作为其基本前提条件而成立。而这"不能"的底线就表现在对现实人生经验意识活动的逆觉与澄澈，即在感官欲望与经验意念中道德本心的当下不安与警觉，由此而实现照察与提振。如果没有此"逆觉"与"澄澈"就会像泰州学派那样专门在感性知觉上立根，而在"自觉明觉化"与"现成化"的同时，人性的内在根据也就从道德善性走向了自然天性。从而消解了道德教养的内在根据，人生实践也只能在现实感性欲望层面打转。这也是为什么阳明强调"孰无是良知乎，但不能致耳"，此"致"即是道德本心的逆觉与澄澈之扩充。

三 四句教的工夫结构及其底线意识

结合上述内容，致良知的工夫实现进路就在于反求诸己、逆觉体证的非对象化之主体体知，此"逆觉"即是不顺着感官之思与气质之性而沦为自然生性的道德本心之自警自觉。在此意义上的良知见在与现成说，是依据良知本体在人伦日常中的当下显现，见在良知与良知本体同一并在。而致良知的工夫内在法度就具体表现在四句教"一无三有"的回环结构中，"四句教"作为阳明在晚年落实致良知所确立的纲维，既彰显着致良知之教作为成德之教的终极关怀，也维护着致良知之教在具体工夫落实中的真实性与有效性。② 因此，从四句教来把握致良知工夫进路的章法，有助于

---

① 陈立胜：《"以心求心""自身意识"与"反身的逆觉体证"——对宋明理学通向"真己"之路的哲学反思》，《哲学研究》2019年第1期。

② 关于"致良知"与"四句教"之间的思想关系问题，邓国元通过文献考证与义理辨析认为，"阳明提出致良知后，存在着如何将此思想落实到《大学》框架，特别是正心、诚意、致知和格物中的问题，进而基于对此四者的理解，将其浓缩为四句教。就结论而言，致良知是一综合性的命题，四句教则是此命题下的分析性命题，二者之间是思想义理上的所属关系，四句教非致良知之外另一新的思想阶段，致良知是四句教的思想宗旨与理论原则。"（参见邓国元《王阳明思想"最后定见"辨证——兼论"四句教"与"致良知"之间的思想关系》，《中国哲学史》2018年第3期）

澄清致良知之教得以实现的内在准则与底线。

"四句教"作为王门以及晚明第一大公案，不仅体现阳明晚年最终的定见，还内含着王龙溪与钱德洪两大高弟对阳明教旨理解的分歧，就王龙溪而言，直接由理论推演将"四句教"首句演绎为心、意、知、物都是无善无恶。并坚持从先天心体上立根，即通过"四无"确立了一条"超凡入圣"的简易之路。但能否从"先天心体上立根"则要诉诸人的不同资质与根器，而上根之人能够实现"超凡入圣"的关键又取决于"一念灵明"之悟，如此一来对"一念灵明"之悟的强调也就必然会走向"玄虚"。这是王龙溪从主体性出发，将"四句教"之"无善无恶是心之体"的本体内含于其中的绝对化表达，也就使得"四无"必然会走向良知见在一路。但问题的关键就在于，现实人生的生存境遇更多的是肩挑手提、汗流泪下的困知勉行，王龙溪则直接倒果为因，以人生超凡入圣之终极追求作为现实成德的入手处，如此一来，"不教他在良知上实用为善去恶功夫，只去悬空想个本体，一切事为俱不着实，不过养成一个虚寂。"所谓"一念灵明"的本体工夫也就成为一种光景。阳明对王龙溪四无说的批评不可谓不切中要害。而此批评、指引之方向也就从侧面反映出阳明对"无善无恶心之体"的定位，即"无善无恶"不是悬空的就本体之自在规定而言本体，而是要在主体为善去恶的工夫中超越具体善恶的表现。因此，"一无"的价值要在"三有"中才能够得以彰显。如果以"四句教"准则来看王心斋所产生的问题，就在于从感性知觉入手，消解了心体之至善在为善去恶工夫追求中无善无恶的表现，而将良知心体现成化为无善无恶的自然之性。这也就意味着四句教中至善的良知心体已然被消解为实然的无善无恶，而此时四句教作为教法的意义也就被彻底消解。

如果说王龙溪"四无"说的逸出是沿着本体上扬而言，那么，钱德洪的"四有"说则是表现在工夫上对为善去恶的持守。在钱德洪看来，心体虽然可以是"无善无恶"的，但由于人受到"习心"的纷扰，就有必要在诚意、正心、格物、致知的层面上为善去恶，以复归其性体本身。由此可见，钱德洪所持守的是"四句教"中的"三有"一边，并将其演绎为一种笃实的为善去恶工夫践履。但不论是王阳明，还是王龙溪都对此有所批评，阳明直言："有只是你自有，良知上原来无有，本体只是太虚。太虚之中，日月星辰，风雨露雷，阴霾饐气，何物不有？而又何物得为太虚之障？人心本体亦复如是。"① 王龙溪则更为极致地将之表达为"若在后天动意上立根，未免有世情嗜欲之杂，才落牵缠，便费斩截，致知工夫转觉繁难，欲复先天心体，便有许多费力处。"② 可见，钱德洪的"四有"说面临着"为善去恶"与"无善无恶"的工夫背反，这样一种背反来自工夫践履中本体与工夫的内在张力。一方面，"为善去恶"作为渐进的工夫次第有其必要性，另一方面，则不能滞碍于善、恶之间而沦为琐碎工夫。而阳明在肯定工夫的基础上指向本体，即工夫是本体之工夫，非执定于善恶之间；本体是工夫之本体，非玩弄于光景之间。本体与工夫的相即不二，意在破除钱德洪在为善去恶工夫上的执定，以确立本体工夫。值得注意的是，阳明虽然批评钱德洪"有只是你自有，良知上原来无有"，却并不否定其为善去恶的工夫追求。而钱德洪的"四有"说，与其说是在后天诚意上的缠绕，不如说是王龙溪从"无善无恶心之体"的逻辑推论——"若说意有善恶，毕竟心体还有善恶在"。因为钱德洪所坚持的只是将本体之至善标准落实于为善去恶的道德实践中而已，而在现实人生中始终坚持为善去恶的实践追求才可能是工夫进阶的常态。至于阳明对钱德洪的提点，则是就工夫实践非对象性的警惕，而非否定工夫本身。由此可以看出，不论是王龙溪的"四无"说还是钱德洪的"四有"说，阳明对这两种进路的认可与批评始终不离其四句教"一无三有"的内在结构与成德教养的价值指向。也正是两位高弟的"各执一偏"让阳明"四句教"的内在结构得以贞定。

从龙溪、泰州两系的偏失看"四句教"，虽然说，阳明"四句教"及其晚年思想中有良知见在、现成的根据，但这并不意味着从阳明这里出发就必然会走向良知的见在、现成化。而这里的"不必然"性也就成为我们逆向澄清阳明四句教作为一种"人文教养"的不可通约性底线。

首先，阳明"四句教"是面向社会大众之道德实践的教典，意在将中人上下纳入"为善去恶"的道德实践中，以成德为价值指向。从王龙溪与钱德洪的分歧来看，"四无"代表着从"先天心体上立根"的"利根之人"工夫，即"一悟本体，即是功夫，人己内外，一齐俱透"。而"四有"则代表着在"为善去恶"工夫中与善恶鏖战的中下根之人的工夫。但

---

① （明）王守仁：《王阳明全集》，上海古籍出版社2011年版，第1442页。
② （明）王畿：《王畿集》，凤凰出版社2007年版，第10页。

阳明收摄"四有"与"四无"的基本立场,则是立足于"中人上下皆可引入于道"的教育、教化。这既是阳明从"立志做圣贤"的"人生第一等事"开始就贯穿始终的问题意识,也是"四句教"作为"致良知教"具体纲领性的教法在落实中所要坚守的基本准则与方向。因为阳明致良知之教所走向的觉民行道之路本身就是以学以成人、自觉觉他为指向,阳明觉民以行道的希冀就是要通过赋予每一个个体以良知的自觉,所谓"个个人心有仲尼""良知之在人心,无间于圣愚"。即由充分尊重愚夫愚妇的个体人格之平等,而走向民间大众个体人格的独立之路,这也使得每一个个体当下具足良知,当下即可承担教化之道。这既是致良知教以及四句教最为根本的价值,也是其作为"教法"不可荡越的底线与规矩。

其次,从王龙溪与钱德洪对"四句教"的理解分歧来逆向澄清"一无三有"作为"四句教"的内在结构,可以看到由此内在结构所表现出的体与用、本体与工夫的内在圆融之外,还可以进一步明确"一无三有"结构所蕴含的本体与工夫的互摄互补,也就是说"四句教"的整体性就表现为一个内在互补的理路。首句之"无"是为了保证后三句之"有"的真实性、有效性。"为了保证'四句教'中后三句所说的那些意识行为、身体行为的真诚不伪,就需要在它们的心体源头处去掉善恶的分离对待,以免将善恶加以意念化、理论目标化和功利化。"[①] 可见,没有首句之"无",后三句之"有"也就如阳明对钱德洪所批评的那样:"有只是你自有,良知上原来无有。"与此同时,后三句之"有"才能确保"无"得以落实与实现。反之,就会陷入凌空虚蹈,良知本体挂空之嫌,就如阳明所批评的,"不教他在良知上实用为善去恶工夫,只去悬空想个本体,一切事为俱不着实,不过养成一个虚寂。"如此由本体与工夫张开的互补结构,在相互补充与相互成就中表现出相应的稳定性与不可化约性。这也是阳明一再告诫王龙溪与钱德洪"二君相取为用,则中人上下皆可引入于道。若各执一边,眼前便有失人,便于道体各有未尽"的原因所在。所以说,四句教所内含的"一无三有"结构是其作为"彻上彻下功夫"的内在根据与规矩,维系着其作为"教"的价值维度。

可见,"四句教"并非王龙溪眼中的"权法",而是阳明晚年思想之定

[①] 张祥龙:《儒家心学及其意识依据》,商务印书馆2019年版,第443页。

见。其内在结构所表现出的完整性与不可通约性，不仅关涉四句教的基本内涵，更涉及德性教养得以实现的内在准则与底线。因此，从王学教化困境来逆向澄清四句教，既是对"四句教"的价值贞定，也是对阳明后学教化困境的根源反思。

结　语

从致良知工夫的"逆觉"进路到四句教与"一无三有"结构中所彰显的工夫教化的底线意识，无不是凸显着致良知工夫论的"分限"。"分限"不仅仅是其自身的限制与短板，更是构成德性教养之"所及"的基础与前提条件，也就是说，成德工夫之"所及"的关键是由其"分限"作为底线而得以支撑。在此意义上，阳明后学从见在到现成的工夫困境，并不意味着"法病"，反而是在具体落实中偏离了阳明致良知之教的内在法度的"人病"。我们不能"因人废法"，而是要逆向叩问"法"本身，以此夯实良知心体不可荡越的内在准则。因此，从王门后学的教化困境来逆向澄清致良知之教得以实现的工夫准则与底线，这既是对阳明后学教化困境的根源性反思，也是对致良知工夫论内在法度的贞定。

《文子》的"自然"观

罗启权

(暨南大学文学院哲学研究所)

摘　要：整体地看，今本《文子》的"自然"有道本身是自然的、万物的存在和生长是自然的，人性应当顺其自然和政治治理应当成全人性之自然四个层面。《文子》的"自然"观之大旨在后两个层面，即君王克制以智治国的欲望，任百姓"自为"而达致"相为"的和谐，从而实现各自的"自然"；君王本于"自然"之性去实践"无为"的政治治理，以德治和法治为辅，助百姓返归"自然"，从而导向理想的道治。《文子》的"自然"观透露出它对最高权力的警惕，在其限制权力的思想中蕴含有理性的谨慎，可见其以民为本、"工具化君王"的诉求。

关键词：《文子》　自然　自为　无为

围绕着《文子》一书之真伪的论辩，在河北定县八角廊竹简残本《文子》出土以后，有转向从细部辨析今本《文子》的篇章语词之真伪的趋势。文本孰真孰伪难成定谳，与其说是受到考据水平和思辨力的限制，不如说是由于文献不足征所致。以观念研究为中心，追寻观念可能的原义，必须植根于文本，它虽然无法有效地回应文本的真伪问题，但是挖掘观念的意蕴，厘定观念意义的层次，在广阔的思想脉络中予以定位，却有可能为讨论文本的真伪问题提供考辨的助缘。

对于《文子》，就要不离文本，在道家和黄老道家之流中审视其观念。"自然"观念是《文子》宇宙论、人性论和政治治理思想的底色，理应予以重视。曹峰教授曾贯通先秦两汉文献，以《自然》篇为中心，判定它"不是杂凑之作，很有研究价值，可以看作是《老子》《庄子》之后对自然观做出重要发展的文献",认为它继承了《老子》的自然观,即"无为"(包括"因循")是"自然"的前提,"自然"是"无为"的结果。"无为"的主体是君王,"自然"的主体则为臣民。他还进一步指出,《自然》篇不仅把老子类型的自然观置于许多具体的政治场合中思考,丰富其政治实用性,而且还有将"自然"朝着物之本性方向解释的可能性,为"道性自然"说奠定了基础。[①] 诚然,今本《文子》有以"自然"为名的一篇,但是根据古书编撰的一般体例,我们很难确知这一篇名是否为原作者或者原编撰者所加。而且《文子》在别的篇章中(如《道原》篇、《精诚》篇等)也谈"自然",更不用说观念的意义具有很强的渗透性,容易超出特定篇章的范围,因此理论上应该统合今本《文子》,以重思其"自然"观。

通过建构今本《文子》并未系统地论述过的"自然"观,足以证明在《文子》看来,"自然"有四个层面及其所指,实现"自然"的关键在于百姓的"自为"与君王的"无为"。

一 "自然"的四个层面及其所指

今本《文子》没有定义"自然"一词。事实上,自老庄始,即已缺少对"自然"一词的清晰界说。"自X"类的词语同样如此。这似乎意味着,从言说者对观念交流之境况的设想出发,观念之链的意义衬映足以确保理解者不会错解某一观念,或者由于观念的意涵较为稳定,使其在悠久的传承中仍可凝聚共识,避免歧解。后人基于文本来理解其中的观念,固然有解释史的协助,但终究还是要回归到观念之链上来,深察文本的言说方式,领会言说者与理解者之间的默契,揭示观念的一脉相承之意。

"自然"是《文子》中的一个统摄性的观念,具体展开为道本身是自然的,万物的存在和生长是自然的,人性应当顺其自然,政治治理应当成全人性之自然这四个层面。首先,道本身是自然的。《道原》篇起首即承续《老子·二十五章》"有物混成,先天地生"的说法,把道视为万物的总根源和总根据:万物皆由道生化而成,道贯穿于万物生死的整个过程

---

① 参见曹峰《〈文子·自然〉研究——兼论对"道法自然"的理解》,《现代哲学》2018 年第 5 期。

中，自身却独立而不与万物为同类；万物之所以是万物，是因为道使之成为可能，所谓"山以之高，渊以之深，兽以之走，鸟以之飞，麟以之游，凤以之翔，星历以之行"（《文子·道原》）①。即便人穷尽感知和语言等能力，也只能获得相对的、有限的认知，而作为万物的总根源和总根据的道则超言绝象，其存在与活动皆非外力使然，而是自己而然、自己如此的。换言之，道所以如此，及其所以能够如此，原因只在道自身。与老庄一样，《文子》也把这个无法用感知和语言等认知能力拟测的渊虚之道，看作是绝对的、无限的存在。虽然人可以使用种种疑似之词和摹状之语来言说、逗露道，仿佛"知其然"的样子，但是在终极的意义上，人对于道还是"不知其所以然"。在人的视域下，道的这样一种存在样态，《文子》称之为"自然"，所以"自然"的第一义便昭示出道的绝对和无限，也表露出人对自己认知能力之有限性的自觉。

其次，万物的存在和生长是自然的。② 从根本的意义上说，是道生万物，然则道并不主宰万物，而总是让开一步，退居其后，让万物各是其所是。"天致其高，地致其厚，日月照，列星朗，阴阳和，非有为焉，正其道而物自然。阴阳四时，非生万物也；雨露时降，非养草木也；神明接，阴阳和，万物生矣。"（《精诚》）《文子》以为，道的自然确保了万物各有其自然，而就在万物各自成为自己的同时，互相之间也能达到一种奇妙的和谐状态。此外，《文子》还以"天地之自然"（《符言》）或者"天地之道"（《自然》）来统指道之自然、自然之道与万物之自然；《文子》又以"天"代指"道"，形象化地描绘道对于万物的弱化的"使"的作用，"天设日月，列星辰，张四时，调阴阳，日以暴之，夜以息之，风以干之，雨露以濡之"（《精诚》），"天"的力量也就是道的"自然"的力量。

再次，立足于人的存在与活动，《文子》重点申说人性论和政治治理思想两个层面上的"自然"。如果说前两个层面是《文子》对于道与万物之实然的深观，那么后两个层面就是它对于人之应然的洞见。或如刘笑敢教授所说，前两个层面是外在之"物自然"，后两个层面则是社会性自然，

---

① 本文所引《文子》正文出自王利器撰《文子疏义》，中华书局 2016 年版。
② 此"物"包括人与非人之物。参见张舜徽《周秦道论发微 史学三书平议》，华中师范大学出版社 2014 年版，第 11 页。

《文子》阐发后者的文字较多,诠释也较为充分。① 人性应当顺其自然。尽管《文子》谈论人性有"兼采儒道、因人而异"和"融情入性,以性摄情"的特点,② 尤其是在看待君王与百姓的情欲如何才是最为合宜的这个问题上有所不同,但是在"反性"(《下德》)或者"反己"(《道原》)的最终目标上却是一致的,即人性应当和同于作为人性之来源的"虚无""平易""清静""柔弱""纯粹素朴"(《道原》)之道。所有工夫和政治治理都应该朝向这个返回并呈现人性之本相的目标。否则,人在生存的过程中与物交接、与人相斗,其心极易堕落,以致不能主宰自身,转而营役于外物,沉湎于功名利禄,终则"纵欲失性"(《下德》),气衰神劳,不得安宁。所以为了人的身心的调适顺遂,《文子》主张人性应当顺其自然,这里的"自然"也就有了"本相"的意义。

最后,政治治理应当成全人性之自然。《文子》的政治治理思想肯定人人都有自然的"资""质",在此基础上,应当辅之以一套比老庄所言更为具体切实可行的政治治理措施,以期成全人性之自然。政治治理的理想是人人各反其性、物物各得其自然的"道治",为此,需要"匡邪以为正"(《下德》)的"救败"(《下德》)之"德治",以及"论世立法,随时举事"(《道德》)的法治,即所谓"物必有自然,而后人事有治也。故先王之制法,因民之性,而为之节文,无其性,不可使顺教;有其性,无其资,不可使遵道"(《自然》)。百姓固然会由于放肆情欲而失性,但是《文子》却把百姓堕落的根本原因归结为君王的错误治理。不仅如此,《文子》还认为天地阴阳的失序、万物的毁坏损折都是君王造成的。这样的古典信念在《左传》《国语》《战国策》中屡见不鲜。③ 顺此,君王必须承担起辅助万物融洽、阴阳调和、天地通泰的重大责任,他的政治治理应当成全人性之自然。可见,"自然"是《文子》的政治治理思想的终极依归。

从道本身是自然的、万物的存在和生长是自然的,到人性应当顺其自然、政治治理应当成全人性之自然,可以大致勾勒出《文子》之"自然"的四个层面及其所指。需要注意的是,上文对于实然和应然的区分只是权

---

① 参见刘笑敢《"自然"的蜕变:从〈老子〉到〈论衡〉》,《哲学研究》2020 年第 10 期。
② 参见罗启权《〈文子〉"向道之治"思想发微》,《中国道教》2020 年第 4 期。
③ 参见陈剑译注《老子译注》,上海古籍出版社 2016 年版,第 9—10、113—114、150—152、288—289 页。

宜之说,《文子》并未如此书写。分疏的方便在于,它能揭橥《文子》中有两组对子,即"道—万物"与"君王—百姓",① 前一个对子无须考虑意志与行为的影响力等问题,可以当作是一种实然的描写,后一个对子则对人的意志与行为的影响力,对人的失性与君王的扰乱人性等现象及其因果关系有充分的警惕,应然的构想即依此而来。易言之,《文子》于道与万物的自然本相不乏洞见,相较于老庄,它有更多宇宙生成论和宇宙构成论方面的细节描述,但是毋宁说实然的描写本质上是为了应然的构想而张的,是要指向一个依靠政治治理的实践以复归于自然的图景,因此我们有必要重点关注《文子》中百姓与君王的"自然"问题。

二 "自为"与"自然"

当《文子》说及百姓的"自然"时,其关切点在于"自为"。从肯定的方面说,"自然"是自己而然、自己如此;从否定的方面看,"自然"是不受到外在的、强制性的干预而然。如上文所说,《文子》不把"道"视为有意志的、主宰万物的存在,因而万物如此这般的存在境况统统不能归咎于道的干预,而应责备于君王的侵扰。任何一种侵扰,都是君王以智治国导致的。《文子》严厉地批判由智而对万物生起区判之心,继而产生好憎之情的行为。在《文子》中,与"智"相关的表达有"知见""知诈""智巧""智伪""智虑""知故""智故",等等,它们与"道德""精神"对立,"道德上通,而智故消灭也"(《精诚》),"休精神去知故"(《九守·守平》),"厉其精神,偃其知见"(《道原》)。君王以智治国具有深远的危害性:"夫任耳目以听视者,劳心而不明,以智虑为治者,苦心而无功……故曰:民多智能,奇物滋起。法令滋章,盗贼多有……故以智治国国之贼,不以智治国国之德。"(《道原》)君王耽溺于智辨,一方面耗费心神去区判无穷之物,所好者欲尽有之,所憎者欲尽弃之,看似役物,实则反为物役;另一方面务求掌控政治治理的所有预期,而这显然远远超出了君王的智力的极限。君王不明乎此道,执持权力无所不能的幻想,当然法繁条苛,终则非但

---

① 《老子》的"天下"观是在"君—民"二元结构下论述的,而《文子》则增加了"臣"的向度,变为"君—臣—民"三元结构,强调政治治理必须"君明臣明"(《上德》)。本文为了便于讨论"自然"问题,说《文子》有"君王—百姓"这个对子,这与三元结构并不矛盾。

君王不能胜任其劳累，而且情势的发展也将适得其反，百姓效仿君王，尽用其智于奇技淫巧之中，以智抗智而争为漏网之鱼。

正因为此，《文子》说道："去心智，故省刑罚；反清静，物将自正。"（《自然》）它相信百姓有"自为"的无限可能性。这层意涵是从道长养调和万物的事实中体现出来的：道既生万物，又对之无有干预，而是任物自为，在这种情形下，万物生长，就仿佛自生自长一般。百姓之"自为"所指为何？《道原》篇有一节申发《老子·五十七章》"我无为而民自化，我好静而民自正，我无事而民自富，我无欲而民自朴"之意，据此，"自为"是百姓在不受到君王侵扰的情况下，整体而言的自我化育、自导自正、自然富足、自然淳朴的意思。后来郭象建构其"自生—性分—逍遥"思想时说道："天下莫不相与为彼我，而彼我皆欲自为，斯东西之相反也。然彼我相与为唇齿，唇齿者未尝相为，而唇亡则齿寒。故彼之自为，济我之功弘矣。"[①] 可谓源于《文子》。

与"自为"相关的观念还有"自为用"。《自然》篇："善用兵者，用其自为用，不能用兵者，用其为己用，用其自为用，天下莫不可用，用其为己用，无一人之可用也。"从"用兵"之道立说，"自为用"对应于百姓的"去残除害"之心。归本而言，不得已的战争是返归道治的途径之一，君王为此确乎是"用"百姓的"自为"，但其用心还是从百姓的自然人性和需求出发的。相比之下，《韩非子·五蠹》篇有"俱尽其力"一说，则是以君王私天下之意为目的，用赏罚手段迫使人们为满足君王之私欲而卖命。在《文子》看来，君王本来就不应该有为地去设立一个目标来诱导百姓，赏罚不过是最低限度的引导和禁止的方便之法而已。

因顺百姓的自然和使百姓得以自为是相辅相成的关系，《文子》深化了老庄"自然"观中"君王包容与善待万物，教化一切百姓"的内涵。君王应当无差别地对待万物，此义《老子》已有发明："圣人常善救人，而无弃人，物无弃材。"（《老子·二十七章》）"善者吾善之，不善者吾亦善之。"（《老子·四十九章》）一般人总会觉得善者亲切，而不善者可恨，但是君王治下的百姓众多，必然兼有善者、不善者以及不可以善不善论者，《老子》主张君王不能以道德、利益、才能等来分别百姓，而应一律

---

① （清）郭庆藩撰，王孝鱼点校：《庄子集释》，中华书局2014年版，第577页。

予以善待，以使人尽其用，物尽其材。《文子》则点明"超越分别"思想的出发点："道"无差别地长养万物，"天地不怀一物，阴阳不产一类"（《自然》），否则缺一物则不可谓之"天地"；君王治理天下，亦当如同道长养万物一般，无差别地顺应"物之情性"（《上德》），否则缺一人则不可谓之"天下"。只要百姓的情性不失，而自然地表现出来，天下就有可能走向自为。

进一步说，所谓"超越分别"，不是指泯灭一切形体、能力、人性的表现等差别，而是以变化的目光，在相对的意义上肯定这些差别的存在各有无可替代的正面意义：

  天之所覆，地之所载，日月之所照，形殊性异，各有所安……故圣人之牧民也，使各便其性，安其居，处为宜，为其所能，周其所适，施其所宜，如此，即万物一齐，无由相过。天下之物，无贵无贱。（《自然》）

  教本乎君子，小人被其泽；利本乎小人，君子享其功。使君子小人各得其宜，则通功易食，而道达矣。（《微明》）

  勇者可令进斗，不可令持坚；重者可令固守，不可令凌敌；贪者可令攻取，不可令分财；廉者可令守分，不可令进取；信者可令持约，不可令应变，五者圣人兼用而材使之。（《自然》）

  英俊豪杰，各以大小之材处其位。（《上礼》）

  圣人举事，未尝不因其资而用之也。有一功者处一位，有一能者服一事。力胜其任，即举者不重也。能胜其事，即为者不难也。圣人兼而用之，故人无弃人，物无弃材。（《自然》）

  帝者天下之适也，王者天下之往也，天下不适不往，不可谓帝王。故帝王不得人不能成，得人失道，亦不能守。（《道德》）

其一，肯定百姓的差别有其独立的意义，乃是出于政治实用的考虑。人人都因其形体、能力、人性的表现种种不同而有差别，仅仅"以道观之"（《庄子·秋水》）地齐同它们，并不能对政治治理中必然要"为"的各种事情有直接的、建设性的帮助。特别是在政治教化、疏导时势、处理事务、建立制度诸事之中，单凭否定性的破拆是不够的，而必得有所肯定，然后再就这些肯定的方面来推动"为"。相较于老庄,《文子》有弱化否定的倾向。具体而言,《文子》认为在价值的层面上,所有人都"无贵无贱",只有"(自为)用"上的不同。这是因为其一,价值的区判出于君王的喜怒之心与好憎之情,往往反复无常,致使得不偿失。只有君王合乎自然之道,才能因顺百姓的变易着的差别。尤为可贵的是,在《文子》看来,通常被视为无可救药的"小人"和"贪者"的生命也能有其合宜之处,如何使他们各得其宜是道治不可缺失的一环。儒家批评"小人"和"贪者",认为小人重"利"而失"义",为利驱动则无所不用其极,严重破坏人伦规范,故而王道应以仁义而不是"利"为本。如孔子说:"君子喻于义,小人喻于义。"(《论语·里仁》)"君子……欲而不贪。"(《论语·尧曰》)孟子也说:"王何必曰利?亦有仁义而已矣。"(《孟子·梁惠王上》)"欲知舜与蹠之分,无他,利与善之间也。"(《孟子·尽心上》)。《文子》融通百家,并未以儒家式的道德来压制"小人"和"贪者",而是采取"兼而用之"的态度来肯定他们存在的意义,这就以君王的"无价值区判"保全了所有百姓的自然人性的正面价值,使得"天下"真正不遗弃任何一个百姓。

其二,"因其资而用之"的"用"并非"为君王所用"之意。相反,君王对百姓的变易着的差别不起好憎喜怒的执着,而是立足于百姓自身的资质和自然人性的表现,推动其"自为用",助其安适于最合宜的位置上。这就需要君王对人性的"自然"、人的自为和相为的无限可能性有最为开放的洞识。

总而言之,《文子》坚信百姓之自为会带来相为的好效果,没有一个百姓的自为是不被允许的。因此,君王应当抛弃区判之智,运用开放包容的智慧,从侵扰百姓之自然的欲望中退出,只保留辅助百姓自为的政治治理措施。借用哈耶克的术语,自为所产生的政治秩序类似于"自我生成秩序或自生自发秩序"(a self-generating or spontaneous order),它与治理者出于具体目的、以"命令"为表达形式所作的组织或安排(organization or arrangement)不同,这种"有序化力量"会"达致一种由极为复杂的事实构成的秩序,而它的这种复杂程度只是我们通过刻意安排所无力企及的"。[①] 在这种抽象

---

① [英]哈耶克:《民主向何处去?——哈耶克政治学、法学论文集》,邓正来译,首都经济贸易大学出版社 2014 年版,第 206—210 页。

的秩序之中，人们只需要服从一些必要的规则；事实越复杂，社会结构就越庞大，人的组织或安排的能力越小。①《文子》对自为秩序是最好的政治秩序的确信，可能有在"理论"之先的"事实"的强力证据。《老子》所描绘的"小国寡民"（《老子·八十章》）和《庄子》所说的"至德之世"（《马蹄》《胠箧》），可能都不是无根据的玄想，而是有事实作为支撑的，这种"实际生活本身具有的非概念的和德性的知晓"②超出了理性所能把握的范围，却真正有至好的实效，所以道家和黄老道家可能才默认不再需要对如何返回理想治世的方法做理论上的论证。缺乏论证是理性建构能力薄弱的体现，但从另一个方面看也彰显出了理性的谨慎与谦卑的精神。同时需要指出的是，《文子》尽管提出了"法度道术，所以禁君，使无得横断也"（《上义》）的大原则，但是欠缺像哈耶克那样对限制政府权力的具体思考。《文子》关于限制最高权力的想法，凝结为"无为"这一观念。

三 "无为"与"自然"

细绎《文子》语句即可发现，无论其主词是"人""君子""圣人"，还是"王""人主""君"，那一系列虚、静、卑、退、俭、损的工夫，以及基于这种精神的政治治理思想，基本都是对君王说的。概言之，即是由君王的无为达致百姓的自然，而君王的无为本身也是他的自然。

无为是道的存在和活动的宗旨，"无为者，道之宗也"（《下德》）。无为的反面是以智治国，但它不是无所作为：

> 漠然无为而无不为也，无治而无不治也。所谓无为者，不先物为也。无治者，不易自然也。无不治者，因物之相然也。（《道原》）
> 无为者，非谓其不动也，言其莫从己出也。（《上义》）
> 人无为而治，有为也即伤。无为而治者为无为，为者不能无为也。不能无为者，不能有为也。（《精诚》）

---

① ［英］哈耶克：《致命的自负》，冯克利等译，中国社会科学出版社2018年版，第94页。
② 张祥龙：《中西印哲学导论》，北京大学出版社2022年版，第355页。

"无为"是物之自为在先，而君王顺应之。"无为"也可以说是"无治"，"无治"则减损强加于万物的私意，顺应万物之相宜而因势利导。"执一无为，因天地与之变化。"（《道德》）"古之善为君者法江海，江海无为以成其大，洼下以成其广，故能长久。为天下溪谷，其德乃足。无为，故能取百川。不求故能得，不行故能至。是以取天下而无事。"（《自然》）"无为"是虽有辅助性的"为"却不自恃功名，"大道无为。无为即无有，无有者，不居也"（《精诚》）。

那么"无为"是怎么与"自然"关联起来的呢？通贯地理解《文子》之意，所有人都可以而且应该"为无为"，这一层面的"为无为"在普泛的意义上是指消解过度的智情欲之后的合宜心境与行为，但是"为无为"更多的还是在"道—君"同构的思路下对君王说的。后者一方面要求君王应该深怀"虚静""谦退""不争""守柔""自损""自亏"的心胸，弱化一己之私志，这样才能包容天下之人，使其各随己性，"至德无为，万物皆容"（《自然》），"有万不同，而便乎生"（《道原》）。另一方面，"无为"要求具体的政治治理措施应该是"简易""守约"的，这就涉及"因"与"治"的关系。"所谓无为者……谓其私志不入公道，嗜欲不枉正术，循理而举事，因资而立功，推自然之势，曲故不得容，事成而身不伐，功立而名不有"（《自然》）。君王对百姓的"因"显然不是在盲目地承认一切现状都是合乎"道"的这一前提下，来助推百姓的行为，而是以"反性"为目标，因顺人性、人心、人的资质与特殊的机缘，进而推就一种仿若不着痕迹的时势，让百姓得以顺势而"返"。所以君王的"顺""推"之"治"似非从己所出，而是人之自为的过程，这样的"治"就是"为无为"的"有为"。本质上，君王只是"顺""推"时势，任百姓自为，其中毫无君王一己私利的目的。如若君王把天下当作逞"智"而"为"的对象，那么天下将如击鼓而求逃亡之子一样，不复能治。[①]

从以上论述可见，"自然"的主体一般是指百姓，而且正因为君王无为，百姓才能各得其自然。有趣的是，《微明》篇有言："圣主之养民，非为己用也，性不能已也……有以为则恩不接矣。""性不能已"就是说依君王的自然之性，他必然想要也一定会去"养民"，因循、推就百姓的"自

[①] 王利器撰：《文子疏义》，中华书局2016年版，第132页。

为用"。这也是君王所"怀"的"自然"(《精诚》)。因此,"自然"的主体也可以包括君王,君王的"无为"也是他的"自然"的表现,这就自觉地为君王的"无为"找到了自然人性论的根据。学界基于纵向的史料比对,已有过"自然"与"无为"孰为因果、孰先孰后,以及两词之意何时分合的探讨,所论颇为精细。① 然则今本《文子》还提醒我们,"自然"有主体之别,这里隐含着一个普遍人性论和政治治理诉求之间不相圆融的问题。

老庄的"自然"观擅长对一切现成的文化秩序追根究底,揭露其中搅扰人的"性命之情"之处,在肯定个体的自然和自由是最根本的目的、最崇高的价值之基础上,提出一种"屈君伸民"②的政治治理理念作为保障和辅助。老庄对文化之"建立"的否定,警醒君王要随时反思一切"为"(包括"无为而无不为"本身),敦促君王让步、退出,而让百姓自为。不过,老庄的"道"作为"一个带有形式性质的宽泛法则"③ 未能从正面划分出何种"为"才是"无为而无不为",所以对实际的政治实践缺乏指导作用。《文子》的"自然"观则深刻地认识到所有人都有堕落的可能性,面对着极度反自然的、复杂的社会现状,必须以正面的价值与积极的制度建构来对治,所以它推崇"因""顺""导""推"的政治治理与君王的示范作用,想要通过文化秩序的曲折引导,来唤起天下人对个体"自然"的自觉与自知,这唯有扩充"无为"的内涵,打通"无为"之治(也可以说是"道治""德治",或者"道德之治")与"以仁义礼乐法为治",才可能实现。《文子》对此有一定的推进作用。

《文子》开放的自然人性观主要面向百姓,而它对君王之性却没有表露出因顺式的态度,反而在劝谕君王修身,以及在消极的、强制性的意义上,想要通过法度道术来"禁君"(《上义》),这两个层面饱含"责君"色彩。在《文子》看来,理想的君王只有一种,他必须往一个确定的方向

---

① 参见[日]池田知久《论老庄的"自然"——兼论中国哲学"自然"思想的发生与展开》,《湖南大学学报》(社会科学版)2009年第6期;叶树勋《道家"自然"观念的演变——从老子的"非他然"到王充的"无意志"》,《南开学报》(哲学社会科学版)2017年第3期;杨杰《今本〈文子〉成书年代再探——以"自然""无为"为线索的讨论》,《中国哲学史》2021年第3期。
② 参见陈霞《道家哲学引论》,中国社会科学出版社2017年版,第140—174、181—188页。
③ 陈霞:《道家哲学引论》,中国社会科学出版社2017年版,第117页。

（无为）发展才算得上是合乎其"自然"之"性",而百姓尽可随其自然而各有不同。针对君王,《文子》强调人之本性恬淡静漠,毫无邪秽,"清静恬和,人之性也"(《微明》),"原人之性无邪秽……人之性欲平,嗜欲害之"(《道原》),君王应当克除嗜欲好憎,无为虚静以任物。"圣人忘乎治人,而在乎自理。贵忘乎势位,而在乎自得,自得即天下得我矣。"(《道原》)"自理""自得"之说,意在消解君王以智治国的冲动以及对于势位的贪着之心。针对百姓,《文子》肯定自然合度的情欲为本性所有,而"嗜欲"(多欲,过欲)与过情则非人之本性,"人之性情,皆愿贤己,而疾不及人"(《下德》),"人之情性,皆好高而恶下,好得而恶亡,好利而恶病,好尊而恶卑,好贵而恶贱"(《九守·守弱》),君王应当因顺百姓的自然本性。

由此可知,君王的"自然"并非作为普遍的"人"的层面上的"自然",他"不自然"而且他的"性"应当"变""易",只是《文子》仍然把它视为君王的"自然"之"性"。所以笔者认为,《文子》论自然之"性"与具体的人所处之"位",及其所遇到的特殊境况有关,君王与百姓之"性"有别,对于君王,应该"易"其"性"。这样一来,君王就好像成了辅百姓各得其自然的"工具"。

"易性"一词出自《老子道德经河上公章句》。河上公本第八章题名为"易性",曰:"上善之人,如水之性。"原本《老子》只是说上善之"为"应当像水之"为"(发用)一样,是"无为",全章都没有谈"性"。河上公却说"如",点明"上善之人"的"性"和"水"的"性"有重合之处,这"上善之人"即指君王(下文"水性几于道同""万物得水以生""水性如是,故天下无有怨尤水者也"也指明了这一点),可见河上公也认为"人之性"是有差异的。《易性第八》不是就"人即其自身即为人之全体之价值"论人之"共性",而是就"各"有其自然之性来论性,即所谓"万物自然之性"(《守微第六十四》)。[①] 进一步追问,这一章为什么叫"易性"?通观《老子道德经河上公章句》,在政治治理思想上,河上公依旧主张君王要无为,这其实也相当于要君王"易"其"性",往固定的

[①] 引文分别参见王卡点校《老子道德经河上公章句》,中华书局1997年版,第118—120、251页。

"性"的方向发展。百姓之性是普遍的，君王之性有更多具体的内容，这在理论上是一种断裂的、两截的人性论。所以笔者认同劳思光先生对中国思想的判断，即它主要想起到、实际上主要起到的是一种"引导性的功能"。① 目的在于引出实践性的、引导性的建议，如此一来，有时理论就难免吊诡矛盾。河上公言"如水之性"，意为"（君王）（要）如水之性"，此中承载着黄老道家自然人性论的劝谕与责君并重的隐晦诉求。

通过对"无为"和"自然"两者关系的考察，基本可以确定《文子》将"无为"的政治治理诠释为君王本于其"自然"人性之所欲，而以人性论的普遍性要求来衡量，《文子》实为主张君王要"变""易"其性。质言之，《文子》是从政治实用的角度出发，把"君王应当如何做"（"应然"）反推到君王之"性"（"本然"），为君王的无为而治奠定自然人性论的根据。君王无须也不可以做一个普通意义上的自然的人，他既然拥有最高的权力和最大的影响力，那么为了避免百姓受到权力的倾轧和君王放纵智情欲的坏影响，他就必须致力于让渡权力，以及做好德治和法治的表率，因此他的生存恰恰最有可能首先被权力扭曲。这种思想中包含着《文子》对权力的警觉，在黄老道家的思想脉络中也能找到旁证。"天子公侯，以天下一国为家，以万物为畜，怀天下之大，有万物之多，即气实而志骄。大者用兵侵小，小者倨傲凌下，用心奢广，譬犹飘风暴雨，不可长久。"（《九守·守弱》）长久的治天下之道是"为无为"，或许也能称作一种独特形态的"民本主义"。

故而笔者不能同意学者根据《自然》篇"圣人立法以导民之心，各使自然，故生者无德，死者无怨"一句，断定其与老子之"自然"相悖，"最终目的都是使民众不生犯上作乱之心，并进而死而无怨地成为君王平定天下的工具和手段"这样的说法。② 相反，《文子》以"自然""自为""无为"为至高理想，正表明它是以民为本，而以君王为"工具"的。虽然《文子》的自然人性论有劝谕和责君的色彩，它的"君王无为也是其自然之性"一说有理论上的瑕疵，但理论上的矛盾于它或许是次要的问题，

---

① 参见劳思光《危机世界与新希望世纪——再论当代哲学与文化》，香港中文大学出版社2007年版，第49—50页。
② 参见乔健《论〈文子〉对老子思想的修正》，《中国哲学史》2014年第2期；张彦龙《论〈文子〉对儒道思想的修正》，九州出版社2020年版，第96—97页。

因为就一个理论主要是为了指引政治实用而言，理论是否有效重要于理论是否周恰。当然，这也跟文本的选取有关，假如单看《自然》篇，无疑其中的"自然"都是"无为"（因循）的结果;[①] 一旦考虑今本《文子》的其他篇章，特别是加入《微明》篇"性不能已"一节，以构成新的文本的部分与整体的"解释学循环"，所见自然有别。

结　语

以今本《文子》为整体来考察和建构其"自然"观，再以"道—万物"与"君王—百姓"两组对子为框架来分析"自然"观之肌理，可知《文子》的"自然"观有道本身是自然的、万物的存在和生长是自然的、人性应当顺其自然和政治治理应当成全人性之自然四个层面。讨论"道—万物"的"实然"关系是为了阐发"君王—百姓"的"应然"关系，因此《文子》的"自然"观之大旨在于人性论和政治治理思想。它认为君王和百姓都能在政治实践中实现其"自然"，这就要求君王不以智治国，"无为而治"以听任百姓"自为"，在必要的时候以德治和法治来辅助百姓返归"自然"，这一切都以道治为依归。《文子》相信只要君王"为无为"，百姓各各"自为"，就能达致"相为"的和谐。《文子》的"自然"观有着道家和黄老道家一贯对最高权力的警惕，在其限制权力的思想中蕴含有理性的谨慎，可见其以民为本、"工具化君王"的深意。

[①] 参见曹峰《〈文子·自然〉研究——兼论对"道法自然"的理解》，《现代哲学》2018年第5期。

庄子与程颢的"万物一体"论辨析*
——兼谈儒道互鉴的可能与意义

刘蒙露

（中国人民大学哲学院）

摘　要：庄子"万物与我为一"的齐物论与程颢"以天地万物为一体"的仁体论，主张的思维方式相同，蕴含的价值追求相异。二者均否认与物对立二分的有限小我，但庄子因之通于浑然一体的大道，程颢则以之成就仁爱万物的大我。二者均未将物作为对象性客体，皆曾直接感受鱼的内在生命情态；但庄子知鱼乐是无心的审美活动，程颢以体仁为目的观鱼则属有意的德性涵养。二者均倡导不分判、非对待的思维，但庄子基于道而关注物与物的自然关系，程颢则基于仁而聚焦我与物的伦理关系。庄子和程颢"万物一体"论的共同点，呈现出理学家吸收道家思想以创新儒家仁学传统的可能性；而其根本差异则表明，对外部思想的合理借鉴不会使自身传统变质。这对于当今儒学的创新性发展具有启示意义。

关键词：万物一体　程颢　庄子　非对待　创新性发展

宋明理学在形成发展的过程中吸收佛道之长已为学界共识。而若要将此宏观共识落实为详尽的研究，则需有针对性地说明，研究者所关注的某一理学思想是否借鉴了佛老、以何种方式借鉴佛老等问题。其中，北宋理学家程颢的"万物一体"论是否以及如何受到庄子有关思想的影响，便是

---

* 基金项目：文本系国家社科基金重大项目"中国仁学发展史（多卷本）"（编号：19ZDA024）的阶段性成果。国际关系学院唐纪宇老师在"全国哲学博士后论坛（2022）"上为本文提出许多宝贵建议，特此感谢。

一个值得深探的具体议题。

既有研究普遍注意到程颢"仁者,以天地万物为一体"的仁体论与庄子"天地与我并生,而万物与我为一"等齐物论之间的相似性。土田健次郎发现,程颢所说的"仁者浑然与物同体"与《庄子·齐物论》的思考模式中均有对于区分物我的否定。① 的确,庄、程均提倡物我合一、主客不分的非对待性、非对象化思维。此种思维方式可被泛称为"万物一体"。更有学者认为,二者"万物一体"论的相似性并非偶然,而是程颢吸收借鉴庄子思想的内容、特质或语词的结果。如,就内容而言,张岱年提出"'与万物为一体'本是庄子的观念",并认为程颢的相关思想固然上承孟子但亦深受庄学影响。② 就思想特点而言,陈钟凡认为,程颢仁说所豁显的"不起分别""纯任直觉"等特质正本于庄子。③ 就语言概念而言,太田锦城指出程颢等人的"万物一体"论取用庄子的语词,甚至将这种取用视为理学家对于儒学正宗的背离。④

前学在程颢仁体论与庄子齐物论之间发现的近似或借鉴关系,不是由程颢本人承认或经史料证明的实际关系,而是基于二者学说的共同点和思想演化的可能性得出的推测关系。程颢未曾表明其"万物一体"说受到庄子"道通为一"的齐物论影响;相反,他还曾反思齐物,"故物之不齐,物之情也。而庄周强要齐物,然而物终不齐也。"⑤ 并且,在阐论"万物一体"时,程颢明确诉诸的思想资源是孟子的"万物皆备于我"与张载的《西铭》等儒家内部主张。既然儒学传统中也有"万物一体"的端倪,且佛教思想中亦不乏类似倾向,何以能断定程颢的"万物

---

① [日]土田健次郎:《道学之形成》,朱刚译,上海古籍出版社2010年版,第198页。
② 参见张岱年《中国哲学大纲》,商务印书馆2017年版,第514页。
③ 陈钟凡:《两宋思想评述》,东方出版社1996年版,第237页。
④ [日]太田锦城:《疑问录》,《日本伦理汇编》第9卷,东京:育成会1901年版,第396—397页。
⑤ (宋)程颢、程颐著,王孝鱼点校:《二程集》,中华书局2004年版,第33页。本文所引《二程集》皆为此版本,下引此书不再标明版本信息。该句见于《东见录》,虽未标明属于程颢还是程颐,但当是程颢之语,理由如下:同载于《东见录》的"事有善有恶,皆天理也。天理中物,须有美恶,盖物之不齐,物之情也。但当察之,不可自入于恶,流于一物"(《二程集》,第17页)一句标明为程颢语,也化用《孟子》批判齐物且与所引句表意相近;另外,与所引句部分相似的内容还见于刘质夫所记的明道语录中:"阴阳盈缩不齐,不能无差,故历家有岁差法。"(《二程集》,第122页)故推测所引句为程颢语。

一体"论借阶于庄子？换言之，应当如何看待庄子和程颢"万物一体"论之间的关系？

在缺乏史料验证的情况下，对于二者关系的探究仍需依据义理，仍离不开对于庄、程具体相关思想的比较与辨析。其中的异同虽已在先前研究中被大略提及，但尚需更为详细的专门考察。

一　由共同的"无我"走向儒家式"大我"

"万物一体"涉及主客之间、物我之间通一不二的关系。就主体而言，在万物之中我本应和他物泯然无别、浑然无对、共通共在。庄子与程颢在展开其"万物一体"论的过程中，均常常表现出对于与物相分、相对、相隔的小我或私我的否定倾向。为方便指称，暂将其名为"无我"倾向。①

《庄子》内篇中不乏"至人无己""吾丧我"等近于"无我"的表达。《齐物论》以"吾丧我"开篇，暗示达至"道通为一"的齐物境界，首先需要忘"我"：

> 南郭子綦隐机而坐，仰天而嘘，荅焉似丧其耦。颜成子游立侍乎前，曰："何居乎？形固可使如槁木，而心固可使如死灰乎？今之隐机者，非昔之隐机者也。"子綦曰："偃，不亦善乎，而问之也！今者吾丧我，汝知之乎？"

既有研究从"吾""我"二字语用与《齐物论》主旨等角度指出，"我"是在与物或他人的区分、对照中成立的，是相较于"非我"而言的，是彼

---

① 宽泛地说，儒释道三家思想史上均曾出现某种消解有限自我的"无我论"，但各自侧重不同。这构成了庄子与程颢"无我"倾向的思想背景。先秦时期孔子以"毋我"为四毋之一，意在消除主观成见与个体私我。魏晋之时，玄学诸贤禀庄子遗风，多倡导一种自我与自然合一的无我之境，此于审美领域表现尤甚。如，嵇康的"以无措为主，以通物为美"，宗炳的"澄怀观道"等。佛教更主"无我"以破除我执、消解感性肉身、揭示我无自性的缘起观，三法印中便有"诸法无我"一说。时至宋代，邵雍倡导"以物观物"，警惕我的主观偏见。而本文此节所说的"无我"倾向，并非涵盖上述各家"无我论"的总体思想特质，而是特指出现在庄子、程颢等思想家思想中的反对在对待关系中理解我的思维倾向。参见杨国荣《伦理与存在——道德哲学研究》，北京大学出版社2011年版，第109—111页；张世英《中华思想文化史上自我的蒙眬觉醒——中华精神现象学大纲（之三）》，《北京大学学报》（哲学社会科学版）2011年第1期。

此、内外、主客等对待关系中的一方。①

然而，从道的高度看"天地与我并生，而万物与我为一"，(《庄子·齐物论》) 天地万物之间并非自然存在分隔与对立，物我在本来意义上是浑然一体的，对待关系中的"我"违离于道。参照郭象与成玄英的注解，"吾丧我"为一种内外俱忘、物我双绝的体验。② 这不是主体自我意识的全然丧失，而是主体否弃狭隘的自我认识方式而回归于道的过程；即不再在与"非我"的对待中认识自身，能够基于道把握自身。忘丧与物相对、与道相悖的小我，是庄子"无我"倾向的主要义涵。

程颢在其《识仁篇》中，同样否定了处于对立二分之中的小我：

> 仁者，浑然与物同体……此道与物无对，大不足以名之，天地之用皆我之用。孟子言"万物皆备于我"，须反身而诚，乃为大乐。若反身未诚，则犹是二物有对，以己合彼，终未有之，又安得乐？③

以仁道衡之，我应当与万物无对、同万物一体。然而"反身未诚"时，"我"便不是能体道的仁者，"我"与万物之间的关系是"二物有对""以己合彼"，即分立为二、区别彼我的对待性关系。这样的"我"和《齐物论》中所丧之"我"颇为类似。并且，在程颢看来，如此狭隘的"我"不仅是小我更是私我，"人只为自私，将自家躯壳上头起意，故看得道理小了佗底。放这身来，都在万物中一例看，大小大快活。"④ 对于将自家身躯与万物分离而不能感通万物的私我，程颢多次予以批驳。正如前学

---

① 如陈静认为："'我'是对象性关系中的存在，永远处于物我、人我、彼此、彼是、是非的对待性关系中。"陈少明指出，"我"是"因人而言"的与他者相对的存在者，有"非我"（你或他）才有"我"。陈赟基于"物我""人我"等表述，点明"我"的相偶性、对待性，认为其因与自身之外他者的相对而彼此构成。参见陈静《"吾丧我"——〈庄子·齐物论〉解读》，《哲学研究》2001年第5期；陈少明《"吾丧我"一种古典的自我观念》，《哲学研究》2014年第8期；陈赟《从"是非之知"到"莫若以明"：认识过程由"知"到"德"的升进——以〈庄子·齐物论〉为中心》，《天津社会科学》2012年第3期。
② 参考（清）郭庆藩《庄子集释》，中华书局2012年版，第45页。
③ （宋）程颢、程颐：《二程集》，第16—17页。
④ （宋）程颢、程颐：《二程集》，第33—34页。

所论，程颢思想中时常呈现"无我"倾向。① 如："以物待物，不以己待物，则无我也。"② "夫天地之常，以其心普万物而无心；圣人之常，以其情顺万事而无情。"③ "若颜子之有不善，岂如众人哉？惟只在于此间尔，盖犹有己焉。至于无我，则圣人也。"④ "克己则私心去。"⑤ 以上语录均表明程颢对于捐弃小我、克治私我的追求，这或许反映出理学家"对于人生境界与修养工夫上'无'的吸收"⑥。

要之，庄子齐物论和程颢仁体论皆主张破除有限的对待性小我，"无我"均是其中重要倾向。然而，程颢"万物一体"论在表达"无我"的同时，又明确主张万物"有诸己"。其论必须以我为基础的特点，呈露出程颢与庄子"万物一体"论在相似性下的重要差异。程颢曾言：

> 仁者，以天地万物为一体，莫非己也。认得为己，何所不至？若不有诸己，自不与己相干。如手足不仁，气已不贯，皆不属己。⑦

其中五处言"己"，突出了对我的强调。这提示读者，程颢的"万物一体"准确来说不是"万物是一体"而是"万物是我体"。向世陵指出："'以天地万物为一体'的'一体'是总体，但只讲到'一体'、'总体'显然不够，因为它离不开言说此总体的主体，即'己'或'我'。"⑧ 之所以如此，是因为程颢的"万物一体"论旨在生动描绘仁者的道德感受与境界体验，并以此指点儒家之仁的本质。而仁者具有这样的体验：我不是与物对立二分的，而是与物相通、由万物构成的；万物皆如我手足一般，与我有着紧密而直接的关系，其痛痒能够被我体会。可见，道德主体的感受能力在程颢的"万物一体"中十分关键，因此其"一体"必须一于我之

---

① 参见陈来《有无之境——王阳明哲学的精神》，人民出版社1991年版，第238页；周晋《道学与佛教》，北京大学出版社1999年版，第80—81页。
② （宋）程颢、程颐：《二程集》，第125页。
③ （宋）程颢、程颐：《二程集》，第460页。
④ （宋）程颢、程颐：《二程集》，第126页。
⑤ （宋）程颢、程颐：《二程集》，第18页。
⑥ 参见陈来《有无之境——王阳明哲学的精神》，人民出版社1991年版，第4页。
⑦ （宋）程颢、程颐：《二程集》，第15页。
⑧ 参见向世陵《二程论仁与博爱》，《孔子研究》2015年第2期。

体，必要基于我而成立。有学者将程颢、王阳明等理学家的"万物一体"作为"有"的最高境界，并认为这一境界仍以我的感受性为基础，但其中的"我"不是自私小我而是至仁大我①，即孟子所言"反身而诚"中的我。

基于程颢思想本身，"有诸己"的价值倡导与"无我"的思维倾向之间不仅不矛盾，还因共同指向仁而具有一贯性。"有诸己"树立起能将万物当作自己的一部分加以爱护的大我，有的是"万物皆备于我"之公我，从而正向挺显了仁；"无我"消泯了与万物对立的小我，无的是"意、必、固、我"之私我，从而反向保障了仁。并且，"与物有对""不与己相干"之小我、私我的破除，有助于"与物无对""浑然与物同体"之大我的成就，正所谓"胜己之私则能有诸己，是反身而诚者也"②。

相比之下，庄子的"万物一体"主要指万物在没有人为区分与对立时的混沌整体，重点在"道通为一"的齐物境界，至于万物之整体是否归一于我并非关键，其论无须基于我而成立。在同样蕴含"万物一体"义的"旁礴万物以为一"（《庄子·逍遥游》）、"天地一指也，万物一马也"（《庄子·齐物论》）等表达中，就不再有我的出现。且不以我的视角为中心，更能体现万物在本然意义上的浑然共在。

进而，庄子齐物论中的"万物一体"因"无我"而通于大道，核心不在我而在道；程颢仁体论中的"万物一体"因"无我"而成于大我，核心终究在我。有研究曾用"忘我"与"大我"指明道家和宋明理学中"万物一体"的不同。③ 而这一不同不仅是理学家有别于庄子之处，早在先秦时已是孟子与庄子之间的分野。张岱年认为，"孟子与庄子同以与天合一，与万物同体的神秘经验为个人生活之最高造诣。但两家学说，亦颇不同……孟子是扩大其我；庄子是自忘其我，消弭物我之对待"④，并将程颢的"万物一体"视为"孟、庄之综合"⑤。

就中国哲学中"有""无"两种境界而论，庄子的"万物一体"可为

---

① 参见陈来《有无之境——王阳明哲学的精神》，人民出版社1991年版，第268页。
② （宋）程颢、程颐：《二程集》，第367页。
③ 参见张艳清《宋代理学与道家哲学》，吉林人民出版社2004年版，第6、228页。
④ 参见张岱年《中国哲学大纲》，商务印书馆2017年版，第460页。
⑤ 参见张岱年《中国哲学大纲》，商务印书馆2017年版，第514页。

无我之境，而程颢的"万物一体"则属有我之境。① 这两种境界的不同蕴含着儒道价值追求的差异。程颢对大我的挺显是儒学伦理价值取向的必然要求。其"万物一体"论的旨要在于，凸显我对物的直接感受和物与我的深切关联，从而对爱物的仁道关怀做出说明。若如庄子一般仅指出万物之间不做分判的浑然一体性，而不揭示此"一体"与道德主体的关系，便无法达成程颢言"万物一体"时的伦理意图，无法挺显儒家"一体"观所承载的仁道价值。万物混沌自然、彼此未分的本来状态并不足以引发我对他物的爱护与同情；唯有万物都是我的一部分，才能说明我去关切万物的必要性。

二 由共同的"感物"走向理学式"体仁"

"无我"破除了与物对立的小我，脱离了物我之间的对待关系，使主体与万物处于共在而相感的"一体"关系中。因此，主体能够生动体贴万物的情态与意趣。庄子和程颢都曾在观鱼时获得某种"与鱼为一"的"感物"体验：庄子能知道鱼的从容之乐，程颢则对鱼的自得生意有所观照。

基于"万物一体"的思维，"濠梁之辩"或可从与物感通的角度获得新解：②

> 庄子与惠子游于濠梁之上。庄子曰："鯈鱼出游从容，是鱼之乐也。"惠子曰："子非鱼，安知鱼之乐？"庄子曰："子非我，安知我不知鱼之乐？"惠子曰："我非子，固不知子矣；子固非鱼也，子之不知鱼之乐，全矣。"庄子曰："请循其本。子曰'汝安知鱼乐'云者，既已知吾知之而问我，我知之濠上也。"（《庄子·秋水》）

自在悠游的庄子体知了自得畅游的鯈鱼的内在乐感，而其"知"的可能性

---

① 参见陈来《有无之境——王阳明哲学的精神》，人民出版社1991年版，第5页。
② 杨国荣认为，庄子与惠施的论辩涉及"他者之心是否可知"一问题，而此问题可在人与人之间能够相互理解和沟通的角度下进行考察，而"与'道通为一'要求达到与物无际的形而上进路，显然彼此相通"。在其看来，庄子知鱼乐体现出的对界限的超越，符合"道通为一"的思路。参见杨国荣《庄子的思想世界——一种哲学的阐释》，北京师范大学出版社2018年版，第152页。

当即遭到了惠施的否认。惠施对庄子知鱼的质疑基于"子非鱼",即主客二分的前提。"非"字表明认识主体与客体之间的差异和隔阂,因而阻断了主客相互感知的可能。惠施将庄子与鱼视作相异的两物,在庄子与鱼分立为二的前提下,鱼只是其观看的外部对象,庄子无法认知鱼的内在感受。而庄子既能够真切感知鱼之乐,反向说明他未将鱼视为在我之外的独立客观的认识对象,即"子非鱼"的前提在庄子的认识状态中并不成立。其与鱼处于鱼我不分的自然状态中,故能感通鱼生命中洋溢的欢乐。庄惠之辩表面是在争论"庄子知鱼乐"的认识结果是否可能,而实际分歧在于"庄子非鱼"的认识前提是否合理。

此外,庄惠之"知"亦不同,庄子之知为非对象性的体知,惠施之知为对象性的认知。而"知"的境界可归为四重:"有以为未始有物者,至矣,尽矣,不可以加矣。其次以为有物矣,而未始有封也。其次以为有封焉,而未始有是非也。是非之彰也,道之所以亏也。"(《庄子·齐物论》)四者由高到低依次为:未意识到物的有无,未意识到彼此界限的存在,未意识到是非,是非纷争不断。杨国荣认为:"'封'意谓界限与分化,有物而无封,表明世界处于未分化形态,与此相对的'有封',则以分化和界限为其存在特点。"[①] 庄子对鱼乐的体知,即便默认了鱼作为物的存在,也不曾在鱼我之间设置彼此分隔、不可感知的界域,故至少处于第二重知境。而惠施明确承认了区分庄子与鱼的界限,已然落入"以为有封"的第三重知境。而"道未始有封"(《庄子·齐物论》),因此惠施之知是与道相违的。知鱼乐或可被理解为达至齐物境界的一种表现,说明庄子能齐物而惠施不能。

与庄子相同,程颢也曾获得对鱼从容情态的直接体贴,而感受到一种自得生意:

> 明道书窗前有茂草覆砌,或劝之芟,曰:"不可!欲常见造物生意。"又置盆池畜小鱼数尾,时时观之,或问其故,曰:"欲观万物自得意。"[②]

---

① 杨国荣:《庄子的思想世界——一种哲学的阐释》,北京师范大学出版社2018年版,第54页。
② (清)黄宗羲原著,(清)全祖望补修:《宋元学案》,中华书局1986年版,第578页。

程颢对鱼特为钟情，尤喜"鸢飞戾天，鱼跃于渊"一句，曾言："'鸢飞戾天，鱼跃于渊，言其上下察也。'此一段子思吃紧为人处，与'必有事焉而勿正心'之意同，活泼泼地。会得时，活泼泼地；不会得时，只是弄精神。"① 可见，他真正所钟爱的，是鱼游动时活泼自如的生命力。这一自然流露、毫不造作的生命力就是程颢所欲体会的"万物自得意"。其有诗云："万物静观皆自得，四时佳兴与人同。"② 天地的生意无偏袒地遍注于芸芸众生之上、四季运行之中，因而万事万物呈现的生命力与我自身的生命力相同。"所以谓万物一体者，皆有此理，只为从那里来。'生生之谓易'，生则一时生，皆完此理。人则能推，物则气昏，推不得，不可道他物不与有也。"③ 因此，我与物同样禀受的生理与生意，确保了我直接体认鱼盎然生机的可能；而我能够直观其自得意，反过来又说明了我与鱼基于天地生生的一体性。

而实际中，观鸢鱼之生意时又有"会得"与"不会得"两种情况。"不会得"是单纯用眼进行对象性地观察，虽也能见小鱼在水中游动的场景，却难以体会其游动所流露的生命力，相当于处在"以为有封"的第三重知境。"会得"则不只是用眼观看，而是实现了活泼生命之间的交融、感通与共振。此时，鱼不是外在于我的对象或客体。在真切感受到我与鱼共享的生命力之时，已达到"未始有封"的第二重知境。

综上所述，无论是庄子对鱼之乐感的"知"，还是程颢对鱼之生意的"观"，其本质都近于一种"与物相感而为一"的体验。这并非一种主体认识客体的观察。因为它并不以探求有关认识对象的具体知识为目的，只是沉浸在对鱼的内在生命情态的直觉感受中，而进入一种消泯主客、不分物我的浑然体知状态。但是，继续深察会发现，庄子知鱼与程颢观鱼时的非对象性状态虽相同，而二者的目的却不同，所以其"感物"的本质亦有差别。庄子对鱼之乐的体知是无目的性的当下感受，而程颢对鱼的观照却带着明确的体会"生生之仁"的目的。

庄子"游于濠梁"之"游"是一种逍遥自由的情态，说明其在动身之前并未抱持任何期待。他并非因为想要体会鱼之乐而特地前往濠上观鱼。

---

① （宋）程颢、程颐：《二程集》，第59页。
② （宋）程颢、程颐：《二程集》，第482页。
③ （宋）程颢、程颐：《二程集》，第33页。

有研究从词源的角度将"吾丧我"之"吾"联系为一种"相遇"状态，并认为相遇时我与物是平等而自由、无对待而无目的、非选择而非功利的关系。① 这正是濠上庄子与濠下之鱼的关系。庄子与鱼的相遇相知是无安排的偶然，是一种当下随机、物我偕忘的自然体验，整个过程不为任何其他目的，本身也不构成目的。

不同于庄子所遇的生长于自然界的鯈鱼，程颢所赏之鱼是为了能够"时时观之"而特意畜养于池中的。相较于庄子"游"时的无心之逍遥，程颢"置盆池畜小鱼数尾"时的"置"与"畜"皆属有意识、有目的的主动行为。当然，程颢在观家养之鱼时体会到的自得、蓬勃的生命气象无疑仍属一种自然气象，但其观赏的过程已非庄子的不期之遇而为一种人为安排。"或问其故，曰：'欲观万物自得意'"表明，程颢观鱼是因"故"而有"欲"的，即出于体认生意的特定原因和目的。应当说，在观鱼之前程颢已明确知道究竟要观什么以及为何而观。质言之，"观"的过程只是体会万物生意的手段，而且这种"观"并不限于鱼，可推广至所有富有生命力的事物："观鸡雏"②、"观天地生物气象"③。实际上，程颢想要观照的并非鱼、鸡雏本身，感受鱼在水中的欢腾与小鸡破壳的力量都是为了体会万物不息生意与天地生物气象。而这种可观的生意、生气在理学家眼中不仅是出生与成长的自然事实，更在本质上挺显着"仁"的道德价值。程颢曾说："万物之生意最可观，此元者善之长也，斯所谓仁也。人与天地一物也，而人特自小之，何耶？"④ 在其看来，万物生意已经超越了单纯的自然情趣而具有了伦理意蕴，是天地化育之德、造就之功的体现。

庄子和程颢所体验的与鱼共在之感的相似性背后，透显着儒道二家生命追求的不同。要言之，庄子的非对象性体认中没有价值预设，其"感物"属于一种高阶的认识境界与审美活动，是过程性的、非道德的；而对程颢来说，"感物"的性质已变为价值体验与意义感受活动，是目的性的、道德的。"观"作为对仁之道自觉而主动的寻求，在理学中甚至可被视为

---

① 参考孟琢《〈庄子〉"吾丧我"思想新诠——以汉语词源学为方法》，《中国哲学史》2020年第5期。
② （宋）程颢、程颐：《二程集》，第59页。
③ （宋）程颢、程颐：《二程集》，第83页。
④ （宋）程颢、程颐：《二程集》，第120页。

一种独特的心性修养工夫。因此，"万物静观皆自得"不止于陶醉在物的自然情态，感受我与万物之间因生意而有的"一体性"，最终是为实现对于天地之仁的切身体贴。

三　同途殊归：儒道"万物一体"思维下的价值分野

"无我"否定与物对待之我，"感物"否定与我对待之物，其本质皆为否定物我之间的"偶"或"对"，否定二分、对立、比较的分判思维。因此，在庄子和程颢的"万物一体"论中，消除人为造成的差别与对待均是重点之一。

庄子有云："故为是举莛与楹，厉与西施，恢恑憰怪，道通为一。其分也，成也；其成也，毁也。凡物无成与毁，复通为一。"（《庄子·齐物论》）"分"是在万物之间区别同异、比较优劣，使个别的物与物形成对立。如，以大小分别莛和楹，以美丑判别西施和厉。万物的纷繁差异由于人为区分而造成，并非本质上存在。"自其异者视之，肝胆楚越也。自其同者视之，万物皆一也。"（《庄子·德充符》）由此说明，物物之间的关系究竟是"肝胆楚越"的千差万别还是"万物皆一"的浑然一体，取决于物如何被看待。而有"分"方有"成"，人为分别给自然之物加上了某种具体的、固定的规定性，从而使一物有了分离于、不同于另一物的特殊性而成为自身。但有所"成"同时意味着有所"毁"、有所"缺"。有甲之规定性则无乙之规定性，如有莛之大则不能有楹之小。

在更高的层次上，道因不具备任何规定性而融通万物。而物在合于道的自然状态中本来也无特殊规定性，也无因种种规定而带来的局限性；在道的视阈下物与物之间可相通。在真正的达道者看来，万物皆各成其所是，均为天地间的一物而已。当除却人为造成的"成"与"毁"后，万物之间又可通达为一，回归本来的浑然不分。

此外，庄子又云"是亦彼也，彼亦是也。彼亦一是非，此亦一是非。果且有彼是乎哉？果且无彼是乎哉？彼是莫得其偶，谓之道枢"（《庄子·齐物论》）。从"此"的角度看则有"彼"，但从"彼"的角度看之前的"此"又成了"彼"。故可知彼此的二分是基于片面视角的暂时分别，不具绝对意义。但从道的高度看,又不可说本质上没有彼此(更不可说有彼此),因为这样又会陷入"有—没有"这一非此即彼的二分中。① 所以,想要破除偏颇与局限而上升至道的视阈,不仅要否定"彼此"或"有无"等相对而成的概念,更在于超越此类概念中的"偶",即对待性本身。

程颢以"万物一体"言仁时,也多次凸显对于对待性的否认。首先,既然万物是我体的一部分,我便不应以内外等对立的概念来区别物我,其《定性书》说道:

> 所谓定者,动亦定,静亦定,无将迎,无内外。苟以外物为外,牵己而从之,是以己性为有内外也。且以性为随物于外,则当其在外时,何者为在内?是有意于绝外诱,而不知性之无内外也。既以内外为二本,则又乌可遽语定哉……与其非外而是内,不若内外之两忘也。两忘则澄然无事矣。②

程颢所肯定的状态并非与"动"相对的"静",而是超越了将迎、内外等种种对待性概念的"定",从而可抵御由分判与对立带来的问题。在他看来,真正搅扰心性的不是在我之外的物,也不是在心内纷纷扰扰的思虑;而是以物为外、区别内外的分判性思维与对待性视野本身。

其次,如前所述,程颢在《识仁篇》中基于道"与物无对"的特质而反对"二物有对"的状态,同样表达了对于无对待的推崇。除《定性书》《识仁篇》等反映程颢核心思想的代表作外,在其弟子刘绚所记的语录中,也有肯定"无对"的内容。程颢曾将"无对"作为仁者的特质:"夫能'敬以直内,义以方外',则与物同矣。故曰:'敬义立而德不孤。'是以仁者无

---

① 杨立华:《庄子哲学研究》,北京大学出版社2020年版,第307页。
② (宋)程颢、程颐:《二程集》,第460—461页。冯友兰指出,在《定性书》中"程颢所说的'无将应',是从庄周来的"。参见冯友兰《中国哲学史新编》下卷,人民出版社2001年版,第130页。对于《定性书》与佛老思想的关系,南宋时叶适即指斥《定性书》取用佛老之语。陈钟凡、周晋、郭晓东等学者对此进行反驳,认为程颢在该书中确实采用了佛、道的语词,但是用这些语词所表达的根本精神则与佛老相异,符合儒家宗旨。参见陈钟凡《两宋思想评述》,东方出版社1996年版,第91页;周晋《道学与佛教》,北京大学出版社1999年版,第50—54页;郭晓东《识仁与定性——工夫论视域下的程明道哲学研究》,复旦大学出版社2006年版,第141—146页。

对，放之东海而准，放之西海而准，放之南海而准，放之北海而准。"①

然而，在同一卷语录中，还记载着程颢对于"有对"的推崇："天地万物之理，无独必有对，皆自然而然，非有安排也。每中夜以思，不知手之舞之，足之蹈之也。"②"万物莫不有对，一阴一阳，一善一恶，阳长则阴消，善增则恶减。"③ 既主张"无对"又主张"有对"，似乎显示出程颢思想的矛盾性。而进一步分析可知，这一表面矛盾或许正能帮助我们发现程颢以"万物一体"否定对待性时有别于庄子的问题意识。

在分别言"有对"与"无对"时，程颢关于"对"的理解实际是不同的。就其肯定的"有对"来说，此时"对"意为"相匹之两"，反面为"独一"。"无独必有对"和"有独而无对"的分歧在于，万物的存在是成对的还是单独的，物物之间的关系属于两两对称的关系还是一个个无法配对的单独个体的关系。程颢兴奋于万物"无独必有对"，实为赞叹天地化育之理的神奇与巧妙。在他看来，生生之道自然流行无刻意安排，而过程中所生之物、所现之理竟如同经过精心设计一般两面兼顾、不落一偏。所谓"独阴不生，独阳不成"，正因为有相反相成的"两"，万物才能不断生化、运化、变化，而这与"万物一体"之间并无冲突。

程颢在肯定"无对"时，"对"的反面已不是"独一"而是"一体"。"与物无对"和"与物有对"聚焦的问题是，天地万物是浑然一体还是对立二分，物我之间的关系是一个整体的关系还是两个独立个体的关系。其所欲消泯的"对"与"独"之间不是相反的而是一致的。正因为我与物各自独立，我们才能处于分别与对立的关系中。相应的，"万物一体"与"万物独一"不同，排斥"独一"不等于否定"一体"，推崇"一体"不等于认可"独一"。"万物一体"之"一"，既破除了我与万物之间对待性的关系，更否认了万物作为孤立个体的存在，既消解了"对"也消解了"独"。

需要特别明确的是，程颢所推崇的"无对"是"此道与物无对"或"仁者与物无对"，指向能体道的仁人与万物的伦理关系，即物我关系；而其因之兴奋的"有对"是"万物莫不有对"，指向万物之间的存在关系，即物物关系。我与他人他物息息相关，不可相隔相对，是一个蕴含仁道关

---

① （宋）程颢、程颐：《二程集》，第120页。
② （宋）程颢、程颐：《二程集》，第121页。
③ （宋）程颢、程颐：《二程集》，第123页。

怀的伦理学问题；物物之间对偶统一，可以相反相成，是一个具有辩证色彩的形而上学问题。两个问题可以在程颢的思想体系中融贯地同时成立。而程颢"万物一体"论的核心，不是探究万物在本然意义上是独还是对，而是揭示我与万物是一体还是二分，其所要求的"无对"准确地来说是伦理视阈下的物我无对。

综上所述，否认对待性、对立性、对偶性、对象性的"一而不二"是庄子与程颢"万物一体"论所共同倡导的思维。二者所追求的"一"都不是全然无差别的统一性，不是抹杀万物各自特点与自然差异的"物物同一"，而是不在对待性关系中将万物加以人为区别的"与物为一"。① 然而，虽然庄、程都用"万物一体"破除狭隘的"对"，但二者的问题意识实有不同。庄子"万物一体"关涉的是"物与物之间的自然关系"，主张居于道的高度明晓万物在本来意义上的浑然一体性与诸种区别、差异的非本质性。而程颢"万物一体"聚焦的是"我与物之间的伦理关系"，其重点不在超脱于物之上以实现对物自然本质的认识，而是关注现实伦理生活中我如何与物和谐相处、如何实现对物的关怀。

进一步来说，程颢与庄子均基于儒道各自之"道"而提倡"万物一体"，其问题意识的不同又取决于二家"道"的差异。儒家之道具有确切的伦理内涵与仁的规范性。程颢否认我与物的对立二分，正是为了开显关爱万物的道德蕴含，本身已经做出了扬善抑恶、崇公去私的价值判断。而庄子之道没有任何具体内涵与规定性。以道观之，最终应当化去一切人为分判与规范，包括善的价值判断与伦理规范。"与其誉尧而非桀也，不如两忘而化其道"（《庄子·大宗师》），哪怕与恶相对的善也是人为立定的标准、对待性关系的产物。庄子以仁义为束缚，借儒家善人颜回之口说出"回忘仁义"，（《庄子·大宗师》）认为执着于仁义则无法实现"坐忘"进而阻碍"万物一体"的达成。因为，仁与善也是一种"成"，所以必定有所"毁"，仍旧蔽于一偏而未能完全。因而，就儒道"万物一体"的终极追求而言，程颢打通感受中的物我相隔，走向"仁者与物无对"的至善；庄子纠正认识中的彼此对待，通往"彼是莫得其偶"的自然。

---

① 参见曹峰《思想史脉络下的〈齐物论〉——以统一性与差异性关系为重点》，《中国人民大学学报》2020 年第 6 期；宋玉波《论"万物一体"观念的发展与演变》，《东南大学学报》（哲学社会科学版）2019 年第 6 期。

四 异同与借鉴：庄子与程颢"万物一体"论的关系

通过上述辨析可知：一方面，庄子与程颢的"万物一体"论除语词较为相似外，所倡导的思维方式亦趋一致，均主张非对待性的圆融思维；另一方面，二者呈现着儒家与道家在根本价值与终极境界上的差异。而异同本身并非探究的终点，接下来的问题是，基于此可以怎样理解这两种"万物一体"论之间的关系，以及关于二者关系的思考对于今人而言有何意义。

许多学者以庄、程"万物一体"论的相似性来说明程颢言"万物一体"时借鉴了庄子的相关思想，而这本身可被进一步反思。二者的相似性可能会遭遇质疑，且仅靠相似关系似乎不足以证明借鉴关系。

首先的质疑是，在带着明确的比较意识看待二者的"万物一体"思想时，在某些语句之间发现的相似性有可能是基于一种断章取义式的人为联想。从事文本研究时，学者往往需要将思想家的某些具体表达置于其整体思想之中进行理解，方能更完善地把握具体主张的内涵、更趋近思想家本有之意。而比较研究经常会跳出两位思想家各自的思想体系，尝试站在外部寻找二者的共同之处。这样或许不难发现某些近似的语句，然而问题在于，那些语句从原思想体系中被抽出后，在比较中基于与外部某一思想的相似性而获得的解读，未必与该思想家的其他重要主张相融贯，未必符合其整体思想图景。这也意味着，两种异质思想经由比较而得出相似性，很可能仅是对于研究者而言的，不是内生于思想本身的。

上述提示对于反思比较研究来说十分重要，但它或许不能对庄子与程颢"万物一体"论本身的相似性构成反驳。第一，二者的相似并非偶然。先前辨析中发现的共同之处不是一些零散的表达，"无我""感物""非对待"等各个共同点之间具有内在联系。这说明庄、程"万物一体"论不仅是表层语言的近似，而是深层思维的趋同，即同样否认分判性思维与对待性关系。第二，二者的相似性不是外部添加的。将通过比较得出的共同思维分别带回庄子齐物论和程颢仁体论的整体体系之中，会发现这一共同点与二人其他主张之间不存在实质矛盾，且与整体主旨一致。甚至，体现二者相似性的内容，大部分都是齐物论和仁体论中的核心观点，是各自思想体系中不可或缺之处。因此，比较的方法只是让两种"万物一体"论内在的相似性得以凸显，并非制造了相似。

其次的质疑是，即便"万物一体"论所表达的不分判、非对待是植根于庄子和程颢思想内部的相似性，但这或许不只是庄、程二人的独特思维方式，而是中国哲学的整体性特征。既然在儒释道三家之中均能找到许多蕴含此一特质的思想，便不宜以之专论程颢对庄子的借鉴。

笼统言之，与西方近代思想相比，不对立二分地看问题而呈现综合、贯通、圆融的色彩是中国哲学的普遍特质。然而，某一思想蕴含着、透显着非对待性、非对象化的思维方式，与某一思想主张了、推崇了这一思维方式是不同的。对前者而言，"一体"是思维特征；对后者而言，"一体"是思想内容。不分判、非对待不仅是庄子与程颢在阐论"万物一体"时无意识地侧面反映的特质，更本身构成了二人"万物一体"论所要明确表达的内容。儒释道三家中诸多旨在表达其他各式各样内容的思想，如体用一源、理事无碍、有无相生等等，都可间接体现圆融一贯的特征。但是，庄子与程颢的"万物一体"则是直接阐论了该特征，将其作为理论目的之一。因而，不能说任何隐含上述特质的思想都与程颢"万物一体"论相似，但庄子齐物思想所主张的思维确实与程颢以"一体"言仁时推崇的思维有更强的近似性。

应当承认的是，即便能论证庄、程"万物一体"论所主张的思维相同，但这仍不足以证实程颢明确吸收了庄子思想。其年谱、行状、语录、书信等至多可反映出程颢曾出入佛老、熟读道家著作，而没有史料能够直接说明他在发展"万物一体"论时受到庄子影响。因此，就目前所掌握的材料而言，只能得出程颢"万物一体"论有借鉴庄子的可能，而无法确证这一借鉴为事实。

然而，对今人而言更具启发性的问题，或许正是儒道二家在具体思想上"可不可借鉴"，而不是在实际上"是不是借鉴"。思考庄、程"万物一体"论的关系时，对思想史中真实关系的考证当然具有意义；但即便只能基于推测，这种借鉴关系存在的可能性本身，已足以使我们从异同比较中获得富有价值的启示。古今许多学者之所以认为程颢融汇庄子思想，其实正是看到了儒道互鉴之可能性的意义。庄子齐物论与程颢仁体论追求的价值不同，崇尚的思维却相同。如果借鉴关系是可能的，这意味着即便两种价值观相异的思想流派仍可以在思维上相互学习、彼此吸纳,从而实现自身思想的创新。

一方面,庄子与程颢"万物一体"论在价值追求上的根本差异表明,对于外部思想在语言与思维上的借鉴,并不会使自身思想传统变质为外部思想的一部分而失去本有特性。太田锦城发现,宋明理学中包括"万物一体"在内的许多重要概念、语汇都不是儒学传统内部的,而是取自老庄思想;并尝试以此说明宋学不是正统儒学。对此,岛田虔次已做出反思,他认为程颢的"万物一体"或许在语词上对于庄子及僧肇思想有所借鉴,但因其以仁为旨归,所以与佛道所倡之"一体"的性质决然不同。① 的确,程颢发明"万物一体"是为了向弟子指点"仁之体"的意蕴,启发学者尽可能趋近儒家仁者的气象与境界。而反观庄子,则将仁视为对人的戕害之一。面对不再跟随尧躬行仁义而转投自己的意而子,许由发出"夫尧既已黥汝以仁义,而劓汝以是非矣"(《庄子·大宗师》)的感叹。即便综合来看庄子否定的并非仁义本身,而是种种假"仁义"之名、违背真性情的虚伪仁义;② 但其至少会批判对仁义的提倡与标榜,从不教化学者追求仁义。随着辨析的深入会发觉,程颢"万物一体"论之所以与庄子相关思想存在差异,均是由于其论是一种仁学思想,是儒家仁学传统的延续,这使其"万物一体"保留了自身的儒学本性。

另一方面,庄子与程颢"万物一体"论在思维方式上的一致性启示今人,在保留价值差异和个性特色的同时,两种思想传统之间可以吸收对方之长来有效地转化与发展自身。陈立胜指出,"万物一体"一说在宋以前已见于《庄子》与佛教典籍中,但以此开显仁之内涵的做法则肇启于宋儒。③ 程颢以"万物一体"言仁,用一种新的角度开发儒家传统价值。先秦儒学论仁常基于"亲亲"的血缘关系与"恻隐"的自然情感,自此而推扩终至仁民爱物的仁政理想。汉唐儒学承续"以爱论仁"的主脉,

---

① [日]岛田虔次:《朱子学与阳明学》,蒋国保译,陕西师范大学出版社1986年版,第30页。
② 参见林光华《庄子真的反对儒家仁义吗?——兼驳李磊〈广废庄论〉》,《人文杂志》2012年第5期。
③ 陈立胜:《王阳明"万物一体"论:从"身—体"的立场看(修订版)》,北京燕山出版社2018年版,第35页。

忠实有余而创见未足。及至宋代，张载能以"民胞物与"阐扬仁体，为程颢仁说奠定基础，但其论仍旧不脱宗族血缘的视角。而程颢的"万物一体"则直接将万物作为我可感的身体，破除人己对立，在物我之间建立起一种更为密切的内在联系，重新阐释关怀万物的仁道价值。

总而言之，庄、程"万物一体"论的共同点传递出理学借鉴道家的可能性，而其终极价值的差异又可表明借鉴外来思想不会使自身异化。与其说程颢因纳取佛道语汇与思维而流入异端，不如说理学初创之时的儒者长于涵化外部资源，提升了儒家论仁的思辨水平与学术品位，为仁学传统注入新的活力。

结　语

以"万物一体"之思维自省，辨析庄子与程颢"万物一体"论的异同，实则也是以对待性的思维将两种思想人为地加以区分和比较。应当承认，这一过程中得出的所谓共同点与差异性皆相对而成、有所局限。从庄子"道通为一"的视阈出发，此番辨析或许并无必要。然而，在以重整并深化儒学为标的而兼收佛道思想的理学家看来，儒释道三家的异同或许不得不辨。程颢以"万物一体"言仁，被后世许多学者视为采外部思想之长阐扬儒学内在价值的一次成功尝试，既吸收了庄子运思方式的长处，使儒学从固守经训的窠臼中走出；又在吐故纳新的过程中守住了儒家的核心精神，使之重获新释而不易本色。

理学家对佛道圆融思维的涵化，为今人借鉴外来思想开展儒学创新提供了一种卓有成效的思路。如何能在真正实现博采众长、推陈出新的同时，不扭曲、不丢失儒学传统本身的真精神？外来思想中最能被有效借鉴的，或许是其思维方式与看待问题的视角，而不是具体的某个观点、某些立场、某种价值。因为思维与视角本身预设的实质内容相对较少，与原有文化产生"排异反应"的风险较低。同时，今日的儒学研究者应当反观自身传统，认清并把握经历时间淘选后沉淀下来的根本价值。尔后，尝试以新思维、新视阈再次理解、透视那些根本，或许能够开拓一片新的思想天地。

原初与根据
——王弼论无的形而上学

段重阳

（山东大学儒学高等研究院）

摘　要：王弼在《老子注》中提出的同时作为"始"和"母"的"无"表明了他对整体及其根据进行追问的形而上学。"始"意味着万物整体的原初状态，指向了这个整体自身的能生成。"母"意味着整体之根据，指向了万物的行动方式，这就是作为"用"的"无"。万物在"以无为用"的同时就能够使得自身"反其形、名"而从整体上成就作为"通""一"的"无"。王弼同时在整体（包括有形之物出现之前原初状态和万物"反其形、名"之后的状态）和根据上使用"无"导致了对他哲学体系是宇宙生成论还是本体论的争论，而后宋明理学体用论在概念上区别了整体及其根据，从而有别于王弼对"无"的考察。

关键词：王弼　形而上学　体用论　以无为用

在中国哲学史的叙事中，王弼哲学被认为是作为本体论的体用论出现的标志。然而，也有论者指出，王弼哲学中并没有成熟的体用架构。[①] 这些争论如果仅仅围绕着王弼的文本展开，那么结论自然没有什么可以争论

[①] 比如，"对于王弼来说，他并没有一个明确的'体用论'范畴，他从来没有把'体用'放置在一个与'本末'和'母子'相同的高度上，更不要说把它看作是一个高过于'本末''母子'范畴的本体论范畴"［李晓春：《王弼"体用论"述真》，《兰州大学学报》（社会科学版）2010年第4期］；以及"这种本末论思维依然是经验的。其一，本末关系中的二者即本与末依然是同质的，即二者都属于同一类物体，相互之间不具备超越性，比如树根与果实一样"（沈顺福：《本末论与王弼哲学的贡献》，《孔学堂》2017年第3期），即王弼哲学的本末思想仍旧是本源论，而非强调本体与现象的本体论。

的——王弼并没有如后来的佛教和理学家那里围绕"体—用"做文章,而似乎可以算作"体—用"架构的"不能舍无以为体""以无为用"却又陷于"无"到底指向的是"体"还是"用"的困惑。[①] 这种争论指向的是王弼哲学是一种宇宙论还是本体论,前者指向的是强调某种原初之物的分化的哲学,而后者则是对宇宙本身之根据的追问,而这两种方式都意味着对整体及其根据进行思考的形而上学。因此,通过对问题的本身进行追问,即王弼是如何通过对无的思考展开了对整体的追问,我们就可以赢获对王弼哲学是不是体用论的新思考。这种思考首先在于澄清王弼对"体"的使用,而后才是对"无"的阐发,并由此展开王弼对形而上学的追问,从而使得本体论和宇宙论之间的诠释争论能够在更加基础的层面获得解决。

一 "形""体"与物之理解

表面上说,王弼文本中的"体"字大略指的是"形体",然而其中仍有细微的区别。如果按照使用频率,在《老子注》中,王弼侧重于使用"形",而在《周易注》中,王弼侧重于使用"体",并在部分本文中对二者并列且区分地使用,这意味着二者有一定的区别。当然,也有少量"形体"连用的地方。此外,还有"体无"等作为动词的"体"之使用以及"不能舍无以为体"等阐明"体"与"无"之关系的句子。因此,需要对王弼之"体"的含义与用法进行分析。

王弼对"形体"的连用见于《老子注》第二十五章"寂寥,无形体也"[②],这是对"道"的描述,即"道"是无形体的。在王弼哲学中,"形"的出现意味着"万物"的生成。《老子注》第一章有言:"凡有皆始于无,故未形无名之时,则为万物之始"[③];第五十一章有言:"物生而后

---

① 比如康中乾说:"王弼玄学中的这个'无'究竟是体还是用?王弼自己也没有分疏明白",从而认为王弼哲学有生成论和本体论的矛盾,见《魏晋玄学》,人民出版社2008年版,第96页。针对这一点,李晓春提出:"'用无'这种用法表明,王弼对于其最高本体'无'和用并没有太强的区分,我感到由于道法自然,用无只是表示无的自然运行和施用。用与无是连带一体的,这也是王弼说'以无为用'的意思",见《王弼"体用论"述真》,《兰州大学学报》(社会科学版)2010年第4期。
② 楼宇烈:《王弼集校释》,中华书局1980年版,第63页。
③ 楼宇烈:《王弼集校释》,中华书局1980年版,第1页。

畜，畜而后形，形而后成。何由而生？道也。何得而畜？德也。何因而形？物也。何使而成？势也"①；可以看出，"形"指向的是众多有着外观、样貌、形状之万物，而相连用之"体"同样也就指向了万物。但是，王弼同样也对"形"和"体"有着使用上的区别。《老子注》第四章有言："形虽大，不能累其体；事虽殷，不能充其量，"②"形"与"体"似乎构成了对反；第三十九章有言："玉石珠珠、珞珞，体尽于形，故不欲也"，所谓"体尽于形"，校释者解释为"玉石坚硬之质全部表露于其外形上，而不能深藏，因而贵贱、毁誉一目了然。此也是舍母用子之结果，所以下文说'不欲'，"③"形"与"体"似乎又构成了对反。

先来看"形虽大，不能累其体"。《老子注》第四章原文如下：

（《老子》原文）道冲而用之或不盈，渊兮似万物之宗。挫其锐，解其纷，和其光，同其尘。湛兮似或存，吾不知谁之子，象帝之先。

（王弼注）夫执一家之量者，不能全家；执一国之量者，不能成国；穷力举重，不能为用。故人虽知万物治也，治而不以二仪之道，则不能赡也。地虽形魄，不法于天则不能全其宁；天虽清象，不法于道则不能保其精。冲而用之，用乃不能穷。满以造实，实来则溢。故冲而用之又复不盈，其为无穷亦已极矣。形虽大，不能累其体；事虽殷，不能充其量。万物舍此而求主，主其安在乎？不亦渊兮似万物之宗乎？锐挫而无损，纷解而不劳，和光而不污其体，同尘而不渝其真，不亦湛兮似或存乎？地守其形，德不能过其载；天慊其象，德不能过其覆。天地莫能及之，不亦似帝之先乎？帝，天帝也。④

从原文上来看，"形虽大""事虽殷"分别指向的是"天地"和"执一家、一国"者。"形虽大，不能累其体"指的是："天""地"之"形"虽然"大"（所谓"域中有四大"），然而若能"法道"，则"形不能累其体"；

---

① 楼宇烈：《王弼集校释》，中华书局1980年版，第137页。
② 楼宇烈：《王弼集校释》，中华书局1980年版，第11页。
③ 楼宇烈：《王弼集校释》，中华书局1980年版，第108页。
④ 楼宇烈：《王弼集校释》，中华书局1980年版，第10—11页。按照校释者意见，"天虽精象"改为"天虽清象"。

"事虽殷,不能充其量"指的是:执掌一家、一国之人,虽然事务繁多,然而若能以"二仪之道"治理,那么就会成功,所谓"二仪之道"就是"天地之道"。"体"可以用于对"天"和"地"的指称,并且,相对于"形"的贬抑,"体"仍旧是价值上中性的用法。关于"体尽于形",《老子注》第三十九章如下:

> (《老子》原文)昔之得一者,天得一以清,地得一以宁,神得一以灵,谷得一以盈,万物得一以生,侯王得一以为天下贞。其致之。天无以清将恐裂,地无以宁将恐发,神无以灵将恐歇,谷无以盈将恐竭,万物无以生将恐灭,侯王无以贵高将恐蹶。故贵以贱为本,高以下为基。是以侯王自谓孤寡不谷。此非以贱为本邪?非乎?故致数舆无舆。不欲琭琭如玉,珞珞如石。
>
> (王弼注)昔,始也。一,数之始而物之极也。各是一生,所以为物之主也。物皆各得此一以成,既成而舍以居成,居成则失其母,故皆裂、发、歇、竭、灭、蹶也。各以其一,致此清、宁、灵、盈、生、贞。用一以致清耳,非用清以清也。守一则清不失,用清则恐裂也。故为功之母不可舍也。是以皆无用其功,恐丧其本也。清不能为清,盈不能为盈,皆有其母,以存其形。故清不足贵,盈不足多,贵在其母,而母无贵形。贵乃以贱为本,高乃以下为基。故致数舆乃无舆也。玉石琭琭、珞珞,体尽于形,故不欲也。①

在这段文字中,"天""地""神""谷"等与最后的"玉""石"构成了区别。前者之"清""宁"等皆源于"一",而"何由至一,由于无也"②,也就是"贵在其母,而母贵无形"。换言之,"天"以至"侯王"等都能够以"无形"而存其"形","守一"而得其"清",若与"体尽于形"的"玉石"相比,则可谓"体不尽形"。那么,"天""侯王"等和"玉""石"的区别在哪?"不欲琭琭如玉,珞珞如石",帛书本为"是故不欲琭琭如玉,珞珞如石",河上公注为"琭琭,喻少;落落,喻多。玉

---

① 楼宇烈:《王弼集校释》,中华书局1980年版,第105—106页。"各是一物之生,所以主也",按照校释者改为"各是一生,所以为物之主也",以便疏通文意。

② 楼宇烈:《王弼集校释》,中华书局1980年版,第117页。

少故见贵，石多故见贱。亦以贵贱为释。不欲琭琭如玉，珞珞如石，言不欲琭琭如玉之高贵，宁珞珞如石之下贱也"①，又有以"琭琭"为玉之华贵貌而以"珞珞"为石之坚硬貌，但仍取"不欲琭琭如玉，而欲珞珞如石"之义。王弼注则不然。在行文中，王弼是将"玉"和"石"等同的，即"不欲"的对象是"玉"和"石"，并非不欲"玉"而欲"石"，其原因就在二者"体尽于形"，那么，"琭琭"和"珞珞"当为描述"玉""石"之貌之词。"体尽于形"就意味着，"玉"和"石"将自身的所有内在规定都显现在了"形"，或者说，我们对"玉"和"石"的所有领会都意味着对其"形"的认知，上文中所引校释者的解释也是此意。换而言之，"玉""石"不可能通过"无形"而存其"形"，因为其"体"并未有超过其"形"之处，也就缺乏"无"之可能。因此，"体"是对一个"物"的整体性指称，"某物之体"相当于"某物自身"，同时意味着某物的"实有"。当然，在王弼的用法中，"体"既可以指向具体之物，也可以指向《周易》中的六十四卦（所谓"卦体""上体""下体"等），也可以指"天""地"，并且，也指向了"道"——《老子注》第二十五章论"道"曰："不守一大体而已，周行无所不至，故曰逝也，""不随于所适，其体独立，故曰反也"②，换而言之，"道"乃无形之体。因而，"体"可以指向任何维持着自身同一之物，包括作为"至物"的"道"。

那么再回过来看"形虽大，不能累其体"。与此语相近的论述是《周易注》的乾卦：

> 天也者，形之名也；健也者，用形者也。夫形也者，物之累也。有天之形，而能永保无亏，为物之首，统之者岂非至健哉！③

"有天之形，而能永保无亏"也就是上文所引《老子注》第四章的"形虽大，不能累其体"。"天"总是以特定的"象"呈现自身，即所谓"在天成象"，故王弼以"天"为"形之名"。但是，"天"作为有"形"之物，仍旧区别于它之外的万物——"为物之首"，哪怕是"地"也不及"天"，

---

① 高明：《帛书老子校注》，中华书局1996年版，第18页。
② 楼宇烈：《王弼集校释》，中华书局1980年版，第64页。
③ 楼宇烈：《王弼集校释》，中华书局1980年版，第213页。

反而要以之为法——"人不违地，乃得全安，法地也。地不违天，乃得全载，法天也"，"形魄不及精象"①。原因就在于，对于其他物来说，"形也者，物之累也"，而对于"天"来说，"形虽大，不能累其体"。而天能够如此，就在于"健也者，用形者""统之者岂非至健"。然而，这里的"健"不能够理解为超越"天"之"形"之上而统之者。"健"，即"乾"，取"不息"之义，因此有所谓"君子终日乾乾""天行健，君子以自强不息"。我们以日月往来、寒暑代序为"天"，也即以不同之"形"之流转为"天"，此所谓乾卦《象》之"云行雨施，品物流行"，而不同之"形"能够获得同一性之理解而为"天"——因此有"体"，则有赖于此不同之"形"皆显现出"健"，此即"用形""统之者"之义。因此，需要对"天之健"之可能进一步追问——这就是"法道"："天不违道，乃得全覆，法道也。道不违自然，乃得其性。法自然者，在方而法方，在圆而法圆，于自然无所违也，"②"天地任自然，无为无造，万物自相治理。"③ 当然，如何理解"道""自然"等是后文的任务，这里仅试图表明，王弼对"体"和"形"的使用还是有着区别的。特别是在对"天"的论述中可以看出，对"天"之"体"何以可能的追问首先在于众多之"形""象"之同一性的询问——这意味着"天"之"形"并不构成其"体"的束缚，并进一步追问至此同一何以可能，这便是向"道"的发问。那么，这就为进一步展开"体"和"无"之关系敞开空间。

《老子注》第三十八章涉及了"体"和"无"之关系，并涉及了王弼哲学的核心论旨：

> 万物虽贵，以无为用，不能舍无以为体也。舍无以为体，则失其为大矣，所谓失道而后德也。以无为用，则得其母，故能己不劳焉而物无不理。下此已往，则失用之母。④

根据上文的分析，"不能舍无以为体"指的是，万物之自身同一不能够离

---

① 楼宇烈：《王弼集校释》，中华书局1980年版，第65页。
② 楼宇烈：《王弼集校释》，中华书局1980年版，第65页。
③ 楼宇烈：《王弼集校释》，中华书局1980年版，第14页。
④ 楼宇烈：《王弼集校释》，中华书局1980年版，第94页。

开"无"。然而，这里的"同一"需要得到进一步的解释，这与"体"也有关系。"同一"首先指向的是对"物"之成立的可能性。如同康德提出的，我们只有在"先验对象＝X"的统摄下，"杂多显象"才能够经由知性而形成对象，所以才能够说出"某物是……"这是在认识框架中对物之同一的探究，即由"存在/是"问题指引的。当然，在王弼这里，这种同一是用"形"标志出的，既意味着物的感性性状。也指向着物的广延。而王弼对物之同一的追问是超出了"形"的，或者说，那种基于静态的以知识的确定性为指向的认知论并非王弼哲学的主旨，强烈的行动倾向——无论是个人的，还是政治的——才是王弼哲学的目的，因此，王弼对物之"体"的理解也就是基于有人参与其中的物之动态的展现——除了"天"、"地"和"道"。在《老子指略》中，王弼提到，"夫物之所以生，功之所以成，必生乎无形，由乎无名"①，"凡物之所以存，乃反其形；功之所以尅，乃反其名"②，在这里，"生"、"存"和"功"成为王弼哲学对物之关注的重点。"生"和"存"的意思虽然可以互通，但是这里可以做出一些区别。王弼对"生"的谈论是"生乎无形"，这与《老子注》第一章的"凡有皆始于无，故未形无名之时，则为万物之始"③ 相同，在此，物之生是人所不能参与的，人与物一同生于"无形"。而"存"则是人可以参与的。王弼提到，"夫存者不以存为存，以其不忘亡也，安者不以安为安，以其不忘危也。故保其存者亡，不忘亡者存；安其位者危，不忘危者安"，"安者实安，而曰非安之所安；存者实存，而曰非存之所存"④，可以看出，"存"在这里与"安"并举，指的是物在生之后的持续性存在，即物的自身同一，而"不以存为存，以其不忘亡也""保其存者"等都指明了这一点——"存"的发出者是人，"存"与"功"都是在物与人的行动关系中展开的，而那种与人无涉的物自身之流转则被归属于"天"和"地"，当然，"天""地"也是在"用"中成其自身。因此，物之同一就在其与人的行动关系中得以呈现。物在人的行动中发挥着各种各样的功用，"形"只有在这种功用中才能够真正归属于物——那种与人无涉之"形"只不过

---

① 楼宇烈：《王弼集校释》，中华书局1980年版，第195页。
② 楼宇烈：《王弼集校释》，中华书局1980年版，第197页。
③ 楼宇烈：《王弼集校释》，中华书局1980年版，第1页。
④ 楼宇烈：《王弼集校释》，中华书局1980年版，第197页。

是"天"之"精象"和"地"之"形魄",因此物才有"反形"之可能,而"有之以为利,皆赖无以为用也"①"使民虽有什伯之器,而无所用,何患不足也"②"天生五物,无物为用"③等对"有""器""物"的关注都以"用"为指向,因此,"用"构成了王弼对物之自身——也就是"体"——的考察,"用"就是物在人的行动过程中呈现自身的方式。正如李晓春提出的,"无与有相合而成体,'有'只有当它和'无'相配合时才显示出它的用处来。在这里我们会看到,体不是无,它是无与有相合后形成的一物为一物的本质,也就是无在这个事物中所显示的用。这样说起来体和用是一事的两面,也是难分的"④。换而言之,作为动词的"体"意味着在动态的物之用的过程中对物的指向,那么,"体无"就意味着人与"无"的同一,而这就需要人自身的行动。因此,王弼这里几乎是将物之"用"作为物之"体"来使用的,"用"构成了对"体"的理解,即对物之自身同一的指向,与后来以"体"为"用"之根据的体用论不同。⑤而"以无为用""体无"等也意味着对"无"的理解将会是理解和诠释王弼哲学的核心。

二 作为"始"和"母"的无

"无"是王弼哲学的核心概念,如何理解"无"也就意味着如何理解王弼哲学。而如何理解王弼哲学中的"无",历来有很多不同的见解。比较主流的看法是将"无"理解为"本体",这似乎在"有之所始,以无为本"⑥等相关文本中有着印证。然而,在王弼哲学中,"无"首先意味着

---

① 楼宇烈:《王弼集校释》,中华书局1980年版,第27页。
② 楼宇烈:《王弼集校释》,中华书局1980年版,第190页。
③ 楼宇烈:《王弼集校释》,中华书局1980年版,第195页。
④ 李晓春:《王弼"体用论"述真》,《兰州大学学报》(社会科学版)2010年第4期。
⑤ 李震提出,王弼和邵雍的体用论传统"主要面向形下之物,分析事物当中之为形质性与活动性的因素。此种体用论因而在根本上就带有'物论'的性质","体包含所有可对象化的存在",见《邵雍哲学的体用论》,《哲学研究》2020年第9期。这种体用论指向的是一种形质论的体用论,"这种体用论概念的特色在于,其所谓体,在根本上都是形体之义,而非抽象的本体、本质或实体;类似地,其所谓用,也只有一般性的功用、作用之义,而没有特指现象、表现或属性的意涵",见《邵雍体用论的渊源、特色与定位》,《中国哲学史》2020年第2期。
⑥ 楼宇烈:《王弼集校释》,中华书局1980年版,第110页。

"始"。

《老子注》第一章提出，"凡有皆始于无，故未形无名之时，则为万物之始。"王弼对作为"始"的"无"之规定很明确，"未形无名之时"，倘若这种说法还不能够打消将"无"作为纯粹虚无的意见的话，那么"混成"的提法就更加明确了。《老子注》第二十五章有言，"混然不可得而知，而万物由之以成，故曰混成也"①，《老子指略》亦言"混成"："故其为物也则混成，为象也则无形，为音也则希声，为味也则无呈"②，因此，作为"混成"之"无"意指着没有后来万物分殊之"形"的"始"之时，因此无法获取基于"形"的"知"，也即"无名"，因此，"无"仅仅是作为"无形无名"的简称，而非纯粹的虚无。《老子注》第十四章就明确提出，"混"指向的是"非有非无"：

> 无状无象，无声无响，故能无所不通，无所不往。不得而知，更以我耳、目、体不知为名，故不可致诘，混而为一也。欲言无邪，而物由以成。欲言有邪，而不见其形。故曰无状之状，无物之象也。不可得而定也。③

不可将"无"理解为纯粹的虚无，因为"物由以成"，其"无"之所以"无"，只是在于"不见其形""不得而知"。当然，王弼在论述"无"的"始"的含义的时候，往往会引出第二个，也是非常关键的含义："通"，即"无状无象，无声无响，故能无所不通，无所不往"。这也就是"周行无所不穷极，不偏于一逝，故曰远也。不随于所适，其体独立，故曰反也"④，"常之为物，不偏不彰，无皦昧之状，温凉之象，故曰知常曰明也。唯此复，乃能包通万物，无所不容。"⑤ 换而言之，因为"无"指向的是"无形无名"，那么才能够"包通万物""无所不往"。于是，我们不能够将王弼哲学的"无"当作仅仅处在万物生成之前的某个阶段的"始基"

---

① 楼宇烈：《王弼集校释》，中华书局1980年版，第63页。
② 楼宇烈：《王弼集校释》，中华书局1980年版，第195页。
③ 楼宇烈：《王弼集校释》，中华书局1980年版，第31—32页。
④ 楼宇烈：《王弼集校释》，中华书局1980年版，第64页。
⑤ 楼宇烈：《王弼集校释》，中华书局1980年版，第36页。

（原初之气），即分化成殊形之万物后便丧失自身的缺乏固定形态的"始基"，这种"始基"是不能够"包通万物"的，因为它已经成了分殊的万物。当然，"无"也不能够被理解为万物的总和，因为不同的"形"和起来仍旧是"形"，所谓"大形"如"天"也不是"无"。

因此，我们可以这样设想这个"无"。首先，在万物未生之前，即"未形无名"之时，此时并未有物之形的出现，但是并非是纯粹的虚无，而是有着原初混沌之气。其实，王弼哲学并不违背中国古典的气论，即对物的生成之说明中仍旧强调气的化生论。《老子注》第四十二章说，"故万物之生，吾知其主，虽有万形，冲气一焉"[①]，"冲"取"虚"义，可作"虚之""无之"之义，"一"即"道""无"。又有"任自然之气"的说法，"气"以"自然"而名，故与"道"几乎同义，所谓"道法自然"，也就是"任自然之气，致至柔之和，能若婴儿之无所欲乎？则物全而性得矣，"[②] 而"和"即所谓"冲气以为和"。《周易注·咸卦》说，"二气相与，乃化生也"[③]，《周易》中阐发的气的化生论，王弼想来不会反对。在王弼的一则佚文中，也可以找到气论的痕迹：

> 一阴一阳者，或谓之阴，或谓之阳，不可定名也。夫为阴则不能为阳，为柔则不能为刚。唯不阴不阳，然后为阴阳之宗；不柔不刚，然后为刚柔之主。故无方无体，非阳非阴，始得谓之道，始得谓之神。[④]

此段文字或是对"一阴一阳之谓道"的解释。一般而言，单言"阴"或者"阳"，其实就是"阴气"和"阳气"的简称。王弼提出，"一阴一阳"指的就是或阴或阳、非阴非阳的"道"，也可以理解为"混成"之气。这样，基于气论，作为"通"之"无"也就获得了宇宙论的基础。那么，在万物生成之后，"通"又该如何理解？首先需要明确的是，"通"似乎不应该指向某种分化之前的"气"在宇宙中的周行，因为这样的话，所谓非

[①] 楼宇烈：《王弼集校释》，中华书局1980年版，第117页。
[②] 楼宇烈：《王弼集校释》，中华书局1980年版，第23页。
[③] 楼宇烈：《王弼集校释》，中华书局1980年版，第373页。
[④] 楼宇烈：《王弼集校释》，中华书局1980年版，第649页。

阴非阳的无形之气与作为整全的宇宙本身就会产生分离，即我们需要首先设想一个纯粹的空间，其中被无形之气与有形之气分别填充，于是，此"无"便与"有"分离，且不能够"通"。所以，这种设想是不成立的。因此，"无"与"有"（"形"）之关系是理解"通"的关键。在《老子指略》中，王弼有一段重要的论述就指向了这点：

> 形必有所分，声必有所属。故象而形者，非大象也；音而声者，非大音也。然则，四象不形，则大象无以畅；五音不声，则大音无以至。四象形而物无所主焉，则大象畅矣；五音声而心无所适焉，则大音至矣。故执大象则天下往，用大音则风俗移。无形畅，天下虽往，往而不能释也；希声至，风俗虽移，移而不能辩也。是故天生五物，无物为用；圣行五教，不言为化。①

所谓"大象""大音"，就是"无"。在这段文字的开篇，王弼区别了"无"与"象""形"的区别，"然则"，这种区别的背后是不可分离的关系，即所谓"四象不形，则大象无以畅；五音不声，则大音无以至"。在这里，需要明确的是"畅""至"想要表达的是什么。需要排除的是这样的解读，即将"畅""至"理解为"存在"或者"存有"，因为从存在/实存的角度，"无"之存有并不依赖于"有"，反而处在"有"之前的阶段。那么，将"畅""至"理解为"显现""表现"似乎是一条可行的思路。但是，要避免仅仅停留在"无"通过"有"显现自身的"话头"上，而是要去追问，"无"如何在"有"中表现，这种表现意味着"有"采取了何者样态——这就是"四象形而物无所主""五音声而心无所适"。楼宇烈先生对这两句解释为，"虽然万物通过'四象'显现出来，但不以'四象'为宗主。如此，'大象'即可通达无阻。虽然声音通过'五音'表达出来，但并不执着于'五音'。如此，'大音'才能通达"②，略有不妥。因为对前半句的解释将"万物"与"四象"分别开来，而在后半句却没有区别"音"和"心"。将"适"理解为"执着"是比较恰当的，此即"周

---

① 楼宇烈：《王弼集校释》，中华书局1980年版，第195页。
② 楼宇烈：《王弼集校释》，中华书局1980年版，第201页。

行无所不穷极，不偏于一逝，故曰远也。不随于所适，其体独立，故曰反也"① 所言之"适"。而要理解"心无所适"，就要看到后文的"风俗移"和"圣行五教，不言为化"，于是，"心"在这里指的是实行教化者（圣人）之"心"，而"声"也指的是包括"乐"在内的圣人之垂训。因此，"天生五物，无物为用。圣行五教，不言为化"指向的是两种活动：天之生物和圣人教化。于是，所谓"四象形而物无所主"中的"象"和"物"指向的就是物的生成，即有所分之"形"，而非物与象的关系——王弼谈论的是同一个东西，而非两个东西。那么，"四象形而物无所主焉，则大象畅矣"指的就是，以"天地"而言，物之生成后而不以其自身为"主"，那么"无"就能够"畅"，于是"天下往"；"五音声而心无所适焉，则大音至"指的就是圣人虽以"音"垂教天下，但并不执定于"音"，那么"无"就能够"至"，于是"风俗移"。因此，"通"就意味着每一个"物"——包括"天""地"和人之行动中的"物"——在朝向与自身相反的方向运动，即"凡物之所以存，乃反其形；功之所以克，乃反其名"。而每一物向自身相反的方向之运动过程就是"无"，在这种"无"中，有着万物统一性的呈现，即作为整体之自身的"无"的呈现。不同于无物之生的初始状态的"无"，此时的"无"意味着每一物之运行所呈现出的整体图景，而作为"通"的"无"就是对这一图景的描绘，所谓"包通万物""畅""至"等也即此意，而非单纯的"大全"抑或"始基"。瓦格纳对这段有过解释，值得参考：

> 道不是作为一个超越其他存在者的单独存在者（如天地）而"存在"，它只是作为存在者的宗或主而存在。因此，它在万物多样的特性中而且通过它们"畅"和"至"。在某种意义上，它"依靠"具体存在者的特殊性，以便作为它们"无"特殊性的"所以"，没有具体存在者，它将"无以""畅"和"至"。②

只有在这种运动中，我们才能够获得对"无"的体认。这种体认既是对

---

① 楼宇烈：《王弼集校释》，中华书局1980年版，第64页。
② ［德］瓦格纳：《王弼〈老子注〉研究》，杨立华译，江苏人民出版社2009年版，第775页。

"物"之运行的理解，也是对作为"母""始"的"无"的了解——这就是"无"的第三个含义："母"或者"本"。《老子指略》有言：

> 故使见形而不及道者，莫不忿其言焉。夫欲定物之本者，则虽近而必自远以证其始。夫欲明物之所由者，则虽显而必自幽以叙其本。故取天地之外，以明形骸之内；明侯王孤寡之义，而从道一以宣其始。①

"忿其言"之"言"就是"凡物之所以存，乃反其形"，此是不见道者所不知。而所谓"物之本者""物之由者"，就是作为"远""幽""始""本"的"无"。换而言之，为什么物能够向自身相反的方向运动，从"天"和"地"来说，是因为万物运动之依据就是"无"，从在人之行动关系中的物来说，是因为人能够"体无"。这就是"有之所始，以无为本。将欲全有，必反于无也"②，"反于物"并不是回归到初始状态，而是"用夫无名，故名以笃焉；用夫无形，故形以成焉"③——这就是"无"的第四个含义："用"。因而，作为"母"或者"本"的"无"并不仅仅意味着物的实存之所出，而且意味着物之运行的规则，即物如何产生功用——"无"指向的就是"如何"。

综合而言，王弼哲学中的"无"指向的是四个含义："始""通""母（本）""用"。而"通"和"用"则根植于"母"的含义，或者说是"母"在人之行动中的展开。《老子注》第一章就说：

> 凡有皆始于无，故未形无名之时，则为万物之始。及其有形有名之时，则长之、育之、亭之、毒之，为其母也。言道以无形无名始成万物，以始以成而不知其所以，玄之又玄也。妙者，微之极也。万物始于微而后成，始于无而后生。故常无欲空虚，可以观其始物之妙。徼，归终也。凡有之为利，必以无为用；欲之所本，适道而后济。故常有欲，可以观其终物之徼也。

---

① 楼宇烈：《王弼集校释》，中华书局1980年版，第197页。
② 楼宇烈：《王弼集校释》，中华书局1980年版，第110页。
③ 楼宇烈：《王弼集校释》，中华书局1980年版，第95页。

王弼在这里指出了"无"的两种含义,"始"和"母"。对于这两者的体认,则分别是"无欲空虚"和"有欲"。前者指向的是"无思""无为"。因为"道以无形无名始成万物",即万物自然而生,只有以"无欲""无为"之"自然"观察万物,才能够真正理会万物的生成,才能够领会"道"本身。当然,"始物之妙"是没有人参与其中的,人只能依据对"道""无"的体认而参与"终物之徵"。所谓"常无欲"也要与"欲之所本,适道而后济"联系起来,此"欲"指向的是思虑,而非作为负面的"欲望"。"思虑"的出场就意味"名"的设置,楼宇烈先生解释为:"'常有欲',指万有和思虑。王弼以为'有'必须以'无'为'本',以'无'为'用',思虑亦必须不离于'无',然后才能有所归止。所以,他认为通过'常有欲',即可以了解到天地万物的最终归结。这也就是他'夫无不可以无明,必因于有,故常于有物之极,而必明其所由之宗也'(韩康伯系辞注引王弼大衍义)的意思"①,可谓得之。而所谓"归终",即《老子注》第十六章所言"以虚静观其反复。凡有起于虚,动起于静,故万物虽并动作,卒复归于虚静,是物之极笃也"②,因而"归"就意味着向"虚静"的复归之历程,"复命则得性命之常","唯此复,乃能包通万物,无所不容"③,也就是上文所提到的"通","与天合德,体道大通,则乃至于穷极虚无也"④,而能够"通"之可能,便是"以无为用"。在这里,"道"意指着"万物之所由"。

不论是"以无为用",还是"体道大通",都意味着"贵母",即不失"用之母"⑤。所谓"本在无为,母在无名",就意味着向作为整全的"无"之复归:

> 载之以道,统之以母,故显之而无所尚,彰之而无所竞。用夫无名,故名以笃焉;用夫无形,故形以成焉。守母以存其子,崇本以举其末,则形名具有而邪不生,大美配天而华不作。故母不可远,本不

---

① 楼宇烈:《王弼集校释》,中华书局1980年版,第4页。
② 楼宇烈:《王弼集校释》,中华书局1980年版,第36页。
③ 楼宇烈:《王弼集校释》,中华书局1980年版,第36页。
④ 楼宇烈:《王弼集校释》,中华书局1980年版,第37页。
⑤ 楼宇烈:《王弼集校释》,中华书局1980年版,第94页。

可失。仁义，母之所生，非可以为母。形器，匠之所成，非可以为匠也。舍其母而用其子，弃其本而适其末，名则有所分，形则有所止。虽极其大，必有不周；虽盛其美，必有患忧。功在为之，岂足处也。①

所谓"载之以道，统之以母"就是"用夫无形"，也就是"以无为用"，即上文提到过的物之朝向自身相反的运动。而这一运动同时就是向着作为整全的"无"——即"一""通"——的运作。因为"反其形"意味着物之运动超出自身，因此势必达到对作为整体的"无"的认识。或者说，对物之自身的把握不能够离开作为整体的"无"，这也是"不能舍无以为体"。白辉洪提出，作为"通物"的"无"意味着摆脱形名对万物的束缚，将万物置于生成变化中，并在动态语境中进行理解物之性理，而"通意味着需要超出于物的力、量，从而能够'冲而用之'，如此一来无就变成必须的；并且通既然意味着万物的自然舒展、变化与呈现，那么事实上也在造就着整体性秩序，由此包统之义的实现也就能够得到保障。在这一点上，可以说通不只是与包相并列以描述在无之下万物的存在状态，而且是作为包的前提与根据：通比包更为接近于无，因而也更为基础和重要。"②而"通"所达到的作为整体的"无"也就是王弼提出的"一"，即那种在原初之"无"生成万物后仍旧能够通过万物之"以无为用"而呈现自身的"无"。

三 体用论与王弼的形而上学

那么，王弼哲学能够称得上是一种体用论么？当然，王弼哲学是不是体用论首先排除的是字面意义上的"体""用"对举。前文已经指出，王弼将物之"用"作为物之"体"来使用的，也就是说，"不能舍无以为体"和"以无为用"表明的是王弼的"体"和"用"是同级的概念，这也就是唐君毅所说的化汉儒之"形体"为"用"。③那么，"本末论"能否

---

① 楼宇烈：《王弼集校释》，中华书局1980年版，第95页。
② 白辉洪：《从"统物"到"通物"：王弼哲学中"无"的两个层面》，《哲学研究》2020年第1期。
③ 唐君毅：《中国哲学原论·原道篇（二）》，九州出版社2016年版，第293页。

当作后来"体用论"的同义语构成对王弼哲学的刻画呢？我们自然可以在王弼哲学中区别出"本"和"末"，但是这种区别并不是王弼哲学的主要意旨，通过这种区别导向的对物之"用"的关注才是王弼哲学的主旨。而对"用"之依据和样态的询问指向的就是"无"——物之生成本身有赖于"无"，而物在人的行动中产生积极之效果也有赖于"无"——那个作为"用"的无。在这里，"无"既指向的是"无形""无名"之时——那个作为"始"的"无"，也指向的是"自然""无为"——那个作为"母"的"无"。并且，依据"无"，万物在运作中获得了统一性，这意味着作为经"用"而"通"的"无"。而"形"和"名"——包括儒家的"仁义"——就被视作"为"和"有"遭到了排斥。按照李巍的见解，在王弼哲学中，"无"经历了"对象化抽象"，即将"无"抽象为某种外在对象，将"无"理解为与万物相异的东西，以说明"道"为何是规定万物的"理"和秩序主宰。① 按照前文的分析，这种相异的东西并不能够理解为超越万物之上的某物（或者"理"），而就是万物以"无"的方式运作而呈现出的整体。这一整体从"纵"的方面看，是万物从"无"中生成的过程，即作为原初整体的"无"能生成万物，从"横"的方面看，是万物依据"无"而运作并产生各种功用的过程。对于处在这一过程中的人来说，要面对的就是在"横"的方面使万物"以无为用"，而"理"或者秩序就在其中——汤用彤先生将"本体"理解为"大全之秩序"确为灼见。② 因此，我们在这里似乎可以谈论一种体用论。虽然万物皆以无为用，但是具体的形态却是多样的，因物之形、名不一，那么反形、名之运作也就多样，这意味着"用"的差异，而不同的差异却有着共同的根据——"无"，并且作为"无"而呈现出统一之整体，此"无"可以视为"体"，即流行之整体。换而言之，在"无"中，万物获得同一性的说明——这也就是形而上学的目的。

当然，这里也有着问题。如上文所言，"无"既指向的是这个整体本身（包括作为"始"的"无形无名"和万物"反其形""反其名"所呈现出的"通"的"无"），也指向的是这个整体实现自身的依据（"以无为

---

① 李巍：《内面化与对象化：道家对"无"的抽象思考》，《中国哲学史》2019年第4期。
② 汤用彤：《魏晋玄学论稿》（增订本），上海人民出版社2015年版，第77页。

用"）。也可以说，这种双重性就是《老子注》第一章提出的"始"和"母"的"同出异名"。"在首则谓之始，在终则谓之母"①，"终"以"成"而言，"母"即"本""依据"。如果将"依据"理解为"本体"，将"首"理解为"始基（本原）"，那么所言宇宙论与本体论的矛盾就在《老子注》的开端出现了，而王弼也将其作为了立论的根本。但是，这种矛盾的前提在于将"无"视为某种普遍的共相、本质或者最高的存在者，换而言之，以存在问题为指引而去思考王弼的"无"。而"共相""本质"作为"形""相"，恰恰是背离于作为"一"的"无"的，因为以存在问题为指引的本体论所探寻的是"是者""普遍之是""是之为是"，而这与王弼的致思取向是不相同的。如果悬置本体论的诠释路径，那么这种矛盾就成了"无"同时指向了万物之整体（特别是整体的原初状态）和此整体之根据。但是，正如王弼所一直强调的，"称"只是来自人们的涉求。面对不同的涉求，王弼使用过"道""一""无"，并且常常互通。如虽然以"万物之所由"言"道"，却也言"主必致一"，而"道以无形无名始成万物"之"道"亦可作"无"。我们对这种所谓"矛盾"的刻画可能恰恰是王弼所反对的，因为这已经落入了"形""名"之中，而丧失了"体无"的可能。

当然，从哲学史来看，后来理学家的体用论对这二者做出的区别可以视作某种意义上的"发展"。唐君毅提出，王弼"于天只见为一健动之用，而更不见体，既不见下层形体之体，亦不见此用之不息所显之上层之体"②，即不见"道体""理体"。而"道体"和"理体"等作为整体之根据，的确是与王弼哲学所不同之处。如果将后来理学家的"道""理"和"无"相对比，那么就会看出，作为"母"的"无"和"道""理"是同一层次的概念，王弼之"道"也是"万物之所由"，但是，作为"始"的"无"却与理学家的"道""理"不同，后者并不指向宇宙流行中的某个原初时刻。"始"和"母"代表了两种追问整体的方式，"始"考察的是宇宙的原初状态，指向是某种可以演化为万物的原初之物，这在汉代思想中比较流行。而作为"母"的"始"，则要比单纯的原初更进一步，考察

---

① 楼宇烈：《王弼集校释》，中华书局1980年版，第2页。
② 唐君毅：《中国哲学原论·原道篇（二）》，九州出版社2016年版，第293页。

的是根据问题。需要特别指出的是，这种对根据的追问并不仅仅是"存在之根据"，因为"存在"与"是"的同源所彰显的对"形式"的关注，不是体用论或者中国古典哲学所关注的。对于存在论（本体论）来说，物的生成之关键在于"形—相"之出现，"形—相"关联着人对物的知识问题，意味着物自身不变的本质—理型，即那使得物保持自身同一的根据，而体用论关注的是物的运行问题，即对物之为物的理解在于物自身之"用"，在"用"中寻求物之自身同一的根据，换而言之，即"体"与"形"的分离。因此，王弼对物的生成关注的是"用"的根据，这就是"无"——"道以无形无名始成万物"。

王弼对"无"的追问展开了对整体及其根据的追问，这便是形而上学。对于王弼而言，作为"始"和"通"的"无"指向的是整体，前者指向的是整体的原初状态，而后者指向的是整体展开为万物后的状态。而"通"之所以可能，就在于作为"母"的"无"，即万物的"以无为用"，这指向的是根据。王弼清楚地意识到这一点——"两者，始与母也"，"在首则谓之始，在终则谓之母"[①]，然而，对于整体及其根据之间的区别，王弼并没有区别——"同出者，同出于玄也。异名，所施不可同也"，"玄者，冥默无有也，始、母之所出也。不可得而名，故不可言同名曰玄。"[②] 或许在王弼看来，这个整体本身就是作为根据，因此整体与根据的指向都是"无"，只是"所施不同"。整体内的万物与整体之间有着区别，前者作为通过"以无为用"所达成的"通"与作为整体与根据的"无"之间有着区别。但是，这会导致整体的原初状态与万物生成之后的状态有着根本区别，前者作为后者的根据，而这似乎又是不可接受的。整体作为整体，就有着使得整体自身之"一"得以可能之根据，因此，对整体及其根据的区别就是必要的，因而后来宋明理学将万物之整体视为"用"，而"体"变成了作为根据的同一，这也是宋明理学体用论区别于王弼哲学之所在。

[①] 楼宇烈：《王弼集校释》，中华书局1980年版，第2页。
[②] 楼宇烈：《王弼集校释》，中华书局1980年版，第2页。

疯癫与政治
——重新思考疯癫在霍布斯理论中的意涵

张 楠

（内蒙古大学哲学学院）

摘 要：疯癫通常意味着人的举动不再受到理性节制而陷入狂乱的状态。由于不能与正常人互动，疯癫之人一般被排除在政治之外。霍布斯理论语境中的疯癫也具有类似的意涵。因此在以往的研究中，疯癫主要被解读为一种不受理性控制的过剩激情，是一种本质上不适合政治生活的状态：疯癫之人或因理性能力不足而不能参与政治契约，或因冲动之下的攻击行为而不能与他人和平共处。上述解读虽有一定的文本基础，但忽略了疯癫一词的深层意涵：疯癫虽然呈现为激情过剩，但其背后成因在于人的认知失调；而由认知失调所引发的疯癫并不总是与政治活动相龃龉——假托为神启的疯癫反而能聚合民众并形成强大的政治权力。疯癫是自然状态的另一种形态，霍布斯对于疯癫的拒斥反映了其理论中理想主义的一面。

关键词：疯癫 激情 认知失调

引 言

在以往对霍布斯理论的研究中，疯癫通常被看作是一种病理性失能，疯癫与政治之间少有瓜葛。本文提出这种解读方案忽视了霍布斯在论述"疯癫"一词上的矛盾之处，进而也忽视了疯癫对于理解霍布斯政治理论的重要性。本文在梳理霍布斯的相关论述的基础上，揭示疯癫对于理解霍布斯政治理论的意义所在。

本文将分为四个部分展开论述。第一部分将回顾之前的研究者如何阐述霍布斯理论语境中的疯癫。第二部分将梳理霍布斯对于疯癫的论述,并指出疯癫的核心特征在于认知失调。第三部分将指出以认知失调为核心特征的疯癫并不总被排除在政治活动之外,并指出假托为神启的疯癫可以起到聚合政治权力的作用。第四部分将分析疯癫对于理解霍布斯政治理论的价值所在,并指出疯癫是自然状态的一种具体样态。

一 与政治绝缘:之前研究中对疯癫的解读

在对疯癫的研究中,福柯有一个著名的论断,即自17世纪以来,理性逐步垄断了对社会规范的阐释,形成了对疯癫等非理性的压制,并将之驱逐出公共话语的讨论。[1] 由此,疯癫被视为一种病理性的失能,疯癫之人因失去了理性能力而被认为不适合与其他正常人生活在一起,因此他们只能生活在与世隔绝的疯人院中。在霍布斯研究中,包括施特劳斯、格特、凡·米勒和洛伊德在内的学者都不同程度地默认了福柯的观点。他们认为,作为17世纪的重要思想家,霍布斯同样也把疯癫视作一种因激情过剩而产生的病理性失能。[2] 与年幼无知的儿童一样,疯癫之人也被视为因理性能力不足而无法参与正常政治生活的人。因此,他们不得不托庇于监护人的管理之下。这意味着"疯癫"二字注定与霍布斯的政治理论无缘。这种观点可以在霍布斯的文本中找到不少依据。

在霍布斯对疯癫的分析中,最常被研究者引以为凭的一段论述出自《利维坦》第8章:

> 对于任何事物,抱有强大而激烈的激情——这些激情通常亦见于

---

[1] Michel Foucault, *History of Madness*, trans. J. Murphy & J. Khalfa, edit. J. Khalfa, London & New York: Routledge, 2006, pp. 46–47.

[2] 参见 Leo Strauss, *The Political Philosophy of Hobbes: Its Basis and Its Genesis*, Chicago & London: The University of Chicago Press, 1996, p. 12; Bernard Gert, "Hobbes's Psychology", in *Cambridge Companions to Hobbes*, Tom Sorell eds., Cambridge University Press, 1996, p. 165; David van Miller, *Liberty, Rationality, and Agency in Hobbes's Leviathan*, State University of New York Press, 2001, pp. 84–85; Sharon Lloyd, *Morality in the Philosophy of Thomas Hobbes: Cases in the Law of Nature*, Cambridge University Press, 2009, pp. 61 (note 14), 91。这些论者都着重分析了《利维坦》中关于疯癫的一段引文,本文下一段亦将提及该引文。

其他人，但有甚于之——就是人们所谓的疯癫。①

上述引文明确将"疯癫"定义为过度的激情。虽然每个人都具备疯癫所对应的激情，但在疯癫之人身上，这种激情就明显过度了。在后文中，霍布斯进一步阐述了过度的标准，即激情摆脱了人的掌控。"不受掌控的激情，大多就是疯癫。"② 所谓不受掌控，意味着引发疯癫的激情与人的自主控制处于对立关系中，对于人的自主控制而言，这些激情如同外力一般，时刻与之对撞；一旦人的自主控制被解除或削弱，这些激情就会爆发并引发疯癫。这种过度的激情是病态的，霍布斯将之类比为人醉酒时的状态，在醉酒时，酒精降低了人的控制能力，使醉酒状态下的人无力再控制自己的激情，激情从而摆脱了人的掌控并支配人的精神状态，驱使人做出正常状态下鲜见的过激行为；与此同理，在疯癫中，霍布斯认为人的生理缺陷或损伤发挥着类似酒精的作用，它们妨碍了人对于激情的自主控制，并最终使激情摆脱人的掌控。③ 在异常的激情状态下，人的认知也会被扭曲，被过度激情所控制的人会出现认知上的异常。④

施特劳斯认为，这种过度的激情主要指的是虚荣自负。为此，他援引霍布斯的原文："暴烈而致使疯癫的激情要么是巨大的虚荣——它通常被称为自负和自以为是，要么是思维上的巨大沮丧。"⑤ 所谓沮丧可以视为虚

---

① Lev. 62；由于本文涉及多处对霍布斯观点的引述，故而用"篇目缩写+页码"的格式做标注。文中所引述的各个文本都来自霍布斯的英文全集，即 *The English Works of Thomas Hobbes of Malmesbury*, edited by Sir William Molesworth, Bart, London: John Bohn, 1966. 文中的各个缩写所代表的篇目如下：CB. 代表全集的第一卷 *Elements of Philosophy: the First Section, Concerning Body*；Rudiments. 代表全集的第二卷 *Philosophical Rudiments Concerning Government and Society*，亦即大家所熟知的《论公民》；Lev. 代表全集的第三卷 *Leviathan, or the Matter, Form, and Power of a Commenwealth, Ecclesiastical and Civil*，亦即大家所熟知的《利维坦》；HN. 代表全集的第四卷中 *Tripos: in Three Discourses* 之中的第一部分 *Human Nature, or the Fundamental Elements of Policy*，可对应于大家熟知的《法律要义》中的第一部分；QCLNC. 代表全集的第五卷 *The Questions Concerning Liberty, Necessity, and Chance, clearly stated and debated between Dr. Bramhall, Bishop of Derry, and Thomas Hobbes of Malmesbury*。

② Lev. 64.

③ Lev. 64, 62.

④ Lev. 61.

⑤ 参见 Lev. 62；Leo Strauss, *The Political Philosophy of Hobbes: Its Basis and Its Genesis*, p. 12；施特劳斯在这里也提及霍布斯的另一部著作《法律要义》中对疯癫的论述，并默认它与《利维坦》中的论述主旨相同，但本文第二部将指出，这两部著作的相关论述有着很大差异。

荣的反面：虚荣的人盲目自信，而沮丧的人则陷入对自己的持续怀疑，变得极不自信。施特劳斯认为，上述这些激情（及其所引发的疯癫症状）实际上反映了人在与同类的交往中始终在追逐高人一等的感觉，并希望他人承认自己高同侪一等。对于施特劳斯而言，霍布斯笔下的人，天生都以追逐高人一等的感觉为乐，这实际上为人的虚荣埋下了伏笔。[①] 对于霍布斯而言，真正纠正人的这一不良天性的，并不是理性的力量；相反，施特劳斯将之归于对死亡的恐惧。正是因为对死亡的恐惧，人们才会运用理性，将死亡的对立面——保存自己的性命看作是一种"首要的善"（primary good）。[②] 理性在这之中所发挥的作用仍然可被归类为一种休谟式的推理工具，理性可以为人的既定目标提供最佳解决方案，但是不能直接影响到既定目标的欲求或激情。各式各样的激情在人的身上不断对抗，只有其中最强大的激情才能最终掌控人的意志，并运用理性指导人的具体行动。

在施特劳斯的分析中，疯癫与理性尚不存在直接的对立关系。但后来的研究者逐步将疯癫与理性对立起来。格特就认为，霍布斯所论述的理性并不只是简单的推理工具，理性本身可以为人指定目标——厌死求生的激情实际上是理性指导的结果；相应地，疯癫按照霍布斯的话来说，是"不受引导的激情"（passions unguided），它违背了引导者（理性）的指令。[③] 不同于施特劳斯，格特并不认为对死亡的恐惧是人身上最强有力的激情。对此，格特援引了《利维坦》中举的一个例子说明，希腊的城邦为了吓阻人的自杀行为，命令对自杀者的尸体进行羞辱，此举收效颇丰。这个案例显示了人们更看重自身名誉而非自身的生命安全。[④] 人的激情状态在先天形成后并不是一成不变的，而是会随着人所处的社会环境及教育程度的变化而有所改变。疯癫固然是一种过剩的激情，但使之成为恶的并不是某种特定的激情内容，而是过剩本身。对此，格特援引霍布斯的话说："如果过剩是疯癫，那么无疑好归咎于激情本身；当其朝恶发展时，程度更甚。"[⑤]

[①] Lev. 62; Leo Strauss, *The Political Philosophy of Hobbes: Its Basis and Its Genesis*, pp. 11–12.
[②] Lev. 62; Leo Strauss, *The Political Philosophy of Hobbes: Its Basis and Its Genesis*, pp. 15–16.
[③] Bernard Gert, "Hobbes on Reason", in *Pacific Philosophical Quarterly*, Vol. 82, 2001, pp. 243–245.
[④] Bernard Gert, "Hobbes's Psychology", p. 165；所引述的《利维坦》中的案例参见 Lev. 65。
[⑤] Bernard Gert, "Hobbes's Psychology", p. 165；引文出自 Lev. 63。

凡·米勒承接了格特的观点：理性意味着人对自己的掌控，理性的人可以跳脱出一时一地的激情状态，可以通过全盘考量权衡利弊，确定一个长远目标，并制定出一套相应的行动方案。① 而疯癫作为一种异常状态——"正常状态下未见诸他人的、强大而猛烈的激情就是人们所说的疯癫"——标志着理性自控的中止；所谓异常与之前格特提到的恶一样，都意味着因激情过剩而产生的不理性。② 凡·米勒进一步指出，在霍布斯理论框架内，激情是驱动人所有行为的肇因，因此，如果理性也能驱动人的行为，那么理性就应被看作一种特殊的激情。凡·米勒认为，理性所对应的激情并非先天所获得的本能反应，而是与后天的教育和培养有关；后天的培养让人认识到什么才是至善（felicity），并以此为目标，引导人形成一种恒定的激情状态。③ 而疯癫背后的激情则使人偏离这一目标，让人的行为前后不连贯。④

洛伊德则扩展了格特的观点。在洛伊德看来，既然霍布斯所论述的理性意味着一个人如何围绕一个长远目标而获得行为上的连贯性，那么在处理人际关系上，理性就意味着人可以找到一套如何与他人尽可能和平相处的行为模式——人们需要在这套行为模式下向彼此展示各自行为的正当性；这一点在霍布斯对自然法的讨论中有所展现。⑤ 相应地，洛伊德认为，疯癫作为一种过剩的激情，会危害到人与人之间的正常交往与生活。"具体而言，为什么这种过剩的激情（即疯癫）会阻碍理性？答案就是，疯癫作为一种暴烈的激情，会让人不再顾及向他人展示自己的正当性。"⑥ 洛伊德的分析整合了格特与施特劳斯二人的一些基本结论：一方面，洛伊德认为霍布斯的理性并不是一种单纯的推理工具，一个将工具理性贯彻到极致的人也有可能因违背自然法而被霍布斯斥责为忽视了理性的教导；另一方面，与施特劳斯一样，洛伊德认为霍布斯之所以对虚荣自负这种激情持否定态度，不仅因为其本身的程度问题，更因为虚荣自负在自身内容上否定了理性，虚荣自负的人往往自视甚高而不合群，并不认为自己有必要向他

---

① David van Miller, *Liberty, Rationality, and Agency in Hobbes's Leviathan*, pp. 86 – 87.
② David van Miller, *Liberty, Rationality, and Agency in Hobbes's Leviathan*, pp. 84 – 85.
③ David van Miller, *Liberty, Rationality, and Agency in Hobbes's Leviathan*, pp. 87 – 88.
④ David van Miller, *Liberty, Rationality, and Agency in Hobbes's Leviathan*, pp. 88 – 89.
⑤ Sharon Lloyd, *Morality in the Philosophy of Thomas Hobbes: Cases in the Law of Nature*, pp. 52 – 55.
⑥ Sharon Lloyd, *Morality in the Philosophy of Thomas Hobbes: Cases in the Law of Nature*, p. 91.

人展示自己行为的正当性。① 值得指出的是，这种结合也使得洛伊德不能完全赞同格特的观点，格特认为在霍布斯的理论中，以厌死慕生为最高诉求是理性下达的指令，这一指令的成立并不需要正当性为基础，一个自私自顾的人也可以做到厌死慕生；但在洛伊德的解读中，这种理性指令需要在满足正当性诉求的基础上才能成立，相应地，一个自私自顾的人因为不会向他人展示自己厌死慕生的正当性，因而他在洛伊德的解读中也会被视为疯癫之人。

虽然上述研究者之间稍有分歧，但本文认为他们的共通点要高于差异。对于上述研究者而言，疯癫这个概念站在了霍布斯理论的对立面，疯癫打破了人与人之间的基本联结，是一股反政治或者说去政治的力量，把原本能交流合作的人们一一打散成孤立的个体。作为激情过剩的疯癫是发生在特别个体身上的异常状态。对于施特劳斯而言，人们合作的起点是大部分人普遍能够具备的激情状态。② 普遍相似的激情状态提供了对话的起点：人们在了解到对方与自己具有相似激情状态与欲求目标的前提下，才会展开有效的交流与对话。由于疯癫之人的激情状态有悖于常人，因此尝试与之对话不仅徒劳无果，反而有可能会对自身有害（疯癫者有可能趁对话之机施以偷袭）。在格特及其追随者看来，人与人之间互动的基础是相似的理性能力；借此人们才能认知到一套对所有人普遍有效的理性行动方案。③ 通过上述引述，我们可以想到疯癫会在两个层面上干扰到人的理性活动：首先，如前文所述，疯癫作为一种病态激情，本身可以改变人的激情状态，让人无法形成理性的驱动力，从而失去与他人对话的基础；④ 其次，即使疯癫不足以持续颠覆人的激情状态，它也会变相减轻理性的驱动力，因而导致人不能一以贯之地遵行理性的行动方案，这会导致人在政治

---

① Sharon Lloyd, *Morality in the Philosophy of Thomas Hobbes: Cases in the Law of Nature*, pp. 91, 322 – 325.

② 如施特劳斯认为，国家就基于人们能普遍具备的对暴死的恐惧激情之上，参见 Leo Strauss, *The Political Philosophy of Hobbes: Its Basis and Its Genesis*, pp. 19 – 22。

③ 如格特认为，只有通过理性，人们才能了解到保存生命是一项长远利益，并以此为基，认知到普遍适用的互动守则，即自然权利与自然法；参见 Bernard Gert, "Hobbes's Psychology", pp. 169 – 171。

④ 可参见洛伊德关于霍布斯对宗教狂热者（自以为受到神启的人）的批评，参见 Sharon Lloyd, *Morality in the Philosophy of Thomas Hobbes: Cases in the Law of Nature*, p. 92。

协作中的关键时刻（如在履行政治契约之时）出现差错，疯癫之人——即便这个人没有完全被疯癫所控制——也不能被其他人予以充分的信任，因而被排除在政治活动之外。①

上述共通点也能在霍布斯的文本中找到依据。霍布斯曾写道，与孩童和低能者一样，疯癫之人需要监护人的照看，而不能独立参与构新中国成立家的政治契约。② 在介绍法律规范时，霍布斯写道，法律等规则约束可以影响正常人的行为，但无法对疯癫之人起效，因为规则的训斥只有对理解行为规则的人才有效，而疯癫之人受制于过度的激情，无法在理解规则的基础上权衡利弊，也不能对法律等规则感同身受。③ 综上所述，霍布斯应该会同意疯癫之人无法进入政治生活的结论。霍布斯对于疯癫的论述看似贴合一套简化了的福柯式图景：疯癫被理解为失能，因而被排除在正常的政治活动之外。曾有研究者明确指出，霍布斯对疯癫的论述印证了福柯的观察。④

二 从激情到认知：霍布斯关于疯癫的论述

然而，霍布斯在其早期著作《法律要义》中，对疯癫做出了不同的论述：

> 思维上的另一个主要缺陷，人称之为疯癫，它不是别的，而是对某种高于一切的想象，并以此作为人类激情的唯一来源。这种构想无非是过度的虚荣或忧惧。如下述案例所示，疯癫都出自于思维上的骄傲或忧惧。⑤

---

① 可参见洛伊德关于霍布斯对愚钝者（dupe）的批评，参见 Sharon Lloyd, *Morality in the Philosophy of Thomas Hobbes: Cases in the Law of Nature*, pp. 326–328。
② Lev. 150.
③ QCLNC, pp. 190–191.
④ Dominique Weber, Cela n'équivaut pas à dire que les enfants et les fous sont privés de la liberté véritable: Hobbes et le problème de la folie, dans *Dix-septième siècle*, 2010/2（n° 247）, pages 223 à 234.
⑤ HN. 57.

在这段引文中，疯癫首先被定义为一种思维认知上的缺陷。与《利维坦》第 8 章中以激情过度为核心的定义方式不同，此处的核心要素——思维，并不外在于人的自主控制，相反，组织思维的认知活动本身是人自主性的体现：只有在思考的基础之上，人才会自主调节自身的情绪与行为。由于这种思维上的调控在于引导和改变人的激情状态，因此一旦出现思维上的错误，人的激情状态也会被误导入歧途。在其他正常人看来，这种异常的激情状态就表现为超乎正常水平的所谓过度激情。因此，虽然疯癫在表象上可以最终呈现为过度的激情，但这类过度的激情状态都以异常的认知内容为先导。对此，霍布斯举例说，人之所以会对他人暴怒相待进而失态，是因为大脑中预先存有了（本不应有的）蔑视对方的想法；人之所以会陷入无端的疑惧，是因为人怀有某种不切实际的设想，如"想象自己像玻璃一样脆弱"；人的虚荣自负，是源于对自身能力的过分高估。[1] 与以激情为主导的疯癫概念不同，这种以异常认知为核心的疯癫可以转化为语言表述，并混入人与人的交流活动，因此，一个人身上的疯癫可以通过书本等媒介传播给其他人。霍布斯将这种可传播的疯癫称为"习得的疯癫"（learned madness），并援引堂吉诃德为例加以说明："堂吉诃德的疯狂勇气无非是阅读冒险故事的结果，这些故事在原本胆怯的人身上引发了高度的虚荣自负之感。"[2]

值得指出的是，上述观点不只存在于早期著作《法律要义》中，也多次出现在霍布斯的其他著作中。《论公民》中也出现了疯癫可以通过书本或教育等媒介而被传播给他人的观点。[3] 《利维坦》亦然。霍布斯在《利维坦》中除了认为疯癫是一种过度的激情之外，也承认疯癫是一种思维组织上的混乱无序。"当缺乏稳定性，并不能导向某个目标时，强大的联想能力就是一种疯癫。"[4] 相应地，《利维坦》中也承认，这种有缺陷的思维也可以进一步转化为混乱无序的语言而在人群中传播，并在接受这套思维的人身上引发疯癫。[5]

---

[1] HN. 58.
[2] HN. 58.
[3] Rudiments. 162 – 163.
[4] Lev. 57.
[5] Lev. 69 – 70；霍布斯在这里没有用"习得的癫狂"来描述这一现象，而是将之称为"对语词的滥用"（the abuse of words），关于"对语词的滥用"的详细介绍，参见 Lev. 20。

这样一来，《利维坦》中对疯癫的引述就引发一个问题：在疯癫的产生过程中，究竟是思维认知上的异常导致了人在激情状态上的异常，还是激情状态上的异常导致了人在思维认知上的异常？如果参照《法律要义》里的分析思路，那么疯癫的核心成因应该是认知异常。如果参照上一节提到的关于疯癫的定义，那么疯癫的核心成因应该是由于生理缺陷或生理损伤所导致的激情异常，激情过剩引发了认知异常。在《利维坦》中，思维与激情被认为是两种不同的生理机能，但霍布斯并没有进一步说明二者之间的关系。心脏掌管人的激情状态及相伴生的意志决断，大脑则负责人的认知与推理；在二者是相互关联运作还是各自独立运作的问题上，霍布斯只给出了含混不清的答案。①

不过，霍布斯在另一部著作《论物体》中回答了上述问题。《论物体》较为明确地交代了感觉认知（大脑）与激情状态（心脏）之间的关联机制。首先，霍布斯指出，心脏与血液循环是人生命活动的原初动力，因此也是所谓激情活动的源头。心脏为人类提供两种动能，其一是纯粹的生理动能，它是不需要感觉意识参与的运动，如血液循环；其二是激情动能，它需要感官认知的参与，只有在感官认知的参与下，激情或欲求才能找到相匹配的目标对象。② 其次，大脑与心脏之间有两个连接，在生理层面，心脏跳动为大脑提供生理动能，这种生理动能通过动脉从心脏传导到大脑，霍布斯也由此认为，负责为大脑提供生理动能的动脉也算作广义上的感觉认知系统的一部分；③ 在意识层面，大脑通过神经向心脏传导感觉认知，心脏会根据认知内容形成各种激情。最后，心脏还依靠动脉传导激情

---

① 关于大脑与认知推理的官能，参见 Lev. 12 – 13，61。关于心脏与意志决定的官能，参见 Lev. 40 – 42。关于二者相互独立的暗示，霍布斯在介绍人的感觉认知机制时，认为心脏与大脑都是接受感觉认知的场所，似乎暗示二者之间的关联，参见 Lev. 2；但是在 Lev. 242，霍布斯则暗示了二者似乎可以相互独立地运作，在此，霍布斯将国家咨议的职能比作大脑负责的感知与推理，而把国法命令比作心脏负责的斟酌与意志决断；在国家中，前者归咨议大臣所掌管，后者则归国家的权力机构（主权者）所掌管，权力机构/心脏可以不接受咨议大臣/大脑所提出的建议。

② CN. 406 – 407，霍布斯将心脏跳动与血液循环等不需要感觉认知参与的生命活动称作生理运动（vital motion），而将激情、欲求等需要感觉认知参与的生命活动称作动物运动（animal motion，《利维坦》中亦称为 voluntary motion，即自觉运动）。《论物体》中也有动物运动的提法。参见 CN. 405："不过，虽然这些感官呈象（phantasms）是感觉认知中的主体，源于外在客体对感觉器官所造成的影响，但是这些外在客体也对同样的感觉器官造成了其他影响，即从感觉认知中诞生出的某种运动，它被称作动物运动。"

③ CN. 402 – 404.

动能，虽然这些动能主要流向控制肢体运动的肌肉组织，[1] 但也有少部分会传导回大脑，通过刺激软脑膜（pia mater），而在意识中引发或唤醒相应的认知内容。如在睡梦中，心脏传导的激情动能会在人的梦境中引发相对应的认知内容（类似于日有所思夜有所梦的思维惯性）。据此，霍布斯也承认，激情可以影响人的认知状态。[2]

《论物体》中关于激情与认知之间联动机制的论述，有助于我们了解霍布斯对疯癫成因的解析。与之前研究者所设想的不同，霍布斯理论语境中的激情并不是一种原本外在于认知的力量。相反，激情运动之所以有别于一般的生理活动，是因为它需要主动地呈现在人的意识状态中，并需要感觉认知的积极参与。既然激情的生成是认知的产物，那么认知上的异常才是激情异常的真正先导。人对于激情的掌控，指的是人在感觉认知与理性推理不出错的前提下形成了一套匹配的激情，并在这个认知—激情复合体的基础上对自身状态进行调节。虽然激情可以影响人的认知，但激情所唤醒的认知内容，本身就是参与这种激情生成的认知成分。因此，与其说是激情影响了人的认知，倒不如说这更像是一种思维上的惯性，既有的认知内容在惯性作用下再次出现在人的思维意识中。综上可知，虽然疯癫的外在表征是激情过剩，且过剩的激情可以引发异常的认知内容，但其根源还是在于最初的认知失调。

实际上，虽然《利维坦》的第 8 章把疯癫定义为激情过剩，但是这一章主要讨论的内容是人在组织思维上的优劣。第 8 章的标题为"通常所称的智慧之德及其反面缺陷"。霍布斯将人的智慧之德（virtues intellectual）视为一种思维能力，它主要包括两方面，敏捷的联想和有序的组织，二者缺一不可。[3] 这一章中之所以会讨论疯癫，恰是因为疯癫敏于前者而短于后者。这就是为什么霍布斯在把疯癫定义为过剩激情的同时，依然坚持把疯癫描述为一种缺乏稳定性的联想能力。因此，霍布斯在把疯癫定义为背离正常状态的激情过度时，其想要表达的是，激情背后的认知内容偏离了人在正常认知状态下应该具有的认知。相应地，疯癫的核心意涵是人因认知和推理上的失误而形成的认知失调，而这种认知失调会进一步在人的心

---

[1] CN. 408.
[2] CN. 400 – 401.
[3] Lev. 56.

灵层面演变为所谓脱离掌控的过度激情。

三 假托为神启的疯癫：疯癫如何影响政治

如果疯癫的核心意涵是认知失调，那么疯癫与政治活动之间就不再是明显的对立关系了。首先，如前所言，单纯的激情状态异常可能是一个孤例，但是当激情化约为一种错误认知时，它可以转变为语言化的表述，进而借助言谈、书本等媒介在人群中传播，形成一整套公共舆论，进而有可能转化为政治共识。其次，霍布斯分析政治的基调也为疯癫对政治的渗透提供了理论空间。不同于亚里士多德等古代先贤，霍布斯没有把政治等同于一个理想的治理形态，人参与政治的目的不是自我完善，而只是保障自身基本的生活需求，因此，参与政治活动的首要目标在于获取权力，并用之抗衡任何在满足基本需求时所遇到的阻力。所拥有的权力越大，个人的基本需求就越有保障。[①] 在政治中，最强有力的权力形态源于人与人之间的聚合协作，国家权力则是其顶点；相应地，政治活动的最高形式就是参与国家级别的协作活动。[②] 所以，只要疯癫所对应的错误认知能促进人们的聚合，并有可能组建国家级的权力实体，疯癫就不再绝缘于政治活动。

不过，在关于疯癫的具体案例的分析中，霍布斯认为，疯癫虽然具有很好的传播性，但是并不能促进人们的聚合，如以虚荣、暴怒或疑惧为代表的疯癫都不适用于这一目标。虚荣之人总想与他人竞争抗衡，暴怒之人在心中蔑视其周围的人，疑惧之人则是保持着对周围人的不信任，三者都只能加剧人与人之间的矛盾或不信任，受其影响的人会更倾向于相互争斗而非联合。但是，依然有一些特殊类型的疯癫可以起到聚合人们的作用，本节将介绍其中一种，即假托为神启的疯癫。

虽然霍布斯承认神启（inspiration）的确存在，并认为人类可以通过超自然感知的方式获得神启，[③] 但他仍坚持，大部分的所谓神启只是人们自认为受到了上帝的启示，归根结底依然是一种特殊类型的疯癫：

---

① Lev. 85–86.
② Lev. 74.
③ Lev. 345.

如果没有其他东西显露出他们的疯癫，那么其狂妄地冒称神启就是有力证明……此类"神启"的看法，一般称为秘启精神（private spirit），常常由幸运地找到了别人通常所犯的错误而来。他们不知道或记不起自己通过何种推理过程而获得了如此非凡的真知……于是他们便钦佩自己受到了全能上帝的特殊恩典，认为上帝通过圣灵，以超自然的方式向他们揭示了这些真知。①

如引文所示，假托为神启的疯癫也是一种认知上的失调：人误以为自己是通过超自然神启的方式——而不是通过正常的推理方式而获得了真知；这种想法会让人们误以为自己沐浴在上帝的恩泽中，成为神的先知，并借上帝赋予的权威来教育和引导民众。霍布斯认为，这种疯癫虽然有可能误打误撞地为人带来一些真知，但最终还是会把人的认知引入歧途并招致祸患。② 与同为疯癫的虚荣自负类似，假托的神启也基于对自身实力的误判，并同样高估了自身能力（如自认为与上帝直接沟通的能力）。但对于虚荣，霍布斯认为，大规模的社会协作不能建立在虚荣自负的基础上，因为满足虚荣意味着对他人的征服，所以虚荣无法被多个人共享，虚荣自负的人只会通过不断地攻击他人来证明自己，而难以加入社会协作。③ 那么，同样是错估了自身能力，假托为神启的疯癫会面临类似的困境吗？答案恐怕是否定的。

其中原因不是在于被这种疯癫所影响的人，会因其他人质疑自己所受神启的真实性而发怒甚至暴起伤人，而是在于很少有人会去挑战其所谓神启的真实性。《利维坦》中曾讨论如下问题：在犹太人的历史和宗教典籍中，先知与上帝交流的方式从来都是直接对话，而不是超自然的启示，因此按理说，犹太人应该对那些自称受到神启、与上帝进行了直接（超自然）交流的所谓先知抱持怀疑的态度；然而实际上并非如此，犹太人依然在某些历史时期自愿相信这些所谓的先知。对此，霍布斯给出的解答是人们通常缺乏探求事物本源的好奇心，故而不会深究所谓神启的真实性，因此当所谓神启提供了合理的认知信息（毕竟其所提供的部分内容依然为

---

① Lev. 63 – 64.
② Lev. 63.
③ Rudiments. 5.

真）时，人们会沉湎于这种认知上的便利而不去深究其根源，并把这些实为认知异常的疯癫之见，果真采信为某种超自然的启示。①

借助于霍布斯的论述，我们可推想出假托为神启的疯癫为何会聚合民众。首先，如上述分析所暗示，这是由于人们自己的无知。在这种情形下，人们可能意识到了自己因无知而无力准确判断所谓神启的真假，又看到神启所宣称的内容为真，因此暂时把承认这些"神启"为真看作是自己在当下认知处境中所能给出的最优解。这些承认神启暂且为真的人们虽然追随一个疯癫之人，但其自身尚未陷入疯癫中。其次，如第二节所言，疯癫所对应的异常思维或想法可以转化为语词表述而进入人与人之间的交流，并通过言谈、书籍等方式传播给他人，若有人因此而相信了所谓的神启为真，而非暂且为真，并在自己身上培育出相应的认知—激情复合体，那么这些人自身也陷入了与假先知者类似的疯癫状态中。

在《利维坦》中，霍布斯暗示了，聚合于神启权威下的民众足以形成一股与国家权力相抗衡的势力。在讨论国家解体的原因时，霍布斯写到那些试图在国家掌控的政治权威（civil authority）之外另行树立一个属灵的权威（ghostly authority）的人就是试图分裂国家。所谓属灵的权威，即指某种操控着人们对于上帝认知的宗教性权威；他们假借上帝的权威颁行神的律法，并要求人们服从。霍布斯认为，当这两种权威相碰撞时，二者之中只能存其一。② 由此可见，属灵的权威可以聚合起强大的政治权力。霍布斯还进一步暗示，这种与政治权威对立的属灵权威，在本质上是一种疯癫：在霍布斯的描述中，属灵权威所发出的指令并不符合国家的运作规律，霍布斯将这些指令类比为如同疯癫病症一样的认知异常，并认为这种认知异常最终会引发全体国民在行动上的混乱，"因此它必然使人民误入歧途，要么用反对意见压垮国家，要么将国家投入内战的烈火之中"③。因此可以说，属灵权威的运作已经超出了人在正常情形下对国家运作规律的认知。属灵的权威很可能掌握在一个不具备正常认知的人的手中，而这个人所掌握的权力足以与一个主权国家相

---

① Lev. 67.
② Lev. 316 – 317.
③ Lev. 317 – 318.

抗衡。当此之时，疯癫已经不再被排斥在政治活动之外，而是处于政治活动的中心。

四 疯癫之于霍布斯的政治理论：关于第二自然状态的构想

霍布斯并没有将疯癫看作是一项简单的失能而将之排除在自己的政治理论之外。相反，疯癫作为一种以思维错误为先导的状态，可以在人群之中广为传播，进而在政治领域兴风作浪。以假托为神启为代表的疯癫甚至可以强大到与霍布斯所设计的主权国家相抗衡。疯癫所带来的强大政治影响引起了霍布斯的警觉和重视。不过，虽然假托为神启的疯癫可以聚合起强大的政治权力，但是霍布斯并不希望假借这种疯狂的宗教权威来巩固主权统治秩序。例如，虽然霍布斯也强调了统治者拥有宗教事务上的权威，但其权威主要用于裁决宗教分歧，其本质更接近于世俗领域中的裁判权。[①] 霍布斯不要求主权者具备与上帝进行超自然沟通的能力，或向民众宣称自己有这样的能力；相反，霍布斯坚持，主权者即使受到了上帝的启示，其方式也不是"神启"中的超自然的交流，而是直接对话，主权者的宗教权威与超自然启示无关。[②] 霍布斯告诫人们要对所谓的超自然神启保持警惕，不要误信那些假托的神启。[③]

霍布斯对疯癫的拒斥可能是多个理论因素所共同促成的结果。[④] 在此，本文着重探讨其中的一个因素，即疯癫固然可以聚合个体，但是这种聚合

---

① 如霍布斯认为统治者可以规定宗教仪式（参见 Lev. 355 – 356）并裁决什么才是真的神迹或神谕（Lev. 426 – 427）。

② Lev. 415 – 422.

③ Lev. 423 – 425.

④ 如这有可能与当时对疯癫的理解有关：虽然在中世纪时期，受到伪戴奥尼斯学派（pseudo-Dionysian school）的影响，学者们一般认同通过激发人对上帝的爱戴之情来实现与上帝的超自然交流，进而获得神启，但是这些由神启引发的举动与因恶魔干预而引发的疯癫十分类似——疯癫在当时被认为是恶魔附体的结果，而到了15世纪以后，越来越多的学者开始质疑伪戴奥尼斯学派所提倡的通过情感与上帝进行超自然对话的方法，霍布斯可能亦然。对于中世纪到近代早期对于疯癫的看法，可参见 Moshe Sluhovsky, "Spirit Possession and Other Alternations of Consciousness in the Christian Western Tradition", in edit. E. Cardena & M. Winkelman eds. Altering Consciousness: Multidiscipline Perspectives, Vol. 1, Praeger, 2011, pp. 73 – 88；关于霍布斯对疯癫与恶魔干预的论述，可参见 Lev. 64 – 65。

本身其实是霍布斯式自然状态的一种延伸。假托以神启的政治性疯癫可以帮助我们更好地理解自然状态的寓意。

霍布斯式的自然状态通常可以被视作一种绝对原子化的状态：一个个彼此相互绝缘的人似乎不曾经历自然的生长过程，就直接成为成熟的个体；[1] 他们被抛入了一个固定的时空场域之中，在其中，每个人都有能力夺取对方的生命，且每个人都在怀疑对方是否想要夺取自己的性命；[2] 这种脆弱的平衡显然无法持久，人们迟早会陷入所有人与所有人为敌的大规模战争之中。在这种战争状态中，"不会有产业，因为没有稳定的产出；因此也没有对土地的栽培，没有航海以及从海上进口来的货物，没有宽敞舒适的建筑……没有对时间的记录，没有工艺、文字和社会"[3]。一切文明以及与文明有关的观念似乎都绝迹了。

虽然这种绝对原子化的状态凸显了霍布斯式自然状态的本质特征，但是它并不是自然状态的唯一表现形式。自然状态并不总是一个绝对的道德真空，而是有着一套可供参考的行为规范。如霍布斯写道，尽管攻击他人的行为在自然状态下是被允许的，但这不意味人们可以在自然状态下以任何理由攻击他人：

> 所有人在自然状态下都有着伤害他人的欲望和意愿，但它们并不都出自同样的理由，也不可被一并斥责。有的人根据人与人之间的自然平等，准许自己做的事同样也准许别人做……另外有人则认为自己高于他人，故而有特权来做想做之事，冒犯他人并要求比他人更多的荣誉……这种人为害的意愿来自于虚荣，以及对于自身力量的错误判断；其他人则是出于防卫自身的必然性，保护自己的自由、财物免于他人的暴力侵夺。[4]

这种基于平等和相互性的评价标准最终演变为霍布斯所说的自然法。

---

[1] Rudiments. 108 – 109.
[2] E. g. Lev. 110 – 112.
[3] Lev. 113.
[4] Rudiments. 7.

尽管之前研究者对于自然法的规范性实质有着不同的解读,[①] 但是自然状态下的人们并不缺乏一套规范性守则,且人们对于这套规范性守则也并非一无所知：

> ……为了让所有人都不能因缺乏对自然法的认知而免于遵从自然法,自然法已被精简为一条简易的原则,即使能力再不济的人也可以理解：己所不欲,勿施于人。[②]

当然,自然法自身的力量并不足以完全消弭人人相互为敌的战争状态。一方面,这是因为对于自然法的遵从并不总需要落实到行动上；霍布斯认为,有时人们在内心中保持对自然法的尊重即可,而不需要做出自然法字面规定的行为。[③] 另一方面,这是因为在自然状态下缺乏一个解读自然法的道德权威或政治权威,因此每个人只能依靠自己的理解来解读自然法。在判断某一个具体行为是否符合自然法时,人们可能产生分歧而无法协调一致；这会让自然法在执行时面临困难并最终流于空谈。[④] 塔克就曾指出,霍布斯式自然状态下的冲突不只意味着人们在个体收益上的冲突,还涉及人们在解读规范性法条（如自然法）上的冲突。[⑤]

然而,随着以自然法等规范性法则的出现,自然状态不再是一个绝对原子化的状态。语言与文字已经被发明出来并广为传播,人们之间有了沟通的可能。更重要的是,人与人之间对于共同遵守的行为规范有了一个大

[①] 有的研究者认为自然法只是人出于自保之需而推演出来的行为守则,旨在审慎行事,规避风险。有的研究者则认为自然法的规范性不完全来源于自我保存的必然性,而是有着其他的道德基础。前者的研究可参见如 David Gauthier, *The Logic of Leviathan: The Moral and Political Theory of Thomas Hobbes*, Oxford University Press, 1969; Jean Hampton, *Hobbes and the Social Contract Tradition*, Cambridge University Press, 1988; Gregory, S. Kavka, *Hobbesian Moral and Political Theory*, Princeton University Press, 1986 等。后者的研究可参见如 A. E. Taylor, "The Ethical Doctrine of Hobbes", in *Philosophy*, Vol. 13, No. 52, 1938, pp. 406 – 424; Howard Warrender, *The Political Philosophy of Hobbes*, Oxford: Clarendon Press, 1957; Sharon Lloyd, *Morality in the Philosophy of Thomas Hobbes: Cases in the Law of Nature*, Cambridge: Cambridge University Press, 2009。

[②] Lev. 144.

[③] Lev. 145; Rudiments. 45 – 46.

[④] E. g. Lev. 262 – 263.

[⑤] Richard Tuck, *The Rights of War and Peace: Political Thought and the International Order from Grotius to Kant*, Oxford University Press, 2001, pp. 131 – 132.

致的概念。一个人可以评价,甚至站在道德立场去谴责另一个人的行为。评价与谴责行为的出现会让具有相同评价偏好或思维取向的人聚集在一起,并与思维取向不同的人相互对立。这种对立虽然也会引发争斗与战争,但它毕竟是人群与人群之间的对立,而不同于绝对原子化的自然状态下个人与个人的对立。因此为了加以区别,笔者将后者称为第一自然状态,而将前者称为第二自然状态。

　　疯癫,特别是以假托为神启为代表的政治性疯癫,实际上对应着第二自然状态。在霍布斯看来,一些规则之所以可以称为法律,是因为一个高于个人的政治权威制定了它们,法律代表了这些权威的意志;相应地,自然法之所以称为法律,是因为自然法代表着上帝的意志。① 而假托为神启的疯癫则旨在通过某种看似为超自然的方式解读上帝的意志,陷入疯癫掌控的人自认为在解读上帝意志,因而也可以解读自然法,甚至否定或推翻自然法的部分法条。疯癫者的思想可以转换为语言和文字,并在其信众中广为传播。接受了这种思想的人,会形成一套与之相互匹配的激情,而这套激情会不断巩固人对这种思想所持有的信念。当有人反对这种思想时,信众们会将言辞上的反对看作是对激情运动(乃至生命活动)的挑战。与个人因安全之故而做出的攻击行为相比,疯癫驱使下的暴力行为可能更为猛烈和无情:前者可能只需要驱退那些(潜在的)敌对者,后者则想要将敌对者彻底消灭,毫无妥协的可能。霍布斯认为,走出这种自然状态的关键并不是在于人们寻求到某种特定的真理,而是在于人意识到自己的局限性;人作为个体的局限性迫使他不得不在政治生活中仰赖一个权威,以协调彼此之间的不和。②

　　与政治性的疯癫相比,霍布斯所构想的国家则更为平和。虽然国家对于个人有着极强的控制,但是霍布斯并不否认生活在国家控制下的个人依然享有一定程度上的良知自由。自然法规定了人们需要建立和保卫国家,并服从国家的指令,③ 但这并不意味着国家所颁布的每一条命令都是绝对不容置疑的真理。如霍布斯认为生活在非基督徒君主统治下的基督徒们,如果被君主强行要求改信,可以在公开场合上表示改信的同时,在私下里

---

① E. g. Lev. 147.
② Lev. 155 – 156.
③ Lev. 703.

中保持对基督教的信仰。① 瑞恩认为，霍布斯所构想的国家并不寻求通过某种绝对的真理来迫使人们服从，而是试图悬置真理（特别是与信仰有关的真理）在公共事务中的判断效力；国家所颁布的法令不是基于真理或其他绝对律令的效力，而只是出于公共管理上的便利。② 在政治生活中，人们可能因担心自己的行为是否符合某种真理或良知的要求，而陷入焦虑。这种焦虑不仅无助于保持内心平和，反而有可能加剧人与人之间的矛盾。③

结　语

霍布斯对于疯癫的论述，一方面代表着他对于人之生理结构的观察，另一方面也是他构想其政治理论的起点。可以说，疯癫这一概念是霍布斯的自然哲学与其实践哲学的一个联结点。对于疯癫的拒斥则反映了霍布斯政治理论的理想主义一面。霍布斯倾向于认为，政治活动中的每个个体不应该因担心自身行为是否符合某种至高的规范性法则而陷入焦虑。人们只有在满足这一前提下才能摆脱相互对立的（第二）自然状态，才能求取持久而稳定的和平生活。虽然疯癫也有助于聚合群众形成类似的政治权力，但由于其中所蕴含的错误认知和危险倾向，则与上述理想化构想产生冲突，所以霍布斯所期望构建的庞大利维坦不会容许一个疯癫之人加入——即便这个疯癫之人是利维坦的统治者。

---

① Lev. 579 – 581.

② Alan Ryan, *The Making of Modern Liberalism*, Princeton University Press, 2014, pp. 204 – 219.

③ 当然，上述理论倾向并不能保证霍布斯所做的相关论述就是成功的。在一些研究者看来，霍布斯对于公共良知和私人良知的区分使得国家有机会去干预人的内心思想活动，从而达成某种思想控制。相关研究可参见 Johan Tralau, "Hobbes contra Liberty of Conscience", in *Political Theory*, Vol. 39, No. 1, 2011, pp. 58 – 84; Guido Frilli, "Hobbes; s Genealogy of Private Conscience", in *European Journal of Philosophy*, 2020, pp. 1 – 15. 也有人认为霍布斯的论述是相对成功的，可参见 Mark Hanin, "Thomas Hobbes's Theory of Conscience", in *History of Political Thought*, Vol. 33, No. 1, 2012, pp. 55 – 85; Shalon A. Lloyd, "Hobbes on the Duty Not to Act on Conscience", in L. V. Apeldoorn & R. Douglass eds. *Hobbes on Politics and Religion*, Oxford University Press, 2018, pp. 256 – 272.

论海德格尔对早期费希特哲学主体性格局的超越

——基于1794年版《全部知识学基础》的分析

赵 瑜

（北京大学哲学系）

摘 要：如在1929年讲座稿《德国唯心论与当前哲学的困境》中所展示的那样，费希特哲学对海德格尔有着正反两个方面的影响。一方面，与费希特将"自我"理解为一个活动着的实践主体一致，海德格尔的"此在"也是一个在生存活动中赢得了存在的可能性的"能在"。另一方面，费希特在1794年的《全部知识学基础》中面临着一个无法解决的困难——一种未赋予非我以独立的本原地位、仅仅从自我出发建立的知识学体系无法建立起外部世界的实在性。正是在这一点上，海德格尔认为他的"世界的形而上学"实现了对费希特的超越。海德格尔指出，此在本身的生存建构就是"在世界之中存在"，世界和此在的作为"双重本原"必须从一开始就被关联着设置下来。通过世界的形而上学，海德格尔真正挣脱了单一主体性视角的枷锁，为理解人与世界的关系问题提供了一条新的思路。

关键词：费希特 海德格尔 非我 世界 双重本原

德国古典哲学是海德格尔一生致思的重要思想资源之一，[①] 他1929年

[①] 1927年《存在与时间》出版，在此后的三年间，海德格尔专门针对康德及德国唯心论开设了一系列的讲座。参见 Martin Heidegger, *Kant und das Problem der Metaphysik* (GA 3). *Grundprobleme der Phänomenologie* (GA 24). *Phänomenologische Interpretation von Kants Kritik der reinen Vernunft* (GA 25). *Hegels Phänomenologie des Geistes* (GA 32). *Der deutsche Ideslismus* (Fichte, Schelling, Hegel) und die philosophische Problemlage der Gegenwart (GA 28).

的讲座稿《德国唯心论与当前哲学的困境》(Der deutsche Idealismus und die philosophische Problemlage der Gegenwart) 中的费希特阐释可以被看作是《存在与时间》中此在生存论思想的进一步的延续和补充。① 以批判费希特的"非我"(Nicht-ich) 概念为契机，海德格尔进一步展开了他的世界的形而上学 (Metaphysik der Welt)②，在一种全新的视角下审视自我与世界的关系问题，最终确立了以自我和世界作为双重本原的形而上学。

海德格尔以"问题格局"(Problematik) 一词批评费希特哲学乃至整个德国唯心论哲学传统。在德语语境中，"Problematik"是"Problem"（问题、难题）更书面化的一种表达形式，特指困难与疑问本身所固有的更深层问题。也就是说，海德格尔认为以费希特为代表的整个唯心论在思考的一开始触碰到了核心的"存在问题"(Seinsfrage)，但却没有以正确的方式对待这一核心问题。③

这个问题可以从两个方面展开：一方面，费希特将自我描述成一个不断生成的、活动着的主体，正是在费希特的启发下，海德格尔将此在的存在也看成是在生存活动中不断去赢获 (gewinnen) 自身生存的可能性；但另一方面，费希特试图将非我作为经验性本原纳入自我之中，仅仅从主体

---

① 在关于德国唯心论的讲座中，对费希特1794年《全部知识学的基础》的阐释占了绝大部分的篇幅。全书正文部分共232页，由三篇组成，分别涉及对费希特、谢林、黑格尔哲学的考察，其中费希特部分长达182页。参见 Martin Heidegger, *Der deutsche Idealismus (Fichte, Schelling, Hegel) und die philosophische Problemlage der Gegenwart*, GA 28, Frankfurt am Main: Vittorio Klostermann, 1997；中译本参见海德格尔《德国唯心论与当前哲学的困境》（以下简称《困境》），庄振华、李华译，西北大学出版社2016年版。

② 在本文中，笔者使用"世界的形而上学"这一概念来描述以"世界"作为体系本原的哲学。前期海德格尔赋予了世界与此在同等重要的形而上学地位，后期海德格尔甚至将世界作为单一本原确认下来。因而海德格尔始终将世界作为存在的基本建构并确立其形而上学意义上的本原地位。海德格尔在《形而上学基本概念》(Grundbegriff der Metaphysik) 中将"什么是世界"作为一个形而上学问题进行追问，将人与石头（质料性的东西）及动物相区别的本质规定为"人是构画着世界的"(Der Mensch ist weltbildend)，世界作为整体是使得此在得以可能的东西。德国学者施奈尔 (Alexander Schnell) 进一步指出，"世界的形而上学的基本主张在于，存在者的'开显' (Offenbarwerden) 与此在在其形而上学的本质中对之负责的那个世界构画 (Weltbildung) 是完全一致的"。参见 Martin Heidegger, *Grundbegriff der Metaphysik. Welt-Endlichkeit-Einsamkeit*, GA 29/30, Frankfurt am Main: Vittorio Klostermann, 1983; Alexander Schnell, *Hinaus. Entwürfe zu einer phänomenologischen Metaphysik und Anthropologie*, Würzburg: Könighausen & Neumann, 2011, pp. 77–92。

③ 海德格尔对谢林与黑格尔的看法虽然略有不同，但总体来说，还是认为他们作为德国唯心论的代表人物，都未能跳出主体性哲学的框架。

出发解释自我对外部世界的认识何以可能。正是在后一点上，海德格尔批评费希特陷入了近代主体主义的桎梏。海德格尔指出：只有世界的形而上学中，自我和世界才能被关联着被设置下来，由此才能稳固地建立起存在的根基。就此而言，费希特未能以一种源初的方式思考此在这一存在者本身的存在方式。

  本文的核心论题在于展示海德格尔的费希特批评中所体现出的自我与世界作为"双重本原"的学说。本文第一部分中将展示费希特所刻画的作为自我与非我的统一体的绝对自我的动态结构，并指出这一结构的终极困难——非我最终没有获得独立的本原的地位。因此，费希特的哲学也就没能建立起外部世界的根基。第二部分指出，费希特的自我是一个通过设定活动实现了自身的主体，正是在这一基础上，海德格尔进一步将此在的生存描述为在活动中实现了"此在的存在"的"能在"（Seinkönnen）。第三部分将揭示，通过将此在的生存建构刻画为"在世界之中存在"（In-der-Welt-sein），海德格尔试图克服费希特哲学中难以彻底解决的"非我"难题。海德格尔从此在实际的生存状况出发，展示了此在与世界作为双重本原被同时关联着设置下来的生存图景。最后一部分将进一步阐明，海德格尔为人与世界的关系问题提供了一条与费希特哲学迥然不同的解决路径，在这条新路径上，人的存在的可能性与通达世界的可能性合二为一。这体现出海德格尔深刻的理论洞见——作为个体性的自我存在与作为整体性的世界存在之间有着必然的本质关联，而只有在这种关联之中，存在之思才得以涌现。

一 1794《全部知识学基础》中的自我（Ich）与非我（Nicht-Ich）

  在这一节中，笔者将阐明费希特在《全部知识学基础》[①] 中试图展现并刻画的自我内部动态结构：1. 费希特通过设定活动将自我刻画为一个行

[①] Johann Gottlieb Fichte, *Grundlage der gesamten Wissenschaftslehre* (1794), Hamburg: Felix Meiner, 1997. 本文中笔者在引用费希特经典著作时遵照一般学术规范，通常写作以通行引用版卷次+页码的形式。以费希特之子伊·费希特编辑的《费希特著作集》（*Fichtes sämmtliche Werke*）为基准，按照斜体书名缩写 *SW* +卷次+页码的形式引用。以下相关文本引用均按此范例。本文所有费希特引文全部由笔者依据德文原文自行翻译。《全部知识学基础》以下简称《知识学》。

动的主体；2. 他的主体性理论试图将非我作为经验世界的"聚合"（Inbegriff）纳入自我的动态结构之内，但并不成功。

费希特从单纯的同一性命题"自我＝自我"出发，展示了自我内部结构的复杂性，绝对自我同时设定了相互对立的自我和非我，但非我和自我又没有绝对地排斥对方，而是互相限制对方。但前三节中形式上的展示并没能够清楚地说明，经验中的自我和非我之间到底是如何既相互限制，又能够统一在绝对自我之中的？这里要处理的核心问题是自我和非我的关系问题，费希特将自我和非我之间的关系刻画为这样一个命题："自我和非我两者都是经由自我，并且在自我之中被设定为互相对立限制的东西。"[1]

如果自我将自身设定为受非我限制且规定的，那么意味着，非我必须在某种意义上是可以去主动行规定的。[2] 费希特把这种规定活动看作是去建构实在性（Realität）的过程，与之相应，被规定就是扬弃实在性的过程。[3] 那么如果自我被规定了，那么自我之中的实在性就被扬弃了；而非我去规定自我，就意味它作为拥有着与自我中被扬弃的实在性等量的实在性，并且能够将这部分实在性重新设定给自我。进一步说，被扬弃了实在性的自我并非放弃了自己全部的实在性，而只是部分地放弃了实在性，这部分实在性通过转移活动（Übertragen）给了非我；而通过非我的转移活动，自我又重新获得了自己全部的实在性。实在性在费希特看来就是活动："一切实在性都是活动着的（tätig）；并且一切活动着的都是实在性。活动是积极的、绝对的（对立于单纯的相对）实在性。"[4] 自我之中被扬弃的部分的实在性或者说活动被费希特称为"受动"（Leiden），而当自我处于这种受动状态的时候，非我作为自我的对立面，就相应的拥有了实在性。"非我作为非我，本身没有实在性；但是只要自我是受动着的，它就拥有了实在性。"[5] 也就是说，非我本身不具备真正意义上的实在性，它的实在性是在自我的设定活动中由自我赋予，并最终被归还给自我的。但非

---

[1] *SW* I, 125.

[2] 费希特在同等意义上使用"规定"（bestimmen）和"限制"（beschränken）两个概念，规定活动就等于实在性的限制活动。参见 *SW* I, 125. *SW* I, 127。

[3] "自我被规定，意味着，在它之中的实在性被扬弃。"参见 *SW* I, 129。

[4] *SW* I, 134.

[5] *SW* I, 135.

我同时在设定活动中又必须以中介的方式承担一部分实在性，否则自我被削减的那部分实在性就无处可去。

于是我们可以将自我设定活动刻画为这样一种交互规定（Wechselbestimmung）：自我通过活动规定它的受动，或者通过受动规定它的活动。① 在这样一种交互规定中，自我既是规定者，又是被规定者；既是活动，又是受动。自我的自身设定活动（Sich-Setzen）是"二重化的"（doppelt）②，作为绝对的规定者的自我是"绝对自我"（das absolute Ich），而被规定的自我则成为所谓"理智自我"（das intelligente Ich），绝对自我的行规定的活动是彻底独立于经验自我和非我之间的复杂关系的，因而是一种"独立活动"（die unabhängige Tätigkeit），或者说，是一种"绝对的自发性"（die absolute Spontanität）：它同步规定了非我一侧的活动以及理智自我一侧的受动。此时两个自我不再是彼此对立的，绝对自我通过将非我设定为对立于自我的东西，把之前被扬弃掉的绝对自我的一半的实在性重新还给了理智自我，由此最终完成了自我的整个设定活动，也就是整个第四节想要演绎的原理：自我将自身设定为被非我限制的。

具有二重属性的自我设定活动就其本质而言是一种无限性的绝对自我将自身固定为有限性的理智自我的进程。在这样一个过程之中，绝对自我将自身的一部分"排斥"（ausschließen）出去，"被排斥出来的东西"（das Ausgeschloßne）就是非我，它同时构成了对剩下的那部分确定下来的，也就是理智自我的领域的限制。费希特进而将非我称为"客体"（das Objekt）③，并认为客体被设定的活动本身也是具有二重属性的：

> 这里客体的被设定出现了两次；但是有谁看不出来它们是在不同

---

① *SW* I, 137.

② "在上文所列举的两个命题中，设定这个词的含义显然有着二重意义（ein Doppelsinn）。"参见 *SW* I, 174. "自身设定具有双重量的关系（die doppelte Beziehung der Quantität）。"参见 *SW* I, 193；谢林更进一步地把自我本身表述为二重化的，意在指明绝对自我和理智自我之间既有差异又是同一个自我的复杂关系。"作为 A 而被设定的 A 不再是单纯的 A，而是那个作为 A 而存在着的 A——我们不能说它既是 A 也不是 A，而必须说，它是 A。作为 A 而存在着的 A 就是那个自身双重化的 A。"参见谢林《近代哲学史》，先刚译，北京大学出版社 2016 年版，第 122 页。

③ 费希特在这里使用了"客体"而不是"非我"这个术语，表明这里自我设定活动已经落实到经验层面，开始有了对象性的设定活动。

的含义上的呢？一次是无条件地、绝对的；另一次是以被自我排斥出去为条件的。①

非我一方面构成了对理智自我的限制，但另一方面非我又是在自我之中的，是绝对自我的产物。非我本身并不是作为客体而现成存在的，毋宁说非我仅仅"是作为对自我的一种'阻碍'（Anstoß）而现成存在的"②，是为了使主体的领域不要无限制的扩张而被设置下来的。尽管非我构成了对自我的限制，但非我本身不是自我限制的原因，而仅仅只是在自我限制的过程中的一个中间环节。没有自我的行动，就没有"阻碍"。自我的活动最终被界定为一种"回返自身的行动"（eine in-sich-selbst-zurückgehende Tätigkeit）③，一种自我在向外投射的过程中碰到了由自己预先设定的阻碍后折返回来，构成对自身的限制的活动。

因此在《知识学》中，非我并没有赢得一个独立于绝对自我的地位，而只能在和自我的关联中才能讨论，也只是在作为中介的意义上暂时获得了实在性。正如我们上文所说，引入非我本来的意义就在于为自我建构经验对象的活动奠定可能性基础；而显然，非我并不具有存在论意义上的独立的本原地位，于是其内部缺少真正的经验对象的存在基础。下两节中笔者将进一步指出，正是在这一点上，海德格尔认为费希特削减（vermindern）了问题格局，使得自我和世界的关联从一开始就成了无法被解释的。

二　自我与此在

在本节中，笔者将横向对比费希特的"自我"与海德格尔的"此在"（dasein）概念，并发掘出两者的本质关联——自我和此在都是作为活动着的实践主体，试图去冲破自身的有限性，只不过费希特的绝对自我最终是要走向无限，而海德格尔所刻画的此在的生存境遇则是在有限和无限的张力之间来回飘荡。

在《困境》一书中，海德格尔对费希特的哲学的基本评价是在费希

---

① *SW* I, 203.
② *SW* I, 210.
③ *SW* I, 240.

特哲学中,"'存在与时间'这个问题格局就像一道闪电在那里出现了"①。笔者认为,自我概念就是海德格尔所说的"一道闪电"——自我和此在都是一个活动着的实践主体。② 正如张柯教授所指出的那样,海德格尔"在费希特的知识学中看到了'人与存在之关联'问题的一种预示"③。德国学者宾克尔曼(Christoph Binkelmann)也以类似的方式描述费希特和海德格尔的相似之处:

> 费希特和海德格尔在他们早期的创作阶段分析了人类此在生存的可能性条件。他们的重点主要放在实践关联上(Praxisbezug)。人通过他的行为与世界直接和源始地关联着。④

近代以来的笛卡尔主义哲学传统将"主体"理解为一个静态的、高高在上的、不可被继续追问的实体,主体与客体因而成了两个互相独立并且都已经现成存在的实体——两者的对立也随之被固定下来。费希特所做的恰恰就是要破除这样一种静态的主体观,将自我刻画成一个不断地去进行规定与限制的行动主体。正如他自己在《知识学》中反复强调的:"自身设定和存在是一个并且是同一个东西。"⑤ 这表明自我不再是一种单纯事实性的存在,而是一种融合了事实与行动的"本原行动"(Tathandlung),即自我在自身设定的活动中去获得全部的实在性。也就是说,自我从来不是现成存在的已经具备了全部实在性根据的主体,而是恰恰要通过自己的行动才能去获得实在性的根据。进一步地,费希特把这种获得实在性根据的行动表述为一种保持着开放性的活动:

---

① M. Heidegger, *GA* 28, S. 170;海德格尔:《困境》,西北大学出版社2016年版,第209页。
② 持这一观点的还有德国学者舒尔茨(Walter Schulz),他指出:"为了更恰当地去理解海德格尔对此在的规定,追溯到费希特在1794《知识学》中将人的规定性作为纯粹的'本原行动'是有意义的。绝对自我不是现成的,它仅仅作为纯粹的行动而存在。"参见 Walter Schulz, *Ich und Welt. Philosophie der Subjektivität*, Pfullingen: Neske, 1979, p. 36。
③ 张柯:《远方无声闪电——论海德格尔1929年"费希特阐释"的结构和旨趣》,《哲学动态》2020年第11期。
④ Christoph Binkelmann, "Seinsuche. Fichte-Heidegger-Fichte", in: *Fichte-Studien*, Band 37, 2013, pp. 281–299.
⑤ *SW* I, 134.

被规定的东西和能被规定的东西（das Bestimmbare）应该彼此互相规定，这显然是在说：被规定的东西的规定性（die Bestimmung des zu Bestimmenden）在于，它是一个能被规定的东西。它就是一个能被规定的东西，除此之外什么也不是。这就是它全部本质之所在。①

自我之为自我，就在于它不断地进行规定活动；而这种规定活动的可能性，恰恰在于自我本身是能被规定性的集合。绝对自我本身如果不是这样一种能被规定性的集合，要么它就是静态的、已经被固定下来的现成存在，要么它就是一种不存在。作为一种现成存在，它存在的可能性将完全被描绘成一种现实性，一种不会再增长和削减的实在性，它的运动和发展将无从谈起。因此，只有当自我作为被规定的可能性的集合时，自我以自身为根基的行动才是可能的。

受费希特的影响，海德格尔没有把此在看成已经具备了全部存在规定性的现成存在者，而是将其看成是在生存中不断获得可能性的存在，此在本身是保持着开放性的"能在"（Seinkönnen）。

[自我]的存在的非封闭性构成了它对存在的一般把握的一个本质环节；这就使得生存总是意味着将自身维持在作为最本己的能在之可能性的那些可能性中。②

在《存在与时间》中，海德格尔就将此在实际本质描述为："'此在'在生存论上就是它在其能在中尚不是的东西。"③"尚不是"（noch nicht ist）就意味着此在本身还没有被规定下来，还不是已经现成存在的存在者。作为"尚未"被固定下来的存在，此在才能在生存活动中始终保持自身的开放性，向着种种可能性去筹划自身的存在。换言之，海德格尔将此在的存在描述为一种能够不断去存在，不断去赢获存在的可能性的生存活动。

---

① *SW* I，200.
② M. Heidegger，*GA* 28，S. 114；海德格尔：《困境》，西北大学出版社 2016 年版，第 145 页。
③ Martin Heidegger，*Sein und Zeit*，Tübingen：Max Niemeyer. Elfte，unveränderte Auflage，1967，p. 145；海德格尔：《存在与时间》，陈嘉映、王庆节译，生活·读书·新知三联书店 2000 年版，第 170 页。

因此，"此在"这种特殊的存在者的存在被描述为这样一种状态——此在在自己的生存活动中才真正地存在了；而这一观点正是受了费希特将自我表述为通过设定活动回返自身的这一结构的启发。

但不得不指出的是，在费希特那里自我的行动最终应该是要冲破自身的有限性，再次将自身回溯到一个无限的绝对自我去的——这一行动"向着无限制的东西、无规定的东西以及不能被规定的东西，也即是说，向着无限跃出"①。理智自我受到非我的限制，因而是有限的；行规定的绝对自我是无限的，作为有限自我与绝对自我的统一体的绝对自我最终还是要走向无限的。可以说，和非我一样，处于有限性的理智自我也只是一个中间的过渡环节，最终回到的绝对自我是一个无条件的活动本原。但是，海德格尔的此在是被抛的，始终处于有限和无限之间的张力中，并在这种张力中将自身落实为有限性的存在。正如德国学者舒尔茨（Walter Schulz）所说，"这里展现了海德格尔和费希特的不同之处——海德格尔的意图不是超人类的——无限的东西（das Übermenschlich-Unendliche）。海德格尔想要的是彻底的有限化（die radikale Verendlichung）"②。

总而言之，费希特的自我作为一种"本原行动"，一种将自身表达为一种动态结构的行设定、规定的行动；在费希特的影响下，海德格尔的此在同样是在其自身存在的生存活动中不断地赢获自身。然而，自我的目标是摆脱由自己预先设定的非我所造成的有限性，重新返回到无限自我之中去；而此在的生存境遇则在有限性和无限性之间维持着自身的有限性。两人的出发点原本是一致的，但由于费希特没有在他的体系中给有限的非我保留位置，两人的哲学最终走向了两条不同的路径。在下一部分中笔者将进一步指出，当费希特把非我看成是回归绝对自我的无限性过程中的过渡环节时，他的体系反而未能建立起外部世界的根基。

三　非我与世界

在本节中笔者将指出，一方面海德格尔敏锐地觉察到"非我"是费希

---

① *SW* I, 213.
② Schulz. (1979): 36.

特主体性哲学中的终极难题——不具有独立地位的非我根本就不能在自我之中建立起对象性的根据，而自我的行动因此也就无法跃出自我的边界、向外拓展到外部世界。另一方面，笔者将论证，海德格尔试图将费希特的"非我"理解为他的"世界"概念，真实目的是表明——自我的活动一开始就是在世界之中展开的，世界和自我不可切割的关系本身就是存在的真实样态。费希特在非我概念上的自相矛盾恰好提醒了海德格尔，要在此在与世界的关联中描述此在在世的展开状态的生存论结构。

海德格尔指责费希特的问题格局却不是源初（ursprünglich）的："这是对问题格局的一种完全确定的削减，不是在相对的、量的意义上的削减，仿佛某些部分被遗忘了，就不具有充实性了，而是将归属于此在本身之真理的某种本质性事物削减了。"① 这就使得费希特哲学最终"由此得到的只是一片鬼火（Irrlicht）"②。笔者认为，削减的那部分问题格局就是被费希特仅仅作为中介的"非我"概念。

海德格尔指出，费希特《知识学》中的核心难点就是"非我"概念本身：

> 然而，这种唯心论并未澄清在表象问题上应当被澄清的一切，即触动（Affektion），"一种表象由之而产生"（卷一，第155页），然而这却是从外部来侵袭自我者，而不是来自自我的恩典。③
>
> 表象的本质中成问题的因素乃是那种阻碍，亦即对自我"起作用的"非自我性事物的实在性。④

也就是说，在海德格尔看来，非我就是要为自我的设定活动引入外部对象的实在性；但正如我们上一部分所指出的，非我在费希特的哲学体系中并不是独立的，而仅仅在和理智自我的交互关系中才能被言说。换言之，试图在自我的活动中引入的对象性根据归根结底还是由自我所建构的，这样一来，非我便不能在自我之中承担其建立外部世界的对象性根据的任务。

---

① M. Heidegger, *GA* 28, S. 183；海德格尔：《困境》，西北大学出版社2016年版，第229页。
② M. Heidegger, *GA* 28, S. 183.
③ M. Heidegger, *GA* 28, S. 149；海德格尔：《困境》，西北大学出版社2016年版，第185页。
④ M. Heidegger, *GA* 28, S. 171；海德格尔：《困境》，西北大学出版社2016年版，第210页。

海德格尔试图拯救费希特的体系，于是他有意将费希特的非我理解为一种"活动空间"（Spielraum）①：

> 非我：绝非这个或那个迎面而来者，而是在如其本来的自我中被维持的，迎面而来之物的活动空间。②

在海德格尔的语境下，"空间"（Raum）的属性不是现成存在的，而是要通过此在的活动开启的③。"世界"作为此在的存在场域，也就是此在的生存空间。作为空间的世界是此在与其他存在者打交道时才会慢慢展开的、使得形形色色的存在者能够作为存在者而存在的"视域"（Horizont），"自我作为自我（Ich als Ich）进入这种视域，方能对待某物"④。也就是说，当海德格尔试图把非我解释为活动空间的时候，他的真实意图是将非我等同于他的世界概念，将非我和自我的关系等同于世界和此在的关系。如果非我可以被视作为"迎面而来之物"敞开着的活动空间，那么非我之中对象性因素何来的问题就可以得到解决。然而，费希特的非我是被自我所限制的，非我并没有和自我以同等方式被一起确定下来，而是在自我设定的过程中作为中间环节失去了独立性。正如德国学者施托尔岑贝格（Jürgen Stolzenberg）所说，"费希特式自我的有限性并不意味着人类存在是以原初世界关联为根本特征的，而是意味着从形式化的角度去理解就精神事实（der mentale Sachverhalt）'关于某物的意识'而言的区分活动"⑤。

---

① "Spielraum"由两个词"Spiel"（游戏）和"Raum"（空间）组成。在康德哲学中，"das freie Spiel des Erkenntnisvermögens"（认识能力的自由游戏）指的是在审美判断活动中想象力和知性之间所处的自由而和谐的状态。而在涉及海德格尔的费希特阐释的时候，笔者使用了庄振华、李华教授的翻译，没有将"Spielraum"译为"游戏空间"，而是译为"活动空间"，意在表明它和世界概念一样，是可以为各种其他存在者的现身提供的活动场域。参见 Kant, *Gesammelte Schriften*. Berlin: die Königlich-Preußischen Akademie der Wissenschaften, 1900ff, AA 05: 217; M. Heidegger, *SuZ*, S. 101 – 102; 海德格尔《存在与时间》，陈嘉映、王庆节译，生活·读书·新知三联书店 2000 年版，第 118—119 页。

② M. Heidegger, *GA* 28, S. 77; 海德格尔：《困境》，西北大学出版社 2016 年版，第 102 页。

③ M. Heidegger, *SuZ*, S. 101 – 113; 海德格尔：《存在与时间》，陈嘉映、王庆节译，生活·读书·新知三联书店 2000 年版，第 118—131 页。

④ M. Heidegger, *GA* 28, S. 77; 海德格尔：《困境》，西北大学出版社 2016 年版，第 101 页。

⑤ Jürgen Stolzenberg, "Martin Heidegger liest Fichte", in: H. Seubert (Hrsg.), *Heideggers Zwiegespräch mit dem deutschen Idealismus*, Köln: Böhlau Verlag, 2003, p. 86.

因此，海德格尔在《存在与时间》的一开始就已经将"世界"和"此在"作为两个具有同等独立地位的本原确定下来了。海德格尔将此在的基本建构描述为"在世界之中存在"[1]，也就是说，此在在一开始就是和世界关联着设置下来的，此在向来就已经熟悉着世界的结构。另外，世界作为"使上手的东西由之上到手头"[2] 的条件，让此在与形形色色的"用具"（Zeug）打交道成为可能。世界作为使得"物"（Ding）能够涌上前来的场域，向来是对此在开放着的。自我和世界的关系并非互相排斥、在一个中消化另一个；而是在源始的意义上就是彼此关联的。世界原本就是此在的建构要素。甚至可以说，自我和世界的这种亲缘关系是绝对的，乃至于任何对世界的反思活动都会破坏这种亲缘关系。吴增定教授指出："一旦我们开始有意识地反思世界，将世界当成一个对象来认识，那么对世界的这种亲切、熟悉和信任感就受到威胁，甚至遭到中断。世界开始与我们相分离、相对立，逐渐隐退，乃至最终完全隐匿。"[3] 一旦自我将世界放在对立面，企图将世界作为一个对象来反思自身和世界的关系的时候，原本敞开的世界反而变成了自我不可通达的领域。

但是费希特的非我概念并不具备这种本原意义上的地位。海德格尔意识到将非我等同于世界这种解释的非法性，于是在之后的行文中不再提起这种解释，而是反复地暗示费希特在问题格局上的狭隘性，并且认为整个德国唯心论传统在问题格局上都没能突破这种主体性哲学的桎梏，只有在世界的形而上学中这种此在和世界的关联才彻底被建立下来。更确切地说，只有将形而上学的任务规定为对此在的存在之追问，这样一种世界和此在的源始关联才能被发掘并确立下来。但是费希特恰恰没有去追问自我的存在，正如海德格尔所说：

> 形而上学的问题格局的这整个源初的维度对于康德和费希特而言

---

[1] M. Heidegger, *SuZ*, S. 53；海德格尔：《存在与时间》，陈嘉映、王庆节译，生活·读书·新知三联书店2000年版，第71页。

[2] M. Heidegger, *SuZ*, S. 83；海德格尔：《存在与时间》，陈嘉映、王庆节译，生活·读书·新知三联书店2000年版，第108页。

[3] 吴增定：《现象学与'对世界的信任'——以胡塞尔和海德格尔为例》，《复旦学报》（社会科学版）2013年第4期。

还是相当隐晦的,因为对主体之存在,以及对如此这般的自我之存在的追问,并未在形而上学基本问题的主导下被明确而极端地提出和树立起来。①

因此,海德格尔看到了费希特哲学中无法解决的悖谬之处,非我作为一种"阻碍—触发",它的基底本来应该是异于自我的,否则便不能构成对自我行动的限制,但费希特的立场恰恰就是要在自我之中建立一切。这种追求在自我之中建立一个具有确定性的体系的做法"粉碎了现象,而没有使之在原初的饱满状态(ursprüngliche Fülle)中生效。"② 最后笔者将展示海德格尔对费希特的核心批评——自我本身不能独立地作为出发点来建构一套知识学体系,这种做法一开始就戕害了自我的生存体验。

四 自我和世界作为双重本原:世界的形而上学

在海德格尔看来,费希特的失败已经表明,仅仅从自我出发建立的知识学体系是无法在真正意义上解决人和世界的关系问题,只有在自我和世界的关联中才能揭示存在的真正面目。笔者在本节中将揭示海德格尔的真实意图,仅仅以自我作为唯一本原的哲学是无法将世界重新纳入自身之内的,只有将彼此关联着的自我和世界作为双重本原的"世界的形而上学"才能在一种新的视野下审视人与世界的关系问题,并能够在整体性的视野下妥善解决个体性的问题。

笛卡尔以来的近代哲学将目光转向了"自我"或"主体",自我成了在一切怀疑中都绝对不可怀疑的基点。但自我本身和其他外部存在者之间并没有本质区别,这种二元体系实质上并没有真正的发现"自我",或者说只是在发现了自我之后就将其悬置下来,也因此始终难以摆脱怀疑论的诘难。费希特将以往的哲学称为"独断论"(Dogmatismus)。站在独断论的对立面,费希特将自己的"知识学"称之为"批判哲学"(Kritizismus):

---

① M. Heidegger, *GA* 28, S. 170;海德格尔:《困境》,西北大学出版社 2016 年版,第 209 页。
② M. Heidegger, *GA* 28, S. 151;海德格尔:《困境》,西北大学出版社 2016 年版,第 187 页。

在批判哲学的体系中，物是在自我之中被设定的东西；在独断论的体系中，物是自我在其中被设定的东西。由此可知，批判哲学是内在性的（immanent），因为它在自我之中设定一切；独断论则是超越性的（transzendent），因为它还要超出自我之外。①

这种将物纳入自我之内的哲学是对传统形而上学的反叛。但反叛的过程是极其困难的。康德的批判哲学试图去一劳永逸地解决这样一个问题，自我对外部世界的认识何以可能。他明确地划下了自我可以认识之物的界限——物自身，但这使得在自我之外始终有着一个不可认识且不可被规定的物。但是康德的这种做法受到了之后的德国唯心论哲学家们的一致批评。可以说，康德的后继者们都试图去重新刻画乃至扬弃掉这一界限，从而去恢复"自我"与"主体"的绝对地位。费希特的《知识学》在康德的基础上试图进一步延展自我的"权能"（Macht），扬弃掉物自身威胁到自我的本原地位的因素，转而在自我内部消化一切，使得自我本身成为一个具有无限性的绝对主体。然而，这种做法实际上走向了另外一种极端，主体的绝对地位固然得到了保证，但客体乃至世界的来源问题却无法解决。也就是说，这样一种无限的自我并没有完全吞噬掉物自身，反而是物自身的存在使得费希特的体系面临无法挽回的危险。这种批判哲学最终是否走向了自身的反面，变成了另外一种独断论呢？正如海德格尔所说，当费希特把非我作为一个环节完全纳入自我的活动中的时候，非我本身中"物"的因素就被弃之不顾了。② 因此费希特的批判哲学的问题格局不过是一叶障目不见泰山。正是在这个意义上，海德格尔认为他走得比费希特的《知识学》更远。

在海德格尔看来，主体并不能成为一切存在的根基——费希特乃至整个德国唯心论从一开始便抓错了方向，试图将物自身消化在"自我"之中的努力必定是徒劳的，因为自我不可能是一切的根基。那么，由自我进行的划界活动已经排除了此在与世界之间的源始关联的可能性。"康德误认了世界现象（Phänomen der Welt），无论是他本人还是其后继者，世界概念

---

① *SW* I, 120.
② M. Heidegger, *GA* 28, S. 149；海德格尔：《困境》，西北大学出版社2016年版，第185页。

(Weltbegriff)都没有得到澄清。"① 海德格尔认为，世界作为预先被给定的场域和此在一起被关联着设置下来了，此在一开始就在被抛进世界的大背景下不断地投身各种生存活动。在海德格尔哲学中，始终存在一个生存着的此在和作为场域的世界作为双重本原②。这种"世界的形而上学"从源头上把人与世界的关联确立下来了。

海德格尔与整个德国传统唯心论最为本质的不同之处在于，涉及人与世界的关系的时候，整个德国唯心论则试图去彻底理解世界，而海德格尔则保留了世界不可理解的一面。如庄振华教授所言，德国唯心论哲学家们甚至是"认为自己是整个世界之存在的唯一审核者"③。费希特、谢林都希望建立一个确定性的体系，并在这一体系中恢复理性所应该具有的无限权能。而海德格尔"认为人的理性不可能达到对世界之整体的封闭而彻底的理解（并以此反过来证明理性的权能）"④，他所追求的从来不是建立一个具有确定性的体系，因为世界本身不可认识且不能把握的一面本身就是存在的真实样态。在前期的《存在与时间》中，海德格尔指出，世界作为此在生存的基本建构是和此在同样源始的；并且这一结构只能通过人的生存才能领悟，而无法通过反思活动通达。后期海德格尔更是提出了"天、地、人、神"（Himmel, Erde, Mensch und Gott）四方整体的存在建构，尽管天空是敞开的，但是大地是封锁和遮蔽的，在这种敞开与封锁的二元争执之中，存在的真正面貌才得以显现。也就是说，世界在海德格尔那里尽管是此在的建构要素，但世界有着此在不可理解的、神秘性的另一面，这种神秘性也是世界作为与此在同样源始的本原的体现。在这种神秘性中，海德格尔悄悄地恢复了康德的物自身的地位，使得人和世界始终处于

---

① Martin Heidegger, *Phänomenologische Interpretation von Kants Kritik der reinen Vernunft*, GA Band 25, Frankfurt am Main: Vittorio Klostermann, 1977, 2. Auflage, p. 20；海德格尔：《康德"纯粹理性批判"的现象学阐释》，溥林译，商务印书馆2021年版，第27页。

② 谢林那里已经有了这种将自然—精神作为双重本原的哲学，他的"同一性哲学"（Identitätsphilosophie）所追求的一直是去把握二者之间既对立又统一的关系。但谢林作为德国唯心论的代表，所做的依然是去努力刻画这种能够被主体把握的世界结构。参见先刚《永恒与时间——谢林哲学研究》，商务印书馆2008年版。

③ 庄振华：《确定性与有限性——论海德格尔的德国唯心论研究》，《哲学门》2014年第2辑。

④ 庄振华：《确定性与有限性——论海德格尔的德国唯心论研究》，《哲学门》2014年第2辑。

二元对立的紧张关系之中。①

诚然，海德格尔所代表的现代西方哲学思潮不再像德国古典哲学那样高举理性主义的大旗，试图彻底把握自然界。但笔者认为，这种在自然的神秘性面前的退缩，并非要去无限后退直至沦入虚无主义的深渊，而如此这般退缩本身恰恰是有限的人类存在和无限的自然之间的张力必然造就的结果。海德格尔的尝试并不是在提醒我们，有限性的人类存在无法彻底通达无限的自然；他真正深刻的理论洞见在于——作为个体性存在的自我只有在世界存在的整体性之中才能维持它的生命力。单凭纯粹的个体力量去倾覆整全的世界无异于以卵击石，因为世界作为大全一体的存在本身就是有限个体存在的条件。只有在无限的世界整体中寻找到安放有限自我的位置，个体的生命才不至于被存在的洪流淹没。

结　论

在本文中，笔者从展示费希特所刻画的作为自我与非我的统一体的绝对自我的动态结构出发，揭示了费希特1794年版《知识学》中无法解决的困难——一种仅仅以自我作为本原的哲学如何建立起外部世界的实在性。正是在非我问题上，海德格尔实现了对费希特哲学的超越，一方面，海德格尔吸收了费希特哲学中"自我"的因素，将此在描述为在生存活动中赢获自身可能性的能在；但另一方面，海德格尔抓住了费希特理论的核心困难，他的费希特阐释也正是在这一点上实现了对费希特单一主体性哲学的超越，世界不是外在于此在的生存活动的，相反，世界本身就是此在的基本存在建构。同时笔者将海德格尔这种把世界和此在作为双重本原的哲学看作是对人与世界的关系问题的回应——作为个体存在的人类要做的不是去彻底理解作为整体性存在的世界，而是要在整体性的洪流之中寻找安放自身的位置。

---

① 这种对人与世界的关系问题的处理方式也涉及海德格尔对费希特另一个引人深思的指责——未能正确对待康德哲学的遗产，尤其是忽略了《判断力批判》（Kritik der Urteilskraft）中"此在本身对费希特的暴力发起防卫"的部分。在第三批判里，康德最终恢复了那个无法被认识通达的自然的地位；通过自然的合目的性概念（Zweckmäßigkeit der Natur），保存了自然的神秘性和不可理解性。正是因为海德格尔看到了康德哲学这种可贵之处，所以在后期多次返回康德哲学的源泉，但却鲜少再提及费希特。参见 M. Heidegger, GA 28, S. 185；海德格尔《困境》，西北大学出版社2016年版，第231页；Kant, KU, AA 05：395-401。